無有

竹原義二

学芸出版社

目次

序

建築の原点

閑谷学校

建築を志す時、誰でもひとつの建築との出会いがある。私にとっての建築は閑谷《しずたに》学校との出会いから始まる。

22歳の秋、初めて閑谷学校を訪れた時から、建築というものに魅せられてしまった。この時私は建築を志す学生であった。時間をつくっては、日本の民家や古建築を訪ね歩いた。目を凝らして見ないと見えてこないものが古建築の中には詰まっていた。その時出会った閑谷学校からは、その場でしか体得できない建築の美しさを感じた。古さの中に建築の果てしない力強さが潜み、私には閑谷学校が新しい建築として見えた。

閑谷学校は１６６８年（寛文８年）岡山藩主、池田光政が、津田永忠に命じて開いた儒学に基づく士庶共学の学校である。永忠は閑谷の大自然の中に、教育にふさわしい場をつくり上げようとした。そして34年という長い工期の末、１７０２年、閑谷学校は完成した。一人の人間の強い構想力が訪れる者に場のもつ力を伝えてくる。

岡山から備前焼の里、伊部の町並みを抜けると閑谷へと続く街道に出る。曲がりくね

火除山より一望する

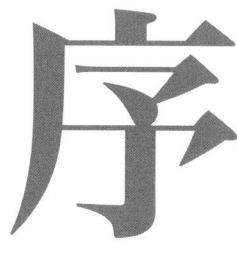

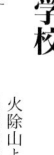

った山沿いの道を行くと、閑静な山と谷に抱かれた校地に入る。校門の左右から、かまぼこ型に積まれた水成岩の石塀が、曲線を描きながら校地を一巡し、山合いまで伸びている。門は四つあり、そのうちの東の端の門をくぐると、芝生に覆われた広場に出る。建物の配置は講堂、小斎（藩主の休憩所）、習芸斎（学習室）、飲室、文庫とあり、後ろには火除《ひよけ》山が控える。火除山を挟んで西側に学問所がある。標高２００ｍあまりの山を背に、講堂の東北に当たる台地に儀式所としての聖廟、その右に一段下がって閑谷神社、石塀を隔てて椿山がある。建物は南向きに配され、背丈の高さで組まれた石塀の中に整然と建ち尽くしている。建物の壁は漆喰、屋根は茶と紫の入り混じる煉瓦色のような色合いの備前焼の瓦で葺かれ、独特の風合いを醸し出している。私は今まで、これほどまでに自然と建築が融合している様を見たことはない。

　平行に配置された二つの建物―聖廟と閑谷神社―は地面の高低差によってずれて見えるように仕掛けられている。建物を取り囲む漆喰塀の高さが微妙に変えられ、二つの塀の間にスキマが取られている。閑谷神社から塀を通して聖廟を見た時に、初めてそのズレを捉え、スキマから視覚が連続していく。

　南の緩やかな斜面に植えられた2本の櫂の木は、建物の高さやレベル差の均衡を保つように、対になって寄り添い合う。夏は同じ緑色をしていた葉が、秋になると赤色と黄色に紅葉する。二つの色合いは、それぞれに美しく、閑谷の秋を彩る。

　講堂の板の間に座り、静寂な空間に佇み、火燈窓から外を見渡す。地面に跳ね返る雨の音、軒内へと滲み入る虫の声、肌を撫でる風の音に耳を澄ませると、時間が止まったように感じられる。寝転がっていると、時間が走馬灯のように駆け巡る。人が立ったり

火除山との間合い

正面全景

雨の閑谷学校　亀甲に積まれたウロコ肌の石塀

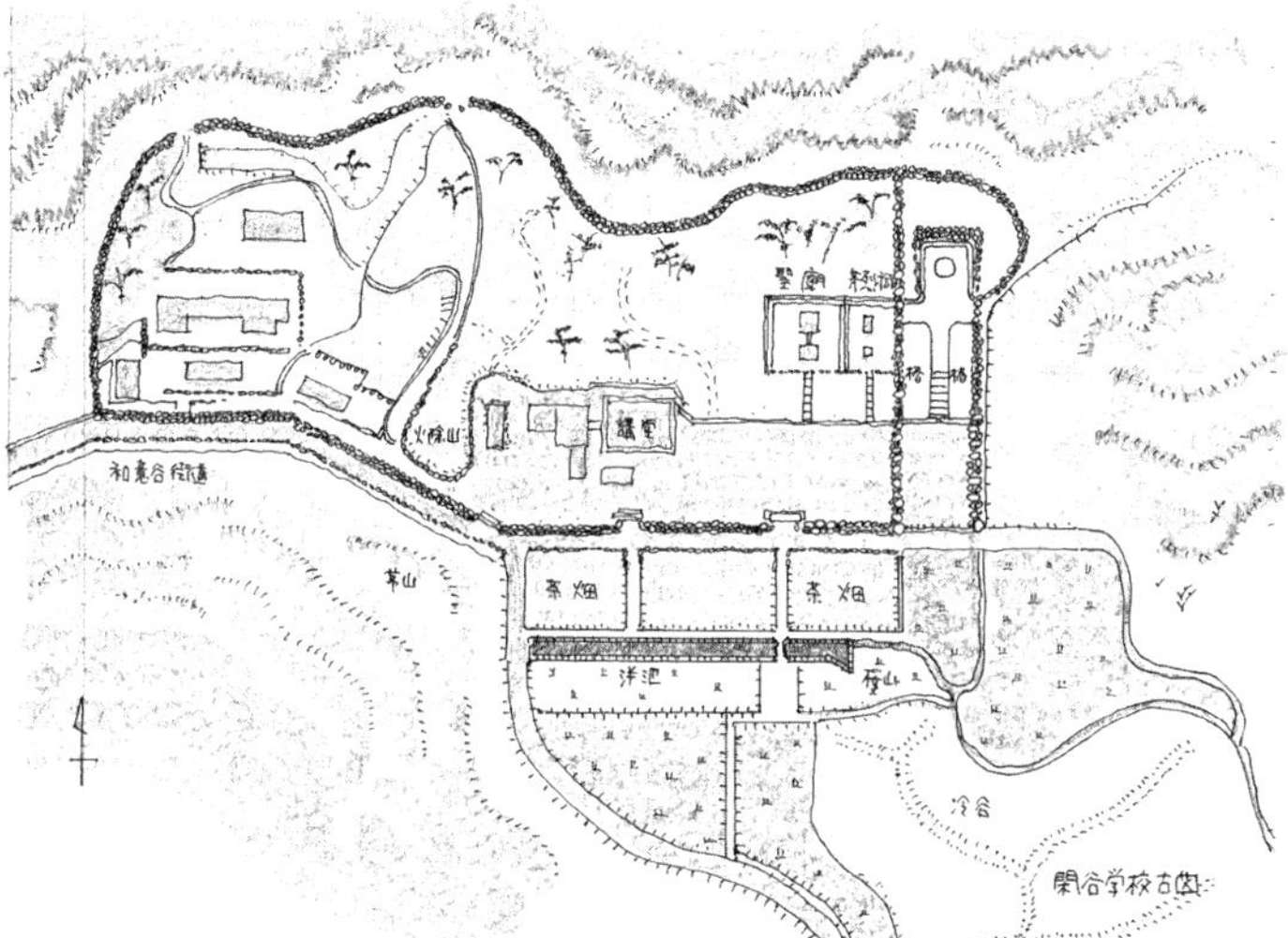

座ったりを繰り返すたび、外との視線のつながりが変化する。そして、地面、石塀、建物の軒、山の稜線は開口部の隙間を通して重なり合い、内外が連続し透明な空間となって水平に伸びていく。この時、視線と建築が絶妙な高さ関係を結んでいくのである。

内部空間に漲《みなぎ》る緊張感は不思議な感覚を呼び起こす。床に林立する10本の欅の円柱は漆で拭かれた床板に鈍い影を落とす。反射した光が空気を満たし、翳りある光を生み出す。外部空間へとつながっていく入側縁の連なりが、火燈窓から入る光を奥深くまで導き、長い薄暮れが優しく包み込む。

閑谷学校は素材に対する意識が深い。それぞれの素材がカタチを伴い、床、壁、天井、屋根を躍動的に構成する。輝きを放つ素材の美しさとその仕上げに目を遣り、そこから細部に至るまでのデザインの心を汲み取る。素材がもたらす空間の透明感に、閑谷の精神が見えてくるのである。

雨の閑谷学校はこの上なく美しい。石、漆喰、瓦、山の織り成す風景は、見事に雨を讃えている。敷地の手前には長方形の池がある。池から一段高くなった畦道の土留の石組みは、荒削りの野石で直線的に構成されている。その後方には亀甲形に刻まれた石でかまぼこ型に構成された石塀が控える。雨に打たれた風景の中に、二つの石組みの対比が溶け込んでいく。裏山を背景に建物を真正面に捉えながら近付いて行くと、石塀と瓦屋根、その奥にある緑の山々が濡れ色に変わり、灰色の空は水墨画の様相を呈してくる。石塀は単なる囲いから時間を超えた存在感のある結界になり、領域を感じさせる。雨に打たれた石塀のウロコ肌は艶めき、その隆起が躍動感を帯び、龍が天に昇っていくよう

飲室　抑え込まれた軒と縁より石塀を見る

講堂内部の火燈窓

に見える。思わず身震いし、ひと時我を忘れる。西側にある聖廟と閑谷神社との隙間に小端に敷かれた備前瓦と赤土は、軒先からの雨の雫を吸い込み、建物と地面との境が消え、建物が地面からそそり立つ。壁に塗られた漆喰、腰に貼られた黒の敷瓦、ムラのある赤茶色の備前瓦が色めき、幅の狭い間合いの中にまた違った奥行き感を醸し出す。晴れた日には見えない、美しい光景である。

雨の日は誰一人訪れない。いつもと同じ場所で、その場と向き合う。誰も見ていないその瞬間、自分だけが見つけ出した宝物をそっと胸の奥に仕舞って帰るのである。

年に幾度となく、様々な季節に、その時間を変えながら訪れる。夜中バイクを走らせ、まだ明けやらぬ閑谷学校を訪れ、刻々と移ろい行く光の変貌に、時の過ぎるのを忘れてしまうこともある。その都度、閑谷学校から受ける印象は違っている。訪れる私自身にも少しの変化があるに違いないが、あの初めて訪れた時の感銘はいまだ覚めやらない。これまでも、これから先も、そこに結集した様々な人々の思いが、この建築を生かし続けるであろう。閑谷学校は私にとって、原点に還る場所なのである。

出会い

原風景

1948年、戦後の混乱の中、私は徳島県に生まれる。両親は工務店を、叔父は設計事務所を営んでおり、建築はそれほど遠い存在ではなかったのかもしれない。休みの日はいつも両親とお寺などへよく出掛けたのを覚えている。ただ寺といっても、近くで食

龍の石塀

べる昼食が楽しみで、後はほとんど日向ぼっこをして待っているだけである。自分の心地の良い場所を見つけ出しては、ただその時間を過ごしていた記憶がある。

私の生家は、西陽の射す、夕焼けの似合う家であった。つい先日帰郷した時も、玄関に着くや否や迎えに来た兄嫁に急かされ、西の空がよく見える場所へ向かうと、以前と同じように、夕映えの美しい景色が拡がっていた。子どもの頃、私はいつもここで山に沈む夕陽と川に映る夕陽を眺め、移りゆく空の色の美しさに見入っていた。

旅をしている時はいつも陽が沈むのを待つ。車やバイクを走らせ、沈みかけた夕陽に長く伸びた影を追いながら、少しずつ速度を上げていく。そんな夕暮れの景色に突如分厚い積乱雲が立ち込め、鉛色の空から夕立がやってくる時がある。私はそのまま立ち尽くし、雨上がりの雲間から射す鈍い夕陽が濡れ色の街を再び黄金色に輝かせる時を待ち構えるのである。

思えば小さな頃から、そんなことをずっと繰り返してきた。赤く色付いた光が壁にバウンドし、天井を染める。光と影が溶け合い、時間が空間の中を漂う。辺りが夕暮れに包まれた時、建築に最も待ち受けられた光が、一日の終わりを告げる。記憶に甦る原風景は新たな建築の中に再現され続けるであろう。

建築への出発

高等学校で建築科を選んだ私は、当時開催されていた設計製図の全国大会で何度か入選しているうちに自然と建築に対する興味が芽生え、大阪の大学へ進学することにした。

しかし時は学生運動の華やかなりし時代、その渦中に私ももれなく身を投じ、ほとん

トルコ・イズミール　石のアーチと鉛色の空

ど学生運動をするために大阪に出てきたようなものであった。全学連の執行委員に就任し、安田講堂に乗り込んだり、全国の大学を飛び回ったりと大学闘争に奔走する日々であった。そんな時代だったから、授業にはほとんど出席しないうちに、追い立てられるように卒業を迎えてしまった。卒業後しばらくは、設計コンペで賞金をもらい、店舗の設計の仕事をして、それなりに稼ぎながら生活をしていた。ひとつモノをつくると、必ず次の仕事につながり、幸い私は建築の図面を描くことで生きていくことができた。

しかしそんな生活を続けていても先の展望が見えてこなかった。もう一度建築を勉強し直したい思いに駆られていた時に、大阪市立大学の当時の住居学科の富樫穎先生と出会う。富樫先生は学生運動に奔走している私に、その思いをもう一度建築にぶつけてみてはどうかと勧めた。そこで、3年間富樫研究室に在籍し、農村住宅の研究をしながら、建築の原点である「住まい」について学び始めたのである。デザインサーベイをしながら、住まいとは、まちとは、その原点を探るべく様々なモノを自分の目と足で探しに出掛けた。先生とはいえ歳も近く、旅をするにしろ、うまい酒を飲むにしろ、研究も遊びも共に謳歌し、何とも不思議な関係を築いていった。富樫先生は大学という場所で、むしろアカデミックではないところの建築論や人間論、つまり建築の本質についていかに考えるべきかを教えてくれた、私の最初の師である。

石井修との出会い

富樫研究室での三年間を経て、とにかく建築をつくりたいという思いが募っていた。そこで石井修先生と出会うのである。知人や富樫先生の薦めの中、私は石井先生の美

三徳山三佛寺国宝投入堂

建・設計事務所の門戸を叩いた。石井先生が51歳、私が25歳の時である。先生は黒縁メガネをかけ、背が高い割に小さな声で物閑かに語りかけるのが印象的だった。事務所は土佐堀川に面した古いビルの4階にあり、レトロな雰囲気のある場所であった。

石井先生は朝から晩までただ寡黙に、私の向かいに座って仕事をしていた。当時事務所には所員が少なく、一人の師匠と黙って差向い続けるということは、若い私には辛いものがあった。正直なところ自分はかなり建築ができると思い込んでいたのであるが、図面を描いて見せると、先生が「これは駄目ですね」と言う。それ以上は何も語らず、寡黙にただ向かい合うだけである。自分では何が駄目なのかわからない。何度描き直しても先生は全く首を縦に振ってはくれない。昼食も帰宅も常に共にし、一人で自由に考える時間もない。だから、家に帰るフリをして先生を見送った後、事務所に飛んで帰って、先生の目を盗んで必死で図面を描いたりもした。しかしそれでも目の前にいるたった一人を納得させることができないのである。

石井先生はT定規を持って製図板に向かうことがほとんどない。私と向かい合い、ロールのトレーシングペーパーをパッと切り出し、そこに定規一本だけを持ってフリーハンドで原寸の図面を描く。その鮮やかな手捌きを見ながら、私も同じように原寸で描いていくと、図面を介して初めて何が違うのかが見えてきたのである。家具の図面は当然原寸で見るが、空間のディテールも、障子一枚の桟に至るまで徹底的に原寸に近いもので描く。普通は、ある程度図面を描いてしまえば後は現場が進めることで建ってしまう。それが美建・設計事務所では、どこまでも仕事が手中にあり、長い時間悩み抜いたたくさんの原寸図面の中からやっと物事を決定していくのである。先生の無言の中には建築

石井修／椋の木の家

の計り知れない世界が隠されていた。それは果てなき建築への思考であった。

どうも自分は恐ろしい人と出会ってしまったのだと知るのには時間が掛からなかった。一人で考えている建築とは、何かが違う。師の目に映るもの、その思いの全てを追い求め、私は石井先生の元でゼロから建築を学ぶ決心をするのである。

私は目神山の12番坂に建つ石井先生の自邸「回帰草庵」を担当する。そこは敷地境界線など存在しないかのように鬱蒼と緑が茂り、坂の下にはせせらぎが流れる素晴らしい場所であった。石井先生はこの場所を20年も前から探し出し、手に入れ、寝かせていたという。先生はその豊かな環境をそのままに、緑の大地の中に建築を沈めていく決心をしていた。その内部空間でさえ、森の木立のような様相を帯び、自然と親和していた。居間にある親柱のような対の柱は福井の山から木を根こそぎ掘り出した杉の丸太で、力強く足元から屋根まで伸び上がり、今にも枝葉が生えてきそうな、生きたままの姿で空間を支えている。周辺の木々と同じ姿をした柱は、まさに地上の緑を支える幹のようである。建築をつくりながら自然をつくる。建築が自然の中に還っていく。その有り様の中に石井先生の閑かなる想いと少年のような輝きが見えてくるのである。

それから半世紀以上に渡って、この目神山という地に石井先生の作品が数多く生まれ、一人の建築家による一連の住宅が今なお成熟した町並みを形成している。出会った頃の先生の年齢を越えた現在も、時折この目神山を訪れ、師の精神に触れる。美建・設計事務所で過ごした数年間、私は自然に拮抗しながら融合していく「建築の力」について多くを学んだ。そしてモノを見る目とつくる姿勢は、弟子、孫弟子へと脈々と受け継がれ続けている。

石井修／回帰草庵

建築への眼差し

本物を見て本物を知る

建築を知るためには本物を見なければならない。本物を見て、本物を知る。同じものを幾度も見て、モノの本質を見極めていく。繰り返される建築巡礼、それは本物との出会いを探す旅である。言うまでもなく、建築の建ち姿というものは、風土に根差して初めてそこに溶け込むことができる。場の内包する空気や可能性が、カタチとして表現されたものでなければならないのである。私は風土の中にある建築をいつも追い求めている。その場所に住むということについて徹底的に考え抜き、気候をはじめ地形や植生など様々な土地固有の要素を考慮し、経験的に改良された建築には、人々の思いとエネルギーが結集され、「場の力」が再現されている。それは何もない場所からカタチになっていく建築の姿である。無に始まり有に還る場所。私はただひたすら「場の力」を追い求め、様々なモノと出会っていく。それは建築という長い旅の始まりなのである。

時間軸の中の建築

建築を見る時、私は建築の中に流れる時間軸を見つめる。時間の流れを意識すると、同じ建築が変わって見えてくる。それゆえ建築を見に行く時は、いつどこからそこへ向かって行くのかを初めに考える。季節はもちろん、時間帯や天候、さらに地図で方位を確かめて、どんな瞬間にその建築に対面するかを想像する。旅の仕度はそれくらいでとどめ、手入れしたカメラを持って旅に出る。たとえば大徳寺の孤篷庵忘筌を訪ねるので

マヤ・ウシュマル総督の宮殿　朽ちていく建築の美

スペイン・アルハンブラ宮殿　光と影のつくる奥行き

あれば、夕方4時頃に行くのがよい。しばらく待っていると西陽が障子越しに射してくる瞬間に出会うことができる。藤村庸軒による茶室・淀看席は、西陽を受けると室内空間が全て金色の光に満たされるようにしつらえられている。

望んだ時間に行けなかった時も、この表情が時間の変化と共にどういう具合に変わっていくかを想い描く。あるいは季節が違ったならば、また雨が降っていたならば、そして雨上がりの雰囲気は如何ばかりであろうかと。時間軸はいつも自分の身体の中にあり、それをその場に委ねると、想像以上の瞬間と巡り会うことができるのである。

動き出す建築

建築と対面するとき、私は正面を外していく。あらゆる角度からその場所に迫り、幾度となく立ち止まり、周囲を巡りながら一歩一歩近付いていく。ひとつの建築の中から、自分の見方を見つけ出すのである。

日本の空間は重心が低い。日本人の身長や上足・床座の生活、高床と地面の関係がその視座をもたらしている。座っているのか立っているのか、大人の目線で見ているのか、それとも子供や高齢者の目線で見ているのか。視線の位置と建築の見え方の関係は、実は無意識の中に潜んでいる。私は空間のシークエンスの中に、視線の変化やリズムをつくり出す。しかしリズムはいつも「単調」ではなく、そこで振り返るといった「変調」によってつなぎとめられている。ひとたび振り返り、何歩か進んでまた振り返る。視線の方向性を固定せず、あらゆる見方を探すうちに、建築の様々な表情が浮かび上がってくる。実際には建築は地面から動かないものではあるが、人の視線の変化は建築を動か

慈光院　重心の低い空間と庭の関係

し、空間のリズムや流れを身体に刻み込む。

建築を見るという体験は、そのディテールが利いてくるスケール感を掴み取ることである。自分の身体スケールを意識しながら、地面に根を下ろした建築が動き出すのを感じ取る。体で憶えたその場所、その建築から漂う空気が記憶に刻まれるにつれ、縮尺を操りながら平面図の中を歩き出せるようになる。

建築家×写真家

こうした建築への眼差しを、私は建築写真とその写真家から学んだ。カメラを構える視点は、立っているでもなく座り込んでいるわけでもない。ぐっと腰を落とし、重心を低く低く抑えていく。写真家は日本の空間の低い重心から、モノがどう見えるかを知っている。しかしそれは実際の生活の時の視線の高さとは違う。座り込む一瞬や、立ち上がる一瞬という「動き」の中にしか見えない。建築はその一瞬に美を隠しもっている。写真家の目はそういう場所を瞬時に捉える。また写真家は建築を見る時間を知っている。太陽がどこから昇ってどこに沈み、その建築に最も美しい光と影をもたらす時間がいつなのか、初めて訪れた場所であっても写真家は瞬時に読み切ってしまう。

村野藤吾の作品を撮り続けた写真家、と言えば周知であろうが、ほかにも坂倉準三や前川國男、丹下健三、菊竹清訓ら多くの建築家の作品を撮ってきた関西の写真家、多比良敏雄（1911〜83年）と私は出会う。石井先生の作品の撮影も多比良先生が手掛けており、私はよく撮影の補助をしに現場へ出向いた。多比良先生はまだ空気の冷たい早朝から仕度を始めた。そのわずかな間にも、どこから撮って、どう廻っていくかを考

イスタンブール・アヤソフィア大聖堂　ハイサイドからの光

えているので、こちらから撮り方を指示することはない。建築に鋭い角度で光をもたらす朝日と夕日は一瞬にしか来ない。だからその時間を決して逃しはしない。空を仰ぎ、風を感じ、雲の流れを見たら、そのままじっと太陽を待ち、今という一瞬を捉える。一日掛けて、その一瞬を待ち焦がれ、思わずシャッターを切ってしまいたくなる衝動を抑えながら、遂には一枚も撮らずに黙って帰る日もある。そこに建築があり、十分光は入って来ているのだから、一枚くらい撮ってもいいのではないかと一緒に待ち続けた私は思ってしまうのであるが、写真家は建築にもたらされる光の先の先までを追い求めている。多比良先生のアトリエにも何度も訪れる機会に恵まれ、無数の写真を目にしてわかるのであるが、そこにはつくり手でさえ意図したとは思えないような、美しい一瞬が写り込んでいる。写し出されたその建築は、その時の張り詰めた空気、穏やかな風、匂いまでもが再現され、生き生きと輝いているのである。

数多くの建築家の作品を撮り下ろしていた多比良先生に、自身の作品も撮ってもらいたいという思いはあった。しかし、建築家・村野藤吾×写真家・多比良敏雄という関係の方が私には関心があったのかもしれない。建築を無からつくることと、そこに有るものを写真に撮ること。どちらも表現する仕事である。建築が建ち上がってなお、新たに表現されるということの不思議さは写真を通して鮮明になる。写真の力を知れば知るほど、私は自分がつくる作品は全て同じ一人の写真家に撮り続けてもらいたいと思うのである。それには生涯渡り合っていける同世代の写真家と巡り合う必要があった。

ジャイプール・ハワ・マハル風の宮殿　逆光

写真家・絹巻豊との出会い

１９７０年代後半は学生運動も落ち着き、市民に開かれた建築運動として歴史的環境や景観保存が叫ばれ、集落の構造やまちづくりに関心が向いた時勢である。私も建築をつくる傍らで、中之島界隈の歴史的景観保存を軸とした「中之島まつり」の企画をしていた。組織は様々な立場、職能、意見をもった市民が集まって議論を繰り広げ、イベントを開いていた。そこに訪れてきたのが写真家の絹巻豊であった。私は、彼の写真を見たり、話をしているうちに、いつしか彼に建築を撮ってもらいたいという思いに駆られたのである。

写真家と巡り合ったとはいえ、彼は当時商業写真家として、スタジオ内で人物を撮っており、建築写真家ではなかった。私はそれでも半ば無理矢理に、人物も建築も変わらないからと、独立したら私の建築を撮って欲しいと懇願した。そうして処女作「勢野の家」で絹巻と私は建築写真家と建築家として出発する。スタジオと建築では撮影環境も違えば、人物と建築ではレンズも違うため、初めての撮影は試行錯誤した。しかし思っていた通り、絹巻の写真は建築の力を一枚の紙の中に写し出していた。

彼は学生時代に写真家の石元泰博さんの教えを受けたことがあるらしい。それを何気なく聞いていたものの、彼の写真は時代の中の建築写真とは確かに違っていた。当時の雑誌を賑わせる写真はみな、竣工すぐの最も純化された建築の姿を、アングルを取りながら、時には実物より大きく、より美しくおさめようとしていた。しかし絹巻にいろんな写真集を見せて何度話しても、真正面から真摯に建築に向かっていくのである。それは絹巻の写真家としての一貫した姿勢であった。建築に真正面から向かう姿勢は、テク

ニックでものを語らないことを示していた。その場所に座って感じ取れる世界、そこに行かなければわからない世界を、写真の中に引き寄せ、一枚の写真から画角の外の世界までも感じさせる。アングル内のひらめきや、センセーショナルさとは程遠く、むしろ一枚の写真が様々なことを語りかけてくる。おそらくそれが私の建築の姿だということを彼は知っていたのであろう。

たとえば二方向に拡がる空間を撮る時、普通であれば画角を最大限に引き出す広角レンズを使うであろう。しかし彼の写真は歪んでいない。限られたレンズの中で、交差し拡がっていく二方向をギリギリで捉え切る。実際には見えてこない拡がりは決して表現しない。それでも自分の立っている場所とその二つの視線の先を確かに結んでいるのである。

ここで掲載される私の作品の写真は全て絹巻豊の写真であるが、それも彼の撮り続けてきた写真のうちのほんの一部でしかない。「場の力を表現する」という行為は、こうした紙面を媒体にした時、彼の写真なくしては語れない。おそらく、全作品に渡ってこれだけ膨大な数の写真を絹巻豊という一人の写真家に撮ってもらった建築家は私だけであろう。私たちはかつて同じ事務所の中で建築をつくる仕事と建築を撮る仕事をしていた。現在はそれぞれの場所に拠点を置いているが、彼の生家やアトリエの改装を私が手掛けたり、私の作品をずっと彼が撮り続けたり、互いの道を時折重ね合わせながら今日も歩み続けている。建築家と写真家は同じ建築を介し、同じ時代の中でいつでも向き合うことができる。

1

手仕事の痕跡

箱木千年家

神戸市北区、六甲山の北側に拡がる丘陵地帯に建つ箱木《はこぎ》家住宅は、俗に「千年家《せんねんや》」と通称され、現存するものでは日本最古の民家のひとつである。建設年代は定かではないものの、元禄の頃には代官所から「千年家」の屋号を与えられていたらしく、少なくとも室町時代までさかのぼり得る希有の民家建築である。

台鉋などの大工道具がまだなかった時代につくられた最古の民家は、材料の加工や仕上げは極めて粗いが、年月を経た現在も生き生きとした表情を見せ、それがむしろ美しくもある。蛤刃《はまぐりば》形のチョンナ仕上げで丁寧に表面をならされた床板や柱は、数百年間ここに暮らした人々の手足の脂を吸い込みながら黒々と磨き込まれ、滑らかさを増している。そこへ、人の背よりも低く葺き下ろされた茅葺の軒先から地面にバウンドした微かな光が差し込み、薄暗い内部を鈍くぼんやりと照らしている。

箱木家では、土間の上がり框の高さ、敷居や鴨居の内法、天井高、部材の見付けなど、各部の寸法が後世の民家建築のように規格化されていない。畳が導入されていないため

縁と縁の連なり

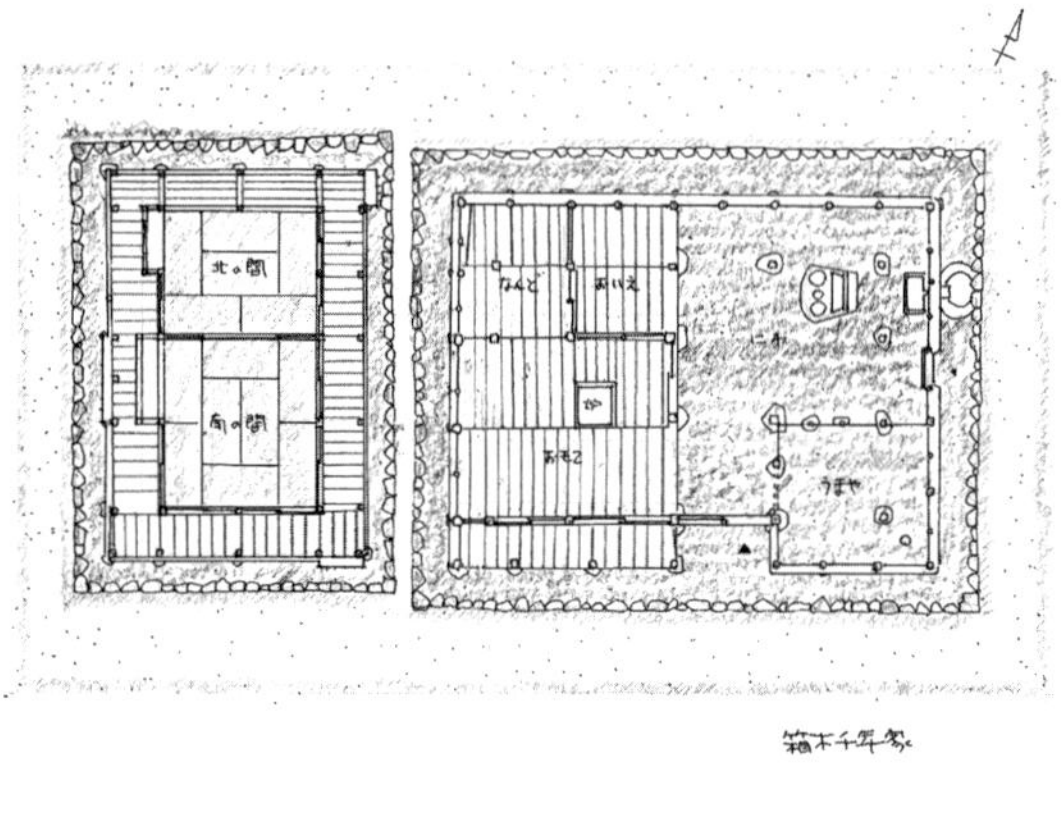

か、柱間隔さえも一律ではない。これらの寸法は、おそらく往時に採ることのできた材の大きさや住人の身体や生活に合わせてつくられたものであろう。足元のゴロ太石、土塗壁、そして軒の高さと深さの関係が見せるそのずんぐりとした姿の中にも、光と影が緻密に操作されている。

箱木家は、同じ民家でも洗練された美しさをもつ近世の町家とは、全く異質な価値観の下につくられたものと感じざるを得ない。なぜなら家のそこかしこに「手仕事の痕跡」が残っているからである。手荒い加工の跡、継ぎ接ぎといった増改築の名残りが、職人や歴代の住人と家との苦闘を想像させる。ここではどのような時間が流れてきたのか、どのような技がふるわれ、幾度、そして何年使い回されながら、どんな生活が巡ってきたのか。そこに刻まれた手の痕跡からは、人間と建築が生々しくぶつかり合う関係を感じずにはいられない。住まいとはいかにあるべきかという問いに対する、様々な示唆が含まれているのである。

ものづくりの姿勢

手と手

ほんの半世紀前まで日本の住まいの多くは、顔の見える誰かの手によってできていた。大工は誰、左官は誰、この柱はどの山で育ててきた何年物の何の木で、畳や建具をどこの誰がつくったという話を、家族中が、そして隣近所までが代々語り継ぐことができた。近所には町医者のようにその家を一から十まで知り尽くした大工がいて、家の面倒をみ

地面と建築を結ぶゴロ太石・柱・縁の関係

小屋裏　バウンドする光を受け止める懐の深さ

正面　地面からバウンドする強い光と深い軒の影が土壁にコントラストを見せる

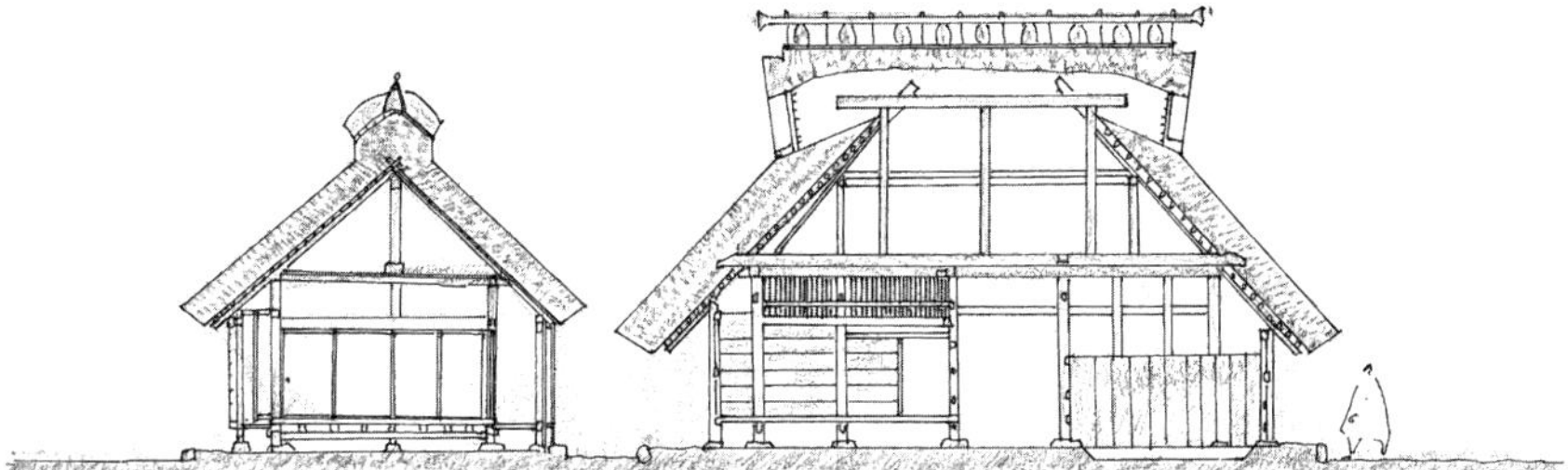

てくれていた。家を建てるとなれば、村中が総出で手伝い、家族は代々にわたり、日々手入れをしながら磨き上げていった。そうして家は時を経て、古びた姿の中に手間と時間が醸し出す艶と美しさを獲得していく。それが住まうことの本質でもあった。崇高な銘を入れられなくても、手の痕跡が建物の表情をつくり出し、佇まいとなって、地域や風土に根差した町並みを形成していた。人との出会い、人の知恵と技、想いが、かけがえのない文化と歴史を刻んできたのである。

しかし最近は、そういった町医者的大工も少なくなり、建てる際にも何ヶ月もかからないうちにつくってしまう。隣近所にしても、何だかやかましいなぁと思っている間に完成し、住み手の側も結局誰がつくろうが構わないという風潮になりつつある。うわものの仕上りくらいにしか目をとめず、誰がやっても均質に組み立てられる技術だけが求められ、職人の腕を振るう場所も、目と手で材料を吟味する機会も少なくなっている。そうして手に入れた建築部材を簡単に組み立てただけの「完成品」は、メンテナンスフリーと謳われ、汚れることも許されない。何もしなくていい家は、気がつけば誰にも気遣われない家になり、誰の手にも触れられずにいる。家の外殻はいつまでも変わらぬ姿で、町並みは熟成することもなく不気味に白んでいる。手間のかけ方を知らない時代は、建築が時の中で帯びていく美しさを忘れてしまったのであろうか。

1対1

建築の仕事にはまずクライアントがいて、様々な話をしながら図面を描き、そして大工をはじめとする職人たちが建築を実際に建ち上げていく。数多くの人間が関わり合う

「日ノ下商店ビル」緊張感のある和室と床の意匠

中で建築がつくられていくという事実は、当たり前のようでいて最も大切なことである。私たちのつくる建築というものは、決して一人が図面を描けば出来上がるというものではない。他者との出会いと対話から始まり、大きな手、小さな手、温かい手、力強い手、優しい手、細やかな手、ごつごつした手、いろんな手仕事の痕跡を残しながら、建築は立ち上がっていく。そして建築が生き続ける限り、それぞれの手が対等に、1対1の関係を結んでいくのである。

料理人が素材を〝目利き〟して料理するのと同じように、建築家も材料をどう料理するか、見て触って考える。ただし料理人と決定的に異なるのは、建築家は実際に自分で建築をつくることはできず、つくり手としての職人が絶対に必要という点である。1対1でせめぎ合ってつくるということは、常にお互いが相手の可能性を求めることである。建築家は職人がもっている技術・経験を発揮してもらうために、未知数のものを自身にも他者にも求めていかなくてはならない。

建築家×職人

うさぎとかめ

建築家と職人は「うさぎとかめ」のようなものである。

建築家というのは、寝る間も惜しんで悩めば悩むほど何かいいものができそうな錯覚に陥りがちで、時間の許す限り図面を前に悩み、ギリギリになって必死で走り出す「うさぎ」である。自身で決断するという行為は、それだけの難しさを孕んでいる。

「千里園の家」伝統的な技による和室と床の意匠

一方職人は、ひとつひとつモノを決めなければ仕事ができない。危険と隣合わせでいる以上、決められた時間に仕事を終えていかなければならない。職人は太陽が東の空から昇ってきて西の空へ沈むまでの間に、着実に決断を重ねてモノにしていく「かめ」なのである。だからこそ職人の手には迷いがない。難しいことを求めれば、どうやってそれをやってやろうかと、しばらく黙って見据えているが、そこからすぐにくわえていた煙草を躙《にじ》って、すっと仕事に就く。太陽は待ってはくれない。何十年と毎日同じリズムを刻んできた背中、丁寧に手入れされて腰に納められた使い慣れた道具、道具や素材を触って感じ取ってきた手。そこから生み出される技が、建築に力を与えてくれる。

図面に刻まれる痕跡

建築家は、土地を吟味し、そこから生まれる空間のあり様を思い描くことはできるが、自分の手でつくることはできない。だからこそ、そのイメージを相手に伝える手段として図面を描くことが重要になる。職人を口説くのも迷いを伝えるのも図面である。

私の事務所では今も図面を手で描いている。手で描くということは、建築家の手の痕跡を図面の中に刻むということである。設計の過程で悩んだ難しい箇所は、幾度も消されては描き直され、いい塩梅に黒ずんでくる。青焼き図面にはそうした手の跡が残っていく。すると図面を見る側にもその苦労が伝わり、この部分は職人の技がなければ納まらないことに気付いてもらえる。図面の手が込んでいるところは、現場で話を詰めていく。もちろん図面をよく読んでもらうために、見やすく分かりやすい図面を描く。奥に潜む想いを伝える図面は、誰が見ても美しく感じられるものでなければならない。

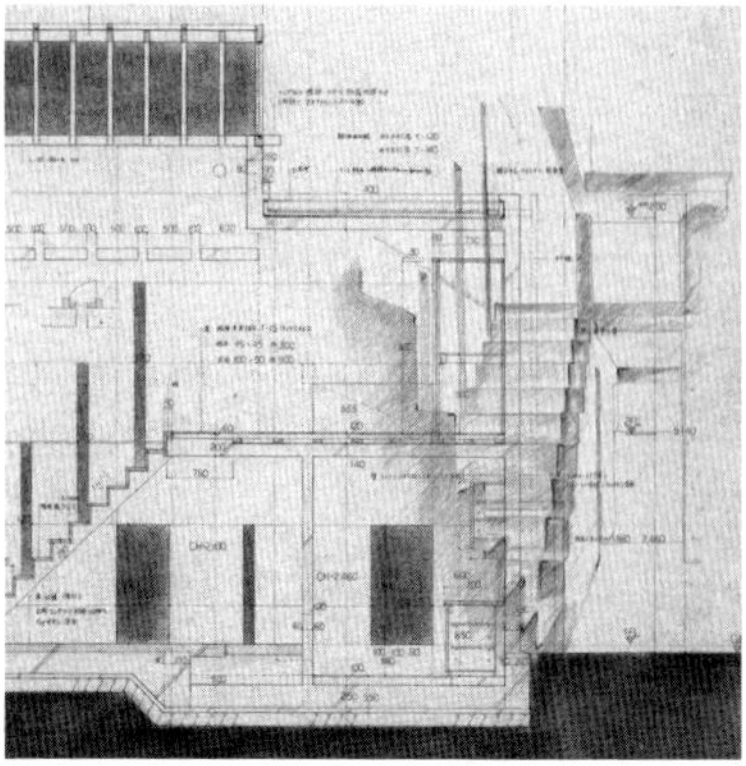

手描図面とスケッチ

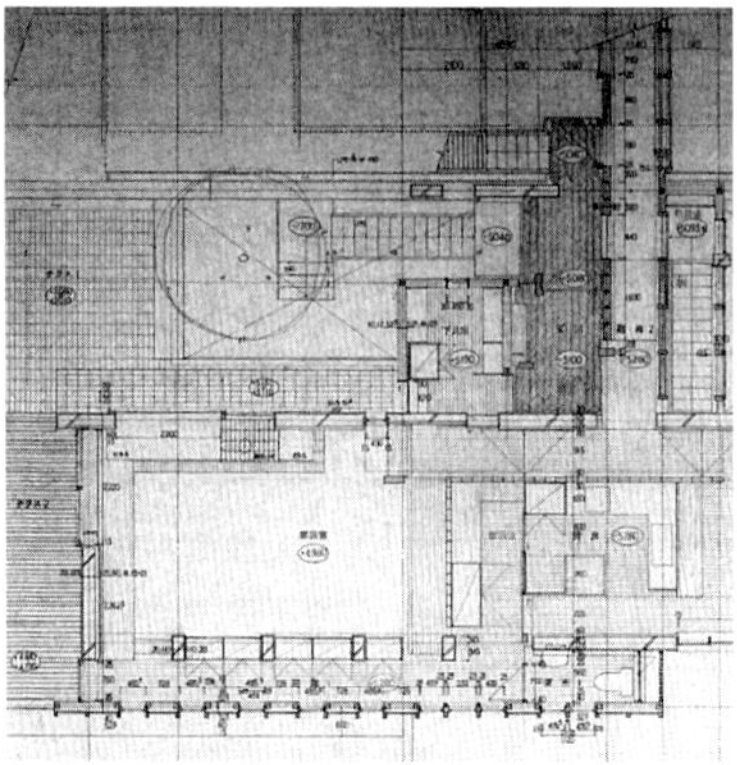

手描図面　平面図

一本の線に勝負をかけて描いた図面から、その思いが伝わった時に初めて、職人との対話が始まる。職人は図面から想いを汲み取り、どんな難しい要求にも多くを語らずに、「それぐらいやってやる」と返してくるようになる。お互いに難しいことに挑戦するのは、未知の領域に腕を奮おうとせめぎ合えるからである。

しかしそこでもう一度私たちは考える。手間暇はかければかけるほど緊張感が生まれることを本当は職人自身が一番よく知っている。けれどもそれが本当に求めるべき仕事かどうか、求めるべき場所かどうかを、職人は私たちに問い直してくるのである。つまり全てに新たな技や手間を求めてしまうと、空間には張り詰めた空気ばかりが漂ってしまう。時には「逃げ」が必要なのである。仕上げの具合などは細かく要求せず、話を交わした上で相手に任せていけば、自分の流儀はこれだと、奥の秘伝書のようなものを相手から引き出すことができる。自分の技術を必要とされていると感じてくれれば、彼らは手間を惜しまない。そしてひとつ仕事を終えると黙って次の仕事へ向かっていく。

建築は様々なデザインの集合体である。それゆえ関わる人間それぞれがもっている技術を、いかに掛け合わせられるかが、建築そのものの質に大きく影響してくる。しかし今日ではそのような技術を建築家自身が要求していないことが多いのではないだろうか。平面図を渡すだけで後はいつの間にか出来上がってしまうという、実に情けない状況に置かれている建築は少なくない。一方で、いたずらに歪んだ曲線や、どうやってつくるのか自分でもわからない図面を描いている者もいる。設計者が自分の手で描けない線は、職人にも困難な仕事を要求していることを自覚しなければならない。互いの手仕事をよく知り尽くした上で、その先にある計り知れない職人の可能性を信頼しながら、一人一

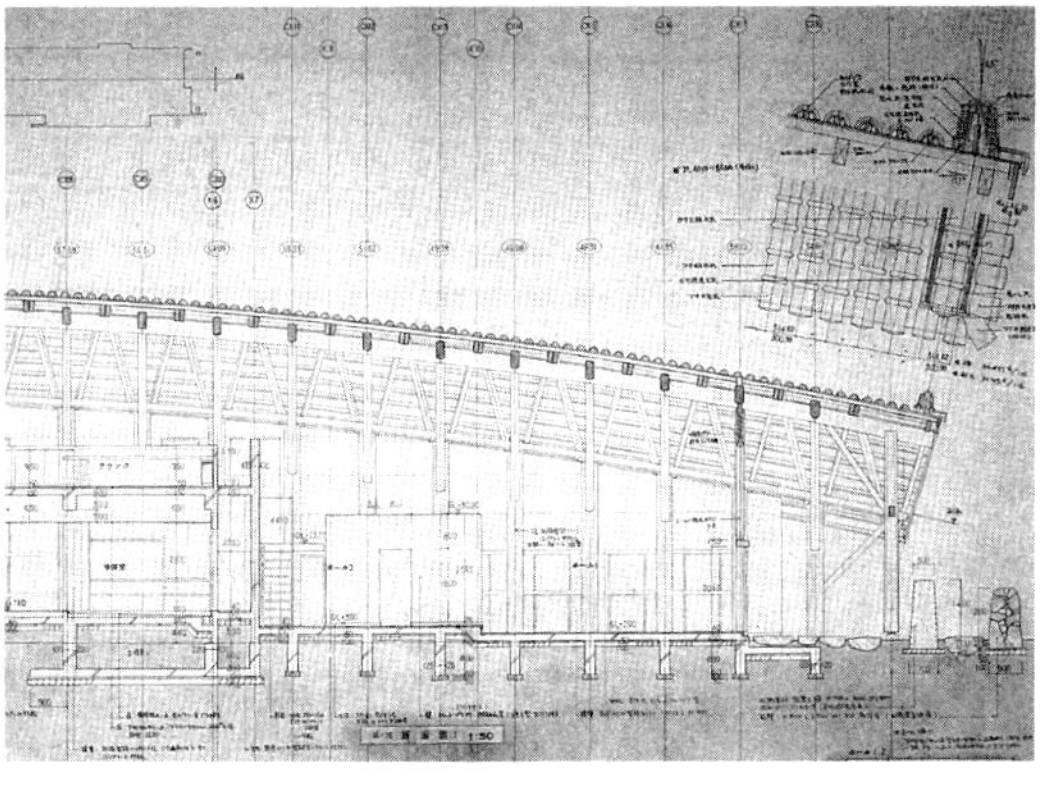

手描図面　断面図

人の気持ちの中にグッと踏み込んでいく覚悟をもたなければならない。

思考と決断

現場に行くと、図面だけではなくその場にある足場板さえも画板にして、スケッチを描きながら職人とやり取りをしていく。事務所で考えている時と現場で考えている時とでは、思考のテンポが全く違う。事務所では机に向かって腰を下ろし、図面や模型をにらみ合いながらじっくりと考える時間がある。しかし現場では相手が目の前で待っている。待たれていると思えば焦りもするし、質問に即座に答えられなければ何も知らないのかと思われそうで、答えを急ぎがちにもなる。迷っている間にも、職人が準備をして待ち構えているのである。現場で臨機応変に迅速かつ正確な判断を下すことは、建築家にとって間違いなく必要な能力である。しかし一旦答えを出してしまえば、そこでひとつの話が終わってしまう。急いで結論だけを伝えたのでは、問題の部分において何が本当に大事だったのかが理解されにくいことがある。

現場で何か決定せねばならない時には、その場ですぐ答えず、判断を一時保留せよと、現場を見る所員に教える。モノをつくるということは、そもそも容易に答えが出るような問題ではない。重要な点については即断を控え、間を取りもう一度他者と話して考える。そこで答えを出したら、職人に真意を理解してもらえるように、丁寧に説明していけばよいのである。

建築家はその決断によって勝負をかけていく。知識も経験も勝る職人はその答えを既にわかっていたに違いない。しかし職人は黙って決断を待ち、最後にモノで勝負する。

現場　職人とのやり取り

互いが勝負をかけたその瞬間、様々な人の想いが結集し、カタチになる。こうして人も建築も育っていくのである。

隠された技

初めはとにかく現場に出て職人といろいろな話をする。生きてきた年数も経験も明らかに違う者同士だから、すぐには話が伝わらないこともある。そんな時、たとえば古建築や民家など、自分の目で見て手で触った経験を例に出して話をする。すると職人たちは、その建築の目に見えない場所、隠された技について教えてくれるのである。

たとえば、重要な床柱が狂わずに今なお納まっているのは、材から水分が抜けないように小口に蝋を塗って、建てる直前に端を切り落として隙間なく納めているからだという。そうすると水の逃げ道がなくなって、狂うことがないのだ。現場で職人とやり取りをする際には、このような目に見えない部分の話をすることが重要である。そうするとお互いが考えている大事なところ、危ないところ、丁寧に納めていくべきところが見えてきて、うまく力を加減しながらつくることができる。それが最終的に建築の良さとなって現れてくる。一目見て良いと思える建築には、見えない部分への配慮が集積されているのである。

職人の手つき

職人は材料を目で見て手で触って、そのクセを読みながらモノをつくる。日本の移ろいのある気候の中で生きた建築をつくるために、道具のない時代から、先人たちはたく

欄干　緊張感のある納まり

さんの工夫や知恵をこらしてきた。今でこそ人力をほとんど使わない機械や道具が発達しているが、昔から大工は指矩《さしがね》一本でいろいろな寸法を割り出すことができた。道具がなければ、手持ちの道具の持ち方を少し変えるだけで別の道具に変えることもできる。しまいにはその辺に転がっている材料の切れ端でさえ新しい道具につくり変えてしまう。その手つきには寸分の迷いも感じられない。

大工は素材を扱う前に、まず道具の扱い方から教えられる。手入れされていない道具はすぐ使い難くなってしまうし、木の肌に残った小さなささくれや、ちりひとつを取り除くのを怠ったために、道具を欠いてしまう。道具を欠けば仕事は進まず苛立ちを覚える。だから素手で道具と素材を感じながら仕事をする。

そんな苦い日々も経験しつつ鍛え上げられた大工の身体は、渾身の力を込めてつくる強さを見せるかと思うと、道具や素材を目と手で触って吟味し手入れをする優しさをも備えている。素材のひとつひとつについて、良さも痛みも知り尽くしている。そしてそこにある材料を読み、どう料理するかを常に考えているのである。

つながる技と技

職人にもいろいろな仕事があり、仕事には順序がある。その過程では、一人の人間が考え作業した結果がその次の人に渡っていくという、いわば技のリレーが行われる。その際バトンを受け取る者は前走者がやってきた仕事を必ず見る。職人は自分の仕事だけ見ているのではない。いろんな現場で他者の仕事を見て、どこにどんな腕利きの職人がいるかもよく知っているし、そこで発揮すべき自分の仕事の手加減をいつも見計らって

墨付　職人の手つき

道具　手入れされたかんな

いる。そうして他者の手仕事からその建築の意図を伺い、さらに自らの仕事をそこへ重ねていくことができるのである。大工が「左官屋はええなぁ。塗ってごまかしがきくんやから」と冗談を言うと「おぅ。こっちがごまかさんでええようにしっかり仕事してくれよ」と左官屋が冗談で返す。他者の仕事を自分の仕事に結んでいく。職人同士もそうしたモノを通じた触れ合い、技のせめぎ合いの中で自分の腕を上げていくのである。

　しかし最近は、そういう触れ合いをなくそう、断ち切ろうとする方向へ向かっているように思われてならない。カタログで選び、品番を指定すれば届く製品を持ち込んで、ただ組み合わせていく。工業製品や規格部材の良さ（精度や工期短縮、コスト面）は生かすとしても、つくり手をものづくりの本質から遠ざけてはならない。

　現場で手を動かす職人のほかにも、大切な用意をしてくれている人が大勢いる。たとえばコンクリート型枠や鉄筋・鉄骨などをつくっている職人は、工場など別の場所で製作し、現場では組み立てるだけなので、わざわざその工場へ訪れない限り、ほとんど接することがない。木でも、大工が行う材料の墨付けや刻みといった事前の仕事は、現場にいるだけでは目にすることはできない。建築を自分の手元まで引き寄せることができるかどうかは、このような目に触れにくい仕事にどれだけ肉薄することができるかにかかっているのである。私は、時に型枠大工の仕事を木工の大工に要求する。昔のように手捏ねのコンクリートを竹でつついて打ってみたらどうかと提案する。職人の常識を揺るがしてまで現場の構法にこだわるのは、ものづくりを手元へと引き寄せていきたいという思いがあるからである。たくさんの手仕事を建築の現場に取り戻していく力が、今、建築家に求められているのである。

「石丸の家」左官の技と石工の技による緊張感

「土と陶の工房　美乃里」左官の技による緊張感

棟梁との出会い

師である石井修先生の事務所を独立して数年が経った頃、棟梁・中谷禎次と出会う。彼は15歳で先代の中谷竹次郎に弟子入りし、2代目を引き継いで自ら図面を描いて設計・施工する腕利きの棟梁である。木をよく知り尽くし、木工集団とも呼ぶべき職人を率いてきた。

当時取り組んでいた「北楠葉の家」(1982年)で、私たちはラワンベニヤの家をつくった。私が32歳、棟梁が41歳の時である。ベニヤが職人の手仕事と一体どう結びつくのか、それは棟梁にとって未知の世界であった。

真壁の柱に同面でベニヤを合わせていくデザインを検討していたのだが、棟梁に初めて会った時にその図面を見せると、「こんなベニヤみたいのは家やない」とひどく怒られた。木の家といえば丁寧につくられた和風の住宅が常識であったし、ベニヤの家なんてつくっても面白くない、無垢の柱と合わせること自体がおかしいのではないか、そんなことに力を注いで何になるのかと、初めはまともに取り合ってもくれなかった。棟梁にしてみればベニヤなんて押入れに張るものをどうして仕上げにできようか、という思いがあったのだろう。

経験のある棟梁と話をするには、実際に木を手に取って話すしかなかった。たとえば檜と杉を組み合わせるとどうなるか、あるいは年輪が詰まった木と、早く生長したために、空いたり狂ったりした木を組み合わせるとどうなるか、という話をしていく。無垢の木に狂いが生じて空いた隙間に、ベニヤの目地を合わせていってはどうかと尋ねてみ

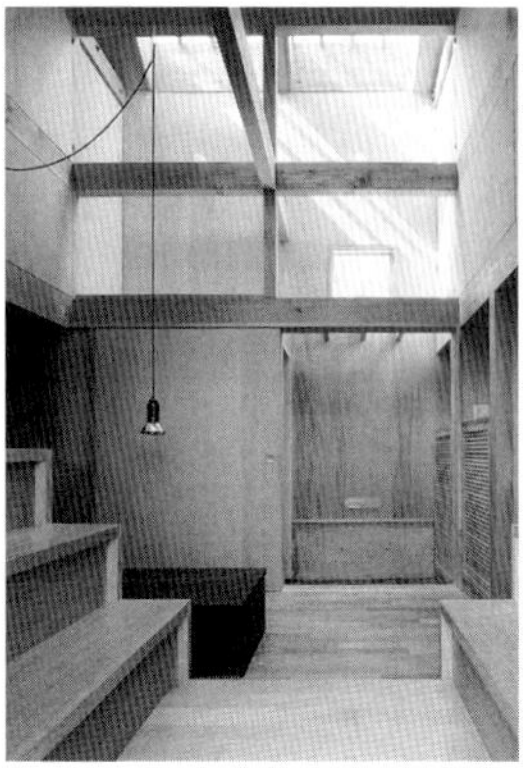
「北楠葉の家」ベニヤに包まれた空間

「北楠葉の家」ベニヤと現しの架構

る。それでもまだ棟梁を頷かせることができない。それでは、材種の組み合わせも重要だが、木の色合いに注目したらどうかと問う。高い材料もモノが良くなければだめになるし、安い材料も使い方次第で空間を変える力がある。檜の素木と杉の赤味、赤と白が入り混じったラワン、それらが空間の中で絡み合うとどんな表情を見せるのか。そこで、均質な表情に見えるベニヤをよく吟味し、色味や目の向きに気を遣いながら並べて見せた。そうすると綺麗に磨かれた木のもつ感じとはまた別の風合いが職人の目にも見て取れたのだろうか、少しずつではあるが皆の目の色が変わってきたのである。

そんな風にして、建築の良さというのはもっと違うところにあるのではないかという話をしながら、知識も経験も遥かに上回る職人たちとずいぶんやり合った。そして遂に木を知り尽くした職人にかかればベニヤも美しい素材になるのだと口説きにかかる。最後には、いくら口で言ってても始まらないので、まるで売られた喧嘩を買うかのように「できたもので勝負しよう」と棟梁に言わせたのである。

それが棟梁と私のものづくりの始まりだった。私たちは現場でやり合いながら少しずつ手の内を見せては互いに手応えを感じ、そしてその後も数多くの建築を共に手掛けることになったのである。１９８５年には棟梁の自邸「粉浜の家Ⅱ」を、そして２００２年には私の自邸「１０１番目の家」を共につくり上げた。この二つの自邸を軸で結びながら、私たちはものづくりの本質に迫り、いつまでも新たな挑戦をしていくことを約束するのである。

「粉浜の家Ⅰ」ベニヤと現しの架構

粉浜の家II

1985

kohama no - ie II

大阪市住之江区、戦前からの長屋や借地が数多く残り、今なお賑わいを見せる商店街を中心に形成される住宅密集地の一角。大工棟梁・中谷禎次の自邸である。言うなれば私と棟梁の手仕事の原点であろう。周辺の古い木造2階建ての長屋は、老朽化のためにそこかしこで棟を切り取られ、3階建ての住宅に建て替えられつつあった。棟梁の家は戦後すぐに建てられた4軒長屋で、前面道路が建築基準法第42条2項道路の指定を受けておらず、接道条件を満たしていないことから建替え不能に陥っていた。幸い公道と接道した東側隣地を棟梁の兄が所有していたため、交渉の末、年月を経てやっと同一敷地内の建築物として、建替えが実現した。

4mの前面道路に対し、間口3・5m、奥行9mの短冊形という長屋特有の狭小敷地から、構法としては木造3階建てが採用された。都市の狭小敷地にもう一度住まう意志を込める。それに加えて棟梁自らが、自身の仕事の拠り所でもあり職人冥利につきる家をつくるという、もうひとつの意志をもって、「自分の家を設計するのは竹原しかいない」と話をもちかけてくれたのである。

立ち上がる壁に穿たれた孔。そこに立つとシンメトリーに左右二つの扉がある。道に面した小さなポケットで人は戸惑い立ち止まる。扉を開けて中へ入ると、そこはまだ外部空間である。「間室《かんしつ》」と名付けられたこの空間は、結界の内の薄闇から改めて光の存在

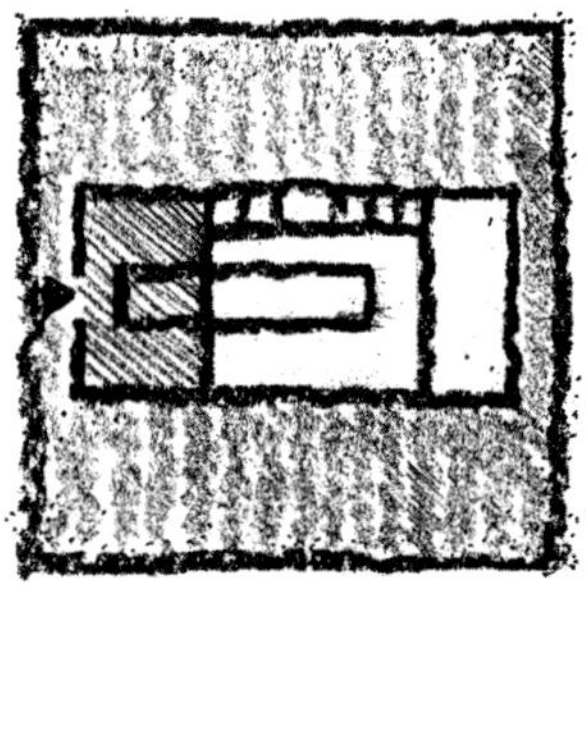

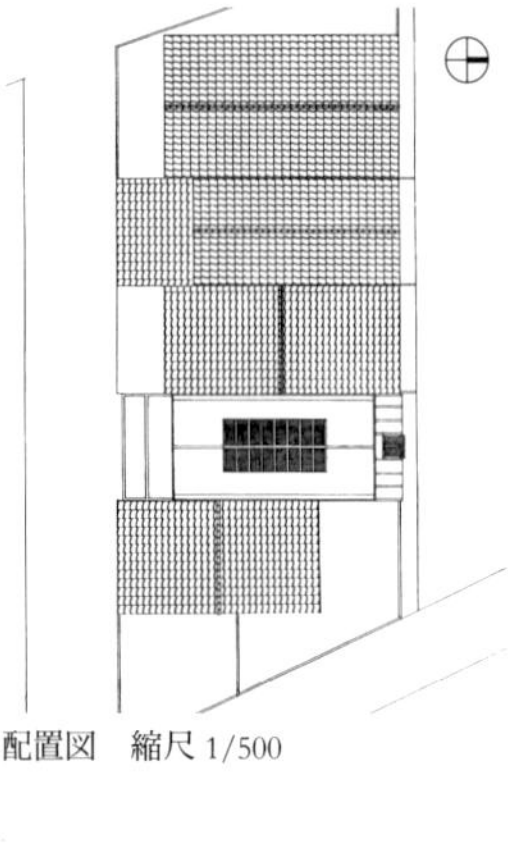

配置図　縮尺1/500

を知る、内と外をつなぐための装置である。格子戸に透かされた光、囲い込む壁が切り取った空。ここでは都市の中で忘れかけていた自然を再体験する。そこに突如として現れた一枚板が、ガラスを貫通して内部へと延びている。一枚板は食卓と厨房カウンターを兼ねた長いテーブルで、細長い敷地を強調する。そこから入った食堂上部には3層を貫く吹抜けがあり、上階の2室がこの間を介して対峙する。

狭小空間の内部を必要諸室で100%満たすのではなく、平面の中にも断面の中にも、明確な機能をもたない「間《ま》」をもたせる。限られた空間に挿入された「間」を彩るのは即物的な自然ではなく、都市の裂け目から深く浸透してきた抽象的な自然である。トップライトと木の架構から光と影のコントラストが降り注ぎ、屋根裏の無双雨戸から和紙貼の壁を撫でる繊細な光と影のストライプが吹抜けに浮遊する。

2階の各室へ独立した動線を確保するために、小さな家の中にあえて二方向に上がる階段をしつらえている。舞台装置のような階段の1段目は上がりにくい高さにして、上昇する空間と地面に接する空間を意識的に切り離している。そこに腰を掛けるとちょうど食堂のテーブルにつくことができる。人がやっと通れるほどの隙間を残し、細長い空間はテーブルによって二つに分断されている。奥行方向に延びるテーブルが、小さな家の中で家族同士の距離を保っている。

空間に力強さを与えているのは、住空間を囲い取った外殻と、その内に組まれた木の架構の対比である。小空間では手で触れるほどの距離にある内部の壁にどんな素材を選ぶかで、空間の質は大きく変わる。綺麗に磨かれた木や、優しい土ではなく、閉ざされ

外観正面　壁に穿たれた孔

間室見下ろし　内外をつなぐ2層分のヴォイド

家族室より間室を見る　ガラスを貫通するカウンター

吹抜け見下ろし　対峙する室と室

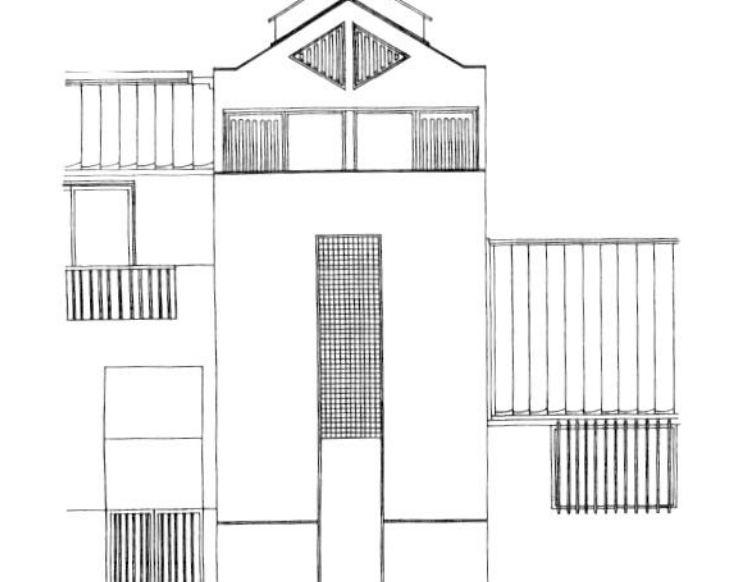

南立面図　縮尺 1/200

た空間の中でも光の動きや空気の湿り気によって透明感のある色味から濡れ色に移ろう、しなやかな素材が求められた。それはラワンベニヤであった。

しかしベニヤを美しく張ることは思いのほか難しい。一枚単位でシート買いすると、色味にばらつきが生じるので、ロット単位で購入してベニヤの色具合を合わせながら、部材を取っていった。そのために、単価が安いとはいえロスが生じることは避けられない。割付図を見て「まさかこの切れ端を捨てるんか」と棟梁は怒り出したものである。張る際にはそのベニヤを一旦全部並べて、上も下もないと思われていた材料の向きを読まなければならない。目地幅を合わせて張るにも、とてつもなく手間が掛かる。押入れであれば釘打ちで終わるというのに、仕上げとなれば釘の頭を見せるわけにはいかない。糊で貼りながら、仮止めの釘を後で抜いても跡が残らないように細心の注意で打つ。いっそクロスを上から張ってしまいたい衝動を抑えながら、職人たちは薄っぺらいベニヤに技を結集する。そうして生まれた美しいベニヤ張は静かで優しい壁になり、そのしなやかな質感は光と影のリズムを受け止めている。

家族室　舞台装置のような二方向階段

棟梁一家の家族構成は、夫婦と当時まだ幼い娘2人の4人家族であった。狭小の住宅の中に左右二つの玄関扉や階段があるにもかかわらず、部屋数が少なく3階へは2階の部屋を通らなければ上がれない。計画段階で「これで本当に家なの？」と当然言われてしまった。棟梁とはそれまでに三つの住宅を一緒につくっていたので、彼は私の意図を感覚的に理解することができたであろうが、奥さんや子供たちにすれば、とんでもない家に思われたのだろう。

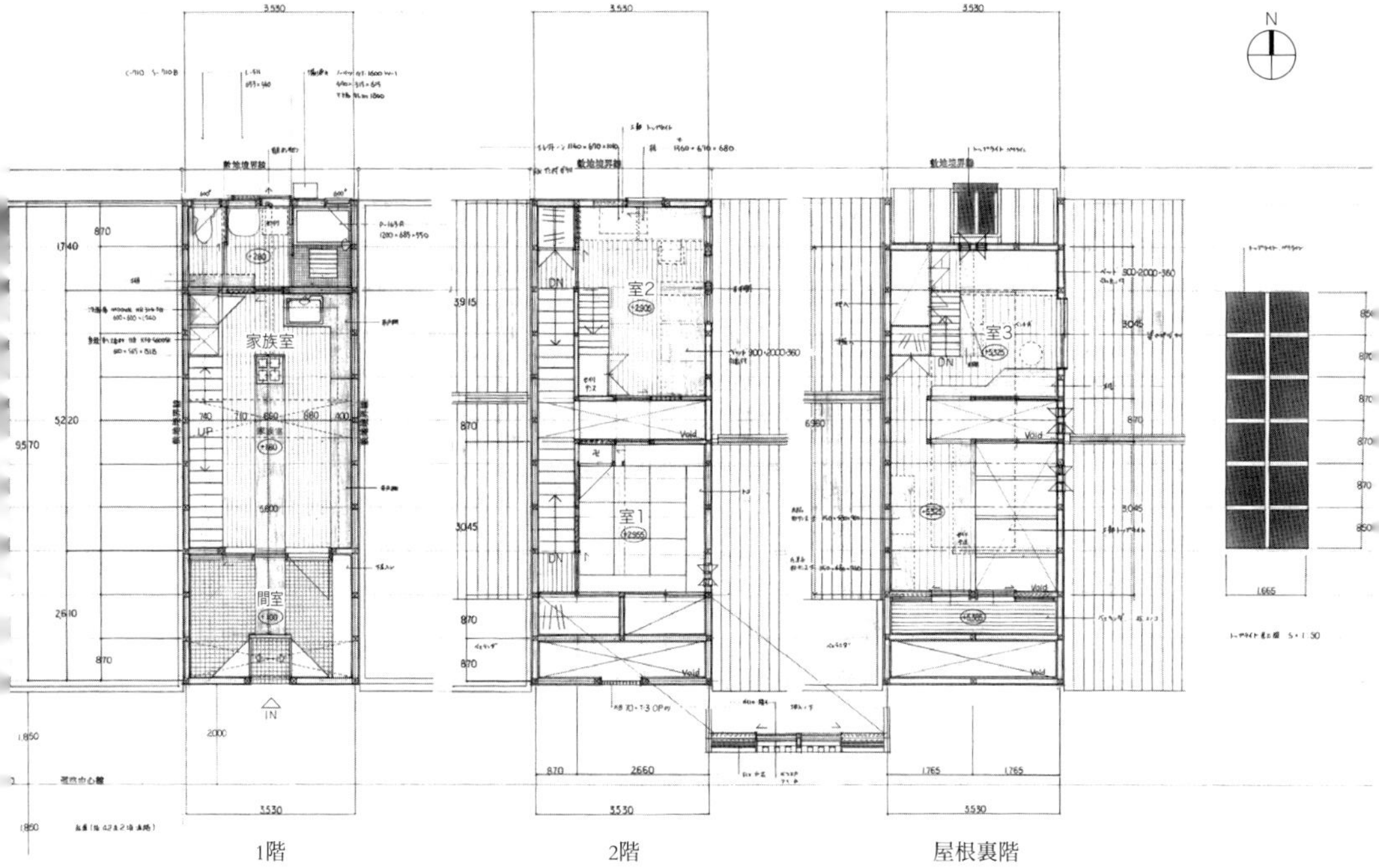

平面図　縮尺 1/200

室 3　現しの架構に透ける空間

室 1　無双雨戸から壁を撫でる光のストライプ

しかし棟梁は「俺が竹原に頼んだのだから、竹原がウンと言わなかったらやらない」と断固とした態度を貫いた。信頼する建築家がこういう家が良いと言っているのだから、それに仕事で応えるだけだと。自分の家にもかかわらず、注文は一切つけなかった。そもそも初めに提示された条件も、この敷地に4人家族が住む、という一点だけだったのだ。そうして最終的には「竹原に任せる」ということになり、着工に至るのである。

実は娘さん2人は、この家ができるまで、大工という職業があまり好きではなかったそうである。友達に聞かれてもお父さんは大工だと言いたくなかったという。ところがいざ自分の家の工事が始まり、お父さんが朝早くから晩遅くまで一生懸命仕事をしている様子を見ているうちに、最初は全く手伝いもしなかったけれど、次第に頻繁に現場をのぞくようになった。見るたびに家の様子が変わっているのも楽しかったのだろう、工事の終盤には毎日掃除を手伝いに来るようになっていた。

父親の仕事する姿を初めて目の当たりにし、彼女たちは何かに気付いていったようだ。家は誰かが勝手につくるものだと思っていたのが、実はそうではないのだと。家をつくるというのは大変な仕事であり、それを実現するのが父親の技であり手仕事なのだと。そして父親は偉大な棟梁なのだということを実感していった。やがて自分たちの家が完成してみると、たしかに普通の家のような個室はないけれど、そこにはもう住みたくてたまらない何かが満ち溢れていたのである。

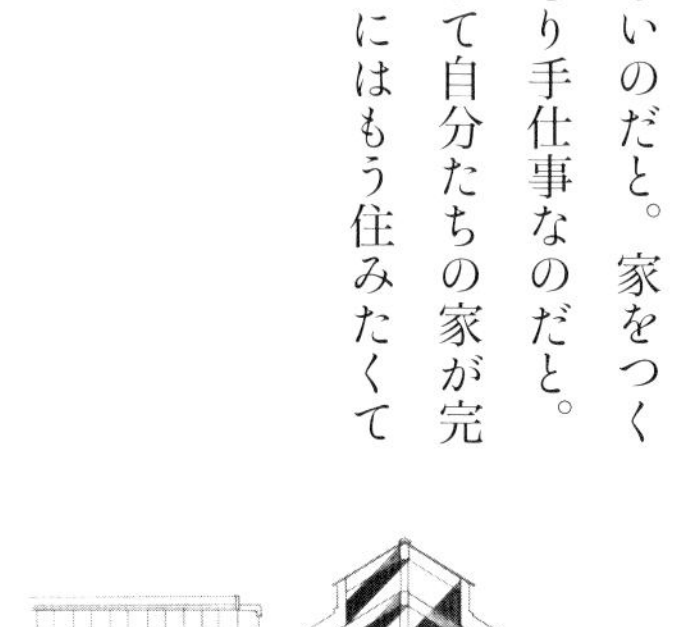

東西断面図　縮尺1/200

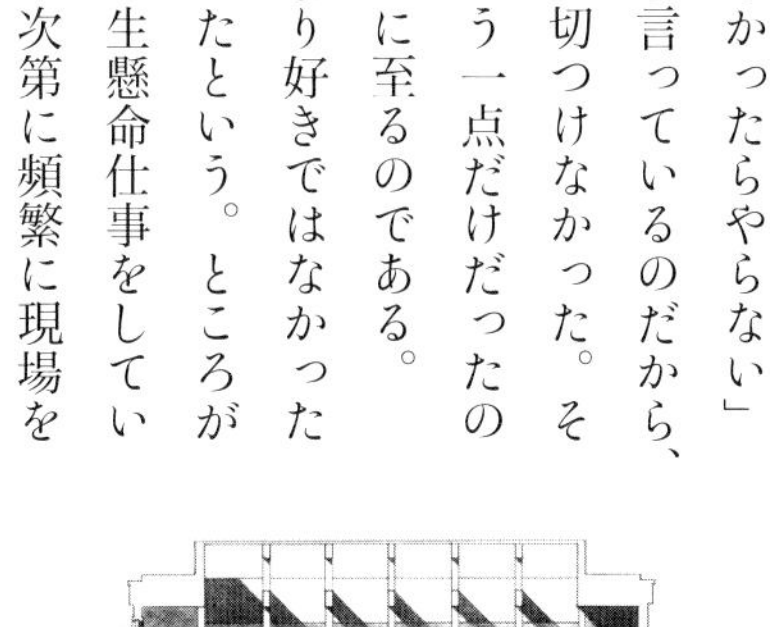

南北断面図　縮尺1/200

2

素材の力

イサム家・イズミ家

私にとって忘れることができない建築。それは四国の牟礼町にある「イサム家」と「イズミ家」である。そこは彫刻家イサム・ノグチ氏と、彼と協働したことで知られる石工の和泉正敏氏の住まいとアトリエである。

四国の牟礼という町は良質の花崗岩「庵治石」の産地として知られている。牟礼の旧街道を一歩入ると、石屋が多数建ち並び、傍らにところ狭しと石が積まれ、本磨きにされた石塔、灯籠と墓石が列をなす。細い道を曲がると野面に積み上げられた庵治の錆石積みのストーンサークルから、漆喰の白壁と黒い瓦屋根の小さな蔵が姿を覗かせる。漆喰と瓦のコントラストは、五剣山を背景にくっきりと輪郭を見せる。八栗寺の山裾に存在感を表した建築は大きな自然に抱かれ、その美しさにしばらく沈黙の時間が流れる。

直径35ｍの円形をしたストーンサークルの内側が、彫刻を制作するアトリエであった。2人が共に過ごしたこの地に、今も多くの作品が置かれている。土、石、山、空が織り成す風景は、人、彫刻、空間へとスケールが変換される。石積みが空間を切り取るよう

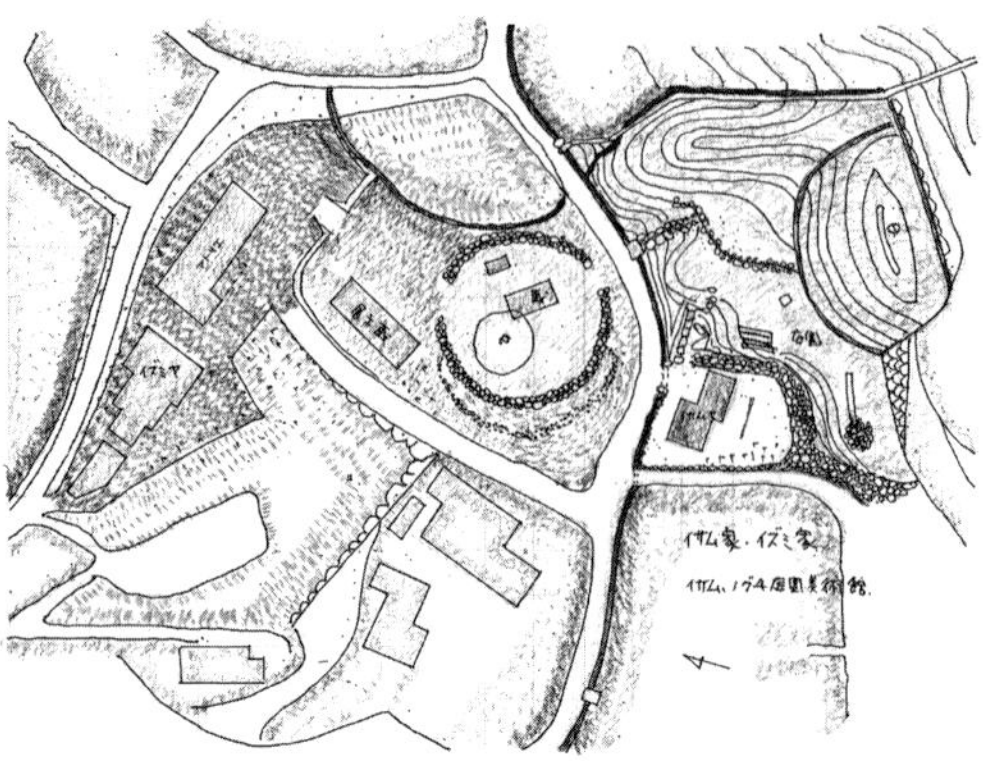

イズミ家へのアプローチ

に地面と結界を結び、その内に配された彫刻が余白の場を生かす。静かに彫刻と自然が対峙している。まるで時間が止まっているかのようである。多くを語らなくても、ここを訪れた者だけが知り得る何かがある。

アトリエには米蔵を移築した作業蔵があり、その西側には、明治時代の酒蔵を移築改築した展示蔵がある。その奥に石の家「イズミ家」がある。「イズミ家」は、和泉さん自らの手で庵治石を積み上げた住生活の場である。アトリエを巡り「イズミ家」へ辿り着くと、その間を計ったかのように、石を輝かす打ち水がいい塩梅に上がり始める瞬間に出会うことができる。艶を抑えた石に水を打つと、輝きの中に複雑な表情が生まれ、場の空気が一変する。この瞬間にあなたが来るのを待っていました、と石が語りかける。民家が土着文化のひとつであったように、この石の建築は庵治石の町が生み出した石の文化なのである。

「イサム家」は、丸亀に残されていた200年ほど前の蔵屋敷を移築したものである。イサム家へのアプローチは、直角に折れ曲がった短い石畳ではあるが、石をずらして打たれているため、自然と足が止まり、ゆっくりと歩を取る。裏庭には竹林があり、西陽が射し込むと長い影が苔生した地面を撫でていく。屋島・壇の浦・五剣山・瀬戸内海の島々が一望できるイサム家の裏山には、屏風絵に見立てた自然石の石舞台がつくり上げられている。陽が西に傾き、紅く染められた山々は、空との際に輪郭を浮かび上がらせ、石積みは自然の中にゆっくりと沈んでいく。闇に包まれながら、月明かりに照らされた石は、今度は何を語り始めるのだろうか。

イズミ家　前庭

アトリエ　外観正面

イズミ家内観　庵治石積みの強い壁に軽やかなトラスが載る

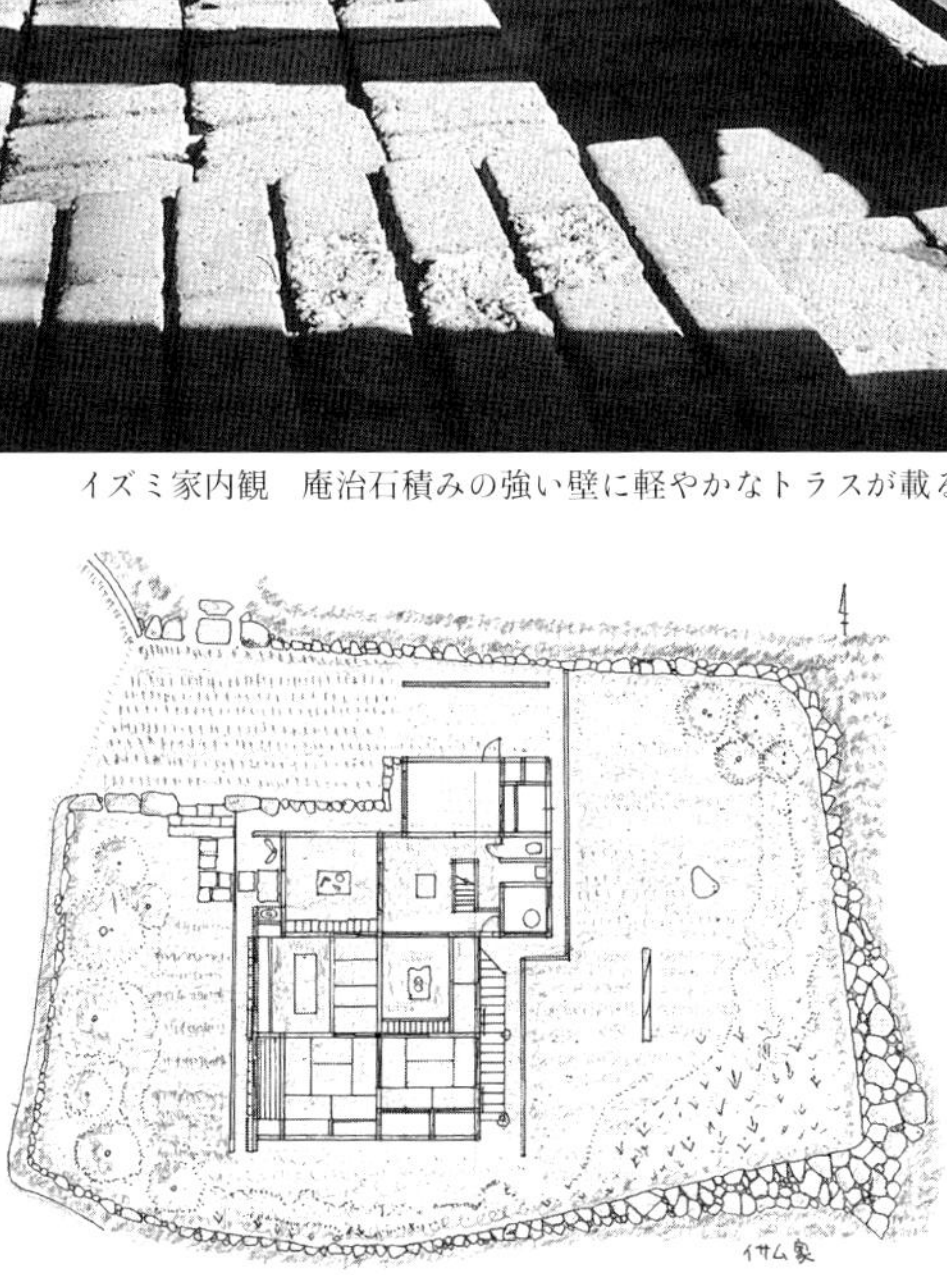

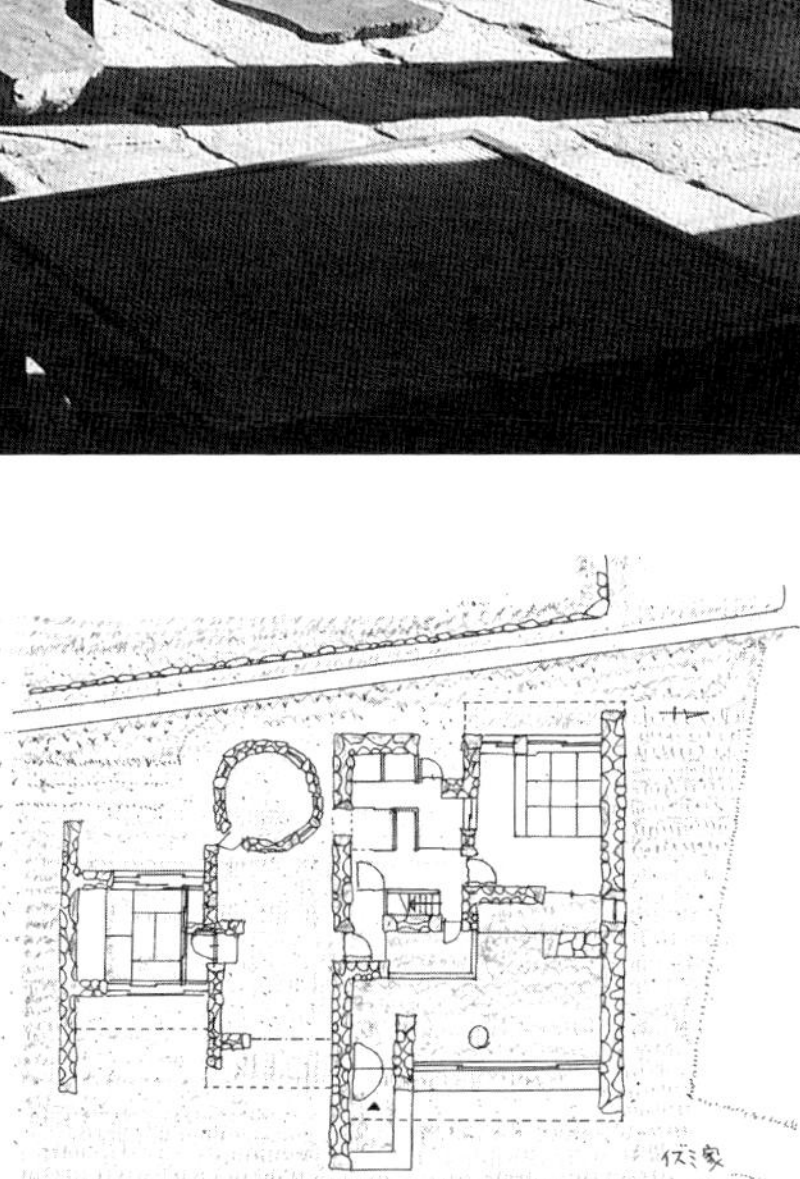

石と建築

石の記憶

地球の下には無数の石が眠っている。古代や中世、時代すら定かでないものも含め、世界の石造建築物や都市の遺構を前にすると、石の永遠性を感じる。ひとつの石が置かれ、次に敷き詰められ、一人の人間が持ち上げることのできる大きさの石が積み上げられていくことから石の文化は始まったのであろう。徐々にその風土や歴史に即した使われ方と高度な技術が発展し、こうした遺構が今に残されている。

石には「沈黙の美」を感じる。石は多くを語らないが、見るものに時間の重みを伝えてくれる。石が存在している、それだけで人の心を沈黙させる。地球の誕生から十数億年という気の遠くなるような風化の時を経て、土の中に眠っていた石が切り出される。ひとたび眠りから目覚めた石は、空気や雨に触れ、長い風雪に耐えながら、その質感を千変万化させ、新たな場を生み出していく。

山や川に恵まれた日本では、自然石が豊かな表情やかたちをもつ。無限の広野にひとつの自然石を置くことで場が生まれたように、束石、飛び石、留め石などのように、精神的にも造形的にも場を規定する礎を、石そのもののかたちを使いながら築いてきたのである。

粗い石は光や水を吸い込む。雨に当たり濡れ色になった石は、密度によって色味や表情が複雑に変化する。雨があがって陽が射し始めると、南側の面は乾いて周囲の空気も上昇するが、北側の面は陰になって苔生していく。外部に晒された石は、太陽と雨によ

飛鳥　石舞台

大谷石　石切場

って生命を吹き込まれ、自然の変化と共に呼吸をする。雨が当たらない時には、石に生命を吹き込むように、水を打つという文化が日本にはある。そして水を打つことのできない内部空間では、石を鏡面に磨き、光を反射させる。

こうして現れた石も、長い年月を経て風化し、摩耗する。しかし石は歳をとるほどに、彫りの深い表情が生まれる。それこそが石の美しさでもある。石の表情を刻々と浮き彫りにしていくのは、光による陰影である。季節や時間によって陽光は変化し、石は違った表情を見せる。石の種類、テクスチュアだけでなく、光や水といった自然の移ろいの中で石が発する空気の変化を旅の中で感じ取る。

石に魅かれ始めた時、ひとつの石積みが目に止まった。それは閑谷学校の石塀であった。この地方で産する水成岩の切石を整然と組み合わせ、かまぼこ型に積み上げられた石塀は、中国の唐様の積み方であるらしい。石塀は校門左右より隆起し、平地から山の中腹を巡って敷地を一周する。その延長は７５５ｍ、高さと底部の幅は１・５ｍほどあり、堂々として建物と一体となり、山の中へくい込んでいる。ここを訪れる度、場を囲い取る石塀の力に圧倒される。石の目地を見ると、草が全く生えずに積み上げられた時のままの密度を保っている。職人が全ての石を丁寧に水洗いして、土を落としていたことがわかる。さらに大きな石が人の背の高さまで緊密に積まれている。石塀の端部は、刀で真っ直ぐ切り落としたように鋭い断面を見せる。ひとつひとつの石のかたち、石積みの頂部の丸みとテクスチュア、その全てがわずかな道具でつくり上げられている。そこには、手間暇をかけ、石の目を読んで割り、寸分狂わず積み上げるという職人の卓越した技を感じるのである。

閑谷学校　石塀断面

中国　桂林

石工の世界

石について自身で考える機会を得たのは和泉正敏さんとの出会いであった。美建・設計事務所時代、「炉のある家」で私は和泉さんと初めて共に仕事をする。図面を見せると、和泉さんは唐突に「石をどういう風に積むのですか」と尋ねてきた。積むのは和泉さんなのに、なぜそんなことを聞くのか戸惑ってしまったのを覚えている。石の本質を知らずして石を積むことはできない。だから和泉さんは、誰でもかれでもが石を積んでも仕方がないと言う。和泉さんは私にその石積みの力を、そしてその建築の力を問い掛けていたのである。

石について建築家はあれこれ指示することができない。大工とはある程度やり取りをしながらつくり上げていくことができるが、石工の世界はそうはいかない。石工はかたちや組み方をあらかじめ考えてひとつひとつの石を選び出し、材料の加工、仕上げまでを全て施してから、現場まで石を運び、摺り合わせてしっかり納めていく。つまり石を手に取った瞬間から全てを読み切っていかなければならないのである。

和泉さんの石積みは野面積みのごつごつした石であった。石を石らしく使う。そこに眠っていた石を蘇生する。スライスした石や、鏡面に磨いた石のように均質なものよりも、むしろ粗面の石の方がその仕事は複雑になる。粗面の石は表面の艶を抑えていきながら、光を受ける面だけ少し磨くなど、道具の番手を逐一変えながら、ひとつひとつの石の仕上げを決定する。粗面の石と鏡面に磨いた石が出会うと、テクスチュアの異なる石同士の繰り広げる光の反射と吸収が空間を彩る。石工はそこにある石を見て、表か裏か、上か下かという石のもつ表情を一瞬にして読み、テクスチュアや仕上げを知り尽く

石井修／炉のある家

「石壁の家」野面積みの床の間

して指示をする。その技と感性が無垢の石から変幻自在な表情を引き出すのである。

石を積む

和泉さんは、石には顔があり、手にした瞬間にその石がどこに納まりたいかがわかると言う。石積みをよく見ると、石の向きや石同士の関係性は、力の流れとして見えてくる。石と石は唯一のバランスを求め合って接点をもち、そこに力と力が寄り添い合う。ほかに代わりの石など存在しない。パズルのピースのように、ひとつひとつがかけがえのない存在になっている。その緊張感に身を浸し、石積みと対峙していると、大きな石と石の間に小さな石が詰まっていることに気がつく。この小さな石が石積みの要であり、力の流れの重心を取っているのがわかる。中でも効いている石がひとつだけある。「かい」と呼ばれるその石を感じた時、空間と、そこに佇む人の身体の重心が重なり合う。

石を人力で積み上げていくと、ある高さからは足場が必要になる。しかし足場の上では体勢を整えるために重くて大きな石を一旦置くということができない。当然上にいくほど小さな石が使われることになる。しかしクレーンもない時代でも大阪城のように大きな石組みが築かれている。遥か彼方からスロープをつくり、コロを利用して人力もしくは牛馬の力で引っ張り上げたという。想像を絶する苦闘であったに違いない。

また石積みの発する力は、目地の取り方ひとつで大きく変わってしまう。石を紙のように薄くスライスして「貼る」ことと「積む」ことの違いは、建築の中で石の厚みや重量感をいかに引き出すかということにある。一枚の石の図面から、石の厚み、目地の幅と深さの比率をわずかに変えるだけで全く異なる表情をつくることができる。またあえ

大阪城　石垣のかい

熊本城　石垣

て目地をほとんど見せない「眠り目地」という手法を取ることもできる。目地の取り方を知らなければ、本当の意味で石を積むことはできないのである。

敷地条件、コストや手間、技術的にも、石はなかなか手を出しにくい素材になり、仕上げ材として上から貼るだけのものになりつつある。そこで石積みをもう少し手仕事の中に引き込もうということで、昔の技術を思い返し、人力だけで積むために考え出したのが、「版築積み」という積み方である。「版築積み」というのは型枠の中に土を突き固めて強固な土壁を作る「版築」の手法を石に応用したものである。型枠代わりに外側に自立する石を立てるように積み、その内側にセメントなどのつなぎ材を一切入れずに割栗石だけを突き固める。「版築」であればここで型枠を外すが、「版築積み」は外側の石がそのまま仕上げとなる。この工法では人の積み上げることのできる高さまでは足場を使わずに積むことができる。こうして石がひとつひとつ地面から立ち上がるように見せているのである。この方法は大きな石を運んで積み上げる余裕がない敷地などで生かすことができる。

「土と陶の工房 美乃里」版築積み

「東広島の家」版築積み

石を敷く

石の敷き方は世界各地で異なる。旅の途中、足元に様々なリズムを感じたら、そこに敷かれた石畳の目地を確かめる。日本では目地を取って石を敷く。石と石の間に「間」があり、日本独自の敷き方と言える。そこには「真・行・草」という概念が深く関わっている。「真・行・草」では目地の取り方、すなわち「間」の取り方が異なる。元々は石と石の間の目地であったものが「空間＝余白」へと拡がり、歩幅に沿って「時間＝リズ

＊1 バサモルタル：砂とセメントを混ぜた下地

ム」が生まれる。そのため、日本では石を敷くことを「石を打つ」と言うのである。また、その軸線が直線的か、ずれているか、または軸そのものが消失するかによって、訪れる人に心理的な緊張感を与えていく。たとえば桂離宮は貴人のための空間、すなわち「真」であるものの中に、質素な茶室のもつ「草」の精神が入ってきたために、石敷きが「真・行・草」と展開しており、廻遊するにつれて様々なリズムを感じることができる。

敷地に余裕がない住宅では「真」のような直線的なアプローチでは間をもたせるのが難しい。「真」を外して、間を大きく取ると「草」のような点と点を結ぶアプローチ、すなわち飛び石になる。しかし住まいには小さな空間の中に日常と非日常が混在している。つまり「草」まで外さない、「行」のアプローチがうまくつくられなければならない。自然とアプローチできる石敷きの中に、大きさを変えた石が粗く敷かれたり、石の向きを少し変えることで、人はふと立ち止まり、日常の中に余韻が生まれる。

石敷きの図面を描く場合は、まず初めの一歩を踏み出す石から描く。この最初に据える石をどうするかが非常に難しい。ひとつ目の石を決め手にリズムが生まれていくからである。たとえば人がどこから来てどこへ向かうか、どれくらいの距離を歩きどこで足を止めるか、打つ石の数を偶数にするか奇数にするかを考えながら、左右の足の進め方にリズムをつけたり、石の大きさを変えて自然に向きを変えられるようにする。そして立ち止まる場所には楔のように石を打つ。図面を描きながら平面図の上を幾度も歩き、石を標に人を誘う仕掛けをつくっていくのである。

石敷きの仕事も失敗の許されない一発勝負である。特に大きな石を敷き込む時は緊張感が走る。まずバサモルタル[*1]を鏝で押さえる。てこを使って手で石を動かす場合はあら

真の石敷

行の石敷

草の石敷

かじめ石を起こして立てた状態にしておく。クレーンを使うときはやや高めの位置に吊った状態にしておく。次にのろ[*2]を押さえ、水平を見ながら少しずつ叩いて沈めていく。少しでも位置がずれれば石同士がぶつかって角が欠けてしまう。また微調整のために動かせば、下地も一緒に動いて崩れてしまう。そうなると下地から全てやり直さなければならなくなる。それでいながら石の表面は均一ではないため凹凸する各点の水平を取るということは至難の業である。それは恐ろしく高度な技術なのである。

土と建築

土の記憶

子供の頃、土と水を混ぜて掌で捏ね、泥団子をつくった記憶があるだろう。土を採る場所、水と土の比率、捏ね具合によって泥団子の出来は左右される。小さな掌は土の質感と性質を敏感に感じ取り、土と戯れるうちに、一番いい土が採れる場所を覚えていった。泥団子は日を置いて少しずつ丸めると、より頑丈になり、粒子の粗い泥と粒子の細かいサラ砂を交互に何度も重ねて丸めると、石のように硬い球になった。

土は誰もが身近に手に取れる素朴な材料である。木は時間を掛けて育ち、伐採後も十分に乾燥しなければ材料にならない。石はそこら中に転がっているが、材料として使うには高度な技術と多くの労働力が必要となる。唯一土だけが誰でも手に触ることのできる材料なので、土を使った建築は世界中に無数にある。しかし同じように土と呼ばれながら、世界中の土はみなその粒子の密度や質感、そして色味が異なる。そのため、土の

流坂　石敷

如庵　石敷

*2　のろ：水とセメントを混ぜた下地

建築はその場所ごとに少しずつ異なる表情をもっている。

土壁

日本において土を取り入れた建築は民家に多く見られる。民家は内部に対し骨格を現しにしながら、外周を土壁で塗り込めて骨格を守ってきた。土壁は深い軒によってかろうじて風雨を凌いでいる程度であったが、農家の人々は自然をありのままに受け入れ、モノが朽ちていくということに対しても従順であった。そこで代々継がれゆく家の骨格を守り抜き、一番傷みやすい外壁には、いつでも手に入り、何度も上から塗り直せる柔らかい土を使うことが多かったのだろう。とはいえ、下地の小舞を丁寧に編んだ良質の土壁は徐々に締まっていく。苆《すさ》などを入れた荒壁のテクスチュアは、薄暗い空間に陰影を生み出す。たとえ朽ちたとしてもその姿が美しいのが土壁の持ち味であろう。左官と大工はそれぞれの技を発揮し、そこに手間暇がかけられ、民家は何百年という時を経て、今に生きることができるのである。

民家をルーツにした草庵茶室では土壁のもつ色を生かしている。土は水と練り混ぜることで本来の色が染み出てくるが、日本の土がもつ色合いは化学塗料のような鮮やかな色彩ではない。今では利休の聚楽壁といえば有名であるが、本来はその土地で採れた土を壁に塗り込んだものである。聚楽土のような侘びた風情をもつ土の色を「古色（古びた色）」と呼んだ。利休作といわれる茶室、妙喜庵「待庵」は北向きに配され、土壁で覆われた内部空間には粗末な下地窓がいくつか点在するのみで、光や色彩は極限まで絞り込まれている。草庵茶室では光を絞り込み、弁柄《べんがら》や練墨を混ぜた古色の土壁で覆うこと

櫛引の土壁

藁入の土壁

版築の土壁

で、空間の彩度と明度を沈ませ、一日色味を消してしまう。土壁に包まれた薄闇では空間の輪郭さえ虚ろになり、朧気に移ろう光と翳りが、土壁のもつ微妙な色を浮かび上がらせ、その色は無限に変化する。利休が求めたのはあらゆる要素を削ぎ落とした先に、見る者には見える美しさがあるという究極の境地であった。

土の再生

土は木と同じで、経年により表情が変わる材料である。土の素材感はうまく寝かせることで引き出されることもある。たとえば桂離宮の壁は、一度使われた壁土を再利用することで粘りと強度が増し、今も美しいままその姿を保っている。「イサム・ノグチ庭園美術館」の苆入りの荒壁は、醤油蔵として使われていた時の土を再生しており、待庵に劣らず美しいテクスチュアをもっている。石や木は基本的には使い回したり再利用できる材料であるが、刻んだり砕いてしまうと元の大きさに戻すことはできない。しかし再利用した土は何度も練り直すことで粘りが出て、色にも深みが増し、一層良質の材料に生き返る。そのため土が還元され、幾度も風化と再生を繰り返してきた中東圏の街並みは、深みのある風景をつくり出すのであろう。

再生した土に着目してつくった作品が、南紀州に建つ「海椿葉山」という温泉宿である。ここは椿温泉という名前の通り、冬には椿の花が咲き乱れる。敷地は海と山に挟まれた断崖に位置し、深緑の山から群青の海へ舞い降りた椿の葉、椿色に染められた建築がイメージされた。椿の花は、咲き始めの色と散り際の色が異なる。鮮やかな色から徐々に毒気を帯びたような色へと変わる。その色を土壁によって再現しようと試みたの

「海椿葉山」サロン棟外観

アトリエ　土壁

である。椿の葉を陣笠に被ったような楕円形のサロン棟では、日本の木組みの技術と土壁の真壁造りの技術、そして瓦葺きの技術が三つ巴になって織り込まれている。

当初、壁は漆喰で塗り込める予定であったが、木組みを檜の素木としたため、檜の色合いに深く沈み込むような土壁をつくることにした。椿の花の毒気を帯びた沈み込んだ色と、蔵の荒壁が朽ちたようなテクスチュアをつくるために試行錯誤をした。土に弁柄の色粉と墨を混ぜて「玄」と「紅」の混じり合った椿色をつくり出したが、それだけでは古色の深みは生まれない。それには壁土の熟成を要するからである。そこで取り壊される古い家を探し、そこで出た土を使い回すことにした。土を練り直し、フノリを入れて空気が入らないように入念に腐らせ、それを足で踏み込んで壁土を再生した。そこに現場監督が実家から探してきた藁を刻んで混ぜ、光を吸い込むようなザラついた質感を生み出した。多くの手間をかけて、新たな荒壁の表現が生まれたのである。

左官の技

左官は鏝ひとつで寡黙に壁に向かって押さえ続けている。最後の仕上げでは、鏝を押さえ始めたら柱や窓枠の切れ目まで鏝を抜くことができない。左官というのは、材料の乾く時間と仕事量を計算して一日の中で勝負をかける。まずは足場の高さが決められる。職人同士の身長差があると、塗継ぎの跡ができないように足場を組む高さを考えなければならない。そして一日でどこまで塗り切れるか、塗り回していった先の切返しがどうなるかまで読み切って一日の仕事を組み立てる。今の世の中でこれほど職人が短時間に現場で闘っている姿というのは少ない。

荒壁と角ばったゴロ太石

鏝塗壁と丸みのあるゴロ太石

左官は相当な経験を積んでも、その都度天候に左右され、配合具合から塗り厚、乾燥させる日数、塗る回数も様々で、それ次第で上塗り仕上げの質も変わるため、現場でも最後まで出来映えがわからない。技の難易度も違えば、職人の得意技も違う。まして図面で指示することもできない。だから同じ仕上げを指示しても、職人の技や感性によっていつも異なる壁の表現ができるのである。その一回性が私を虜にしてやまない。

かつての左官職人は下地から上塗りまで全て自分でやっていた。なぜなら左官仕事の善し悪しの大部分は下地で決まるからである。下地の骨組みも木や竹といった生きた素材を使うため、材料が十分乾燥していないと下地が暴れ、上の仕上げも落ちてしまう。どの時期に小舞竹を取り、どの縄を使って組むか、下塗りの土はどこの土を何日乾かして使うか、その塩梅を見ながら1年も2年も荒壁のままで置いていることもある。その間に乾燥の少ない木は動く。いよいよ木が動かなくなったら、最後の仕上げをする。左官も大工と同じくらい現場に張りついて、ものづくりに取り組んでいたのである。

しかし最近は短時間で仕上げることを要求されてしまう。不完全な下地のせいでチリ際が切れても、表面の塗り方のせいにされる。次第に上塗りも収縮に追従する材料しか使えなくなる。材料が変わり、下地の良さが出てこない仕事は左官職人の技を求めなくなり、下地はいつの間にか大工の仕事になってしまった。建築は仕上がりの過程が非常に美しい。通しで仕事をする職人にしか、建築が変わりゆく様子を知る術はない。左官から時間を奪うことは仕事の出来をも変えてしまうのである。大工でさえ工期を短縮され、素材の見極めができないと良い下地はつくれない。誰もが手間暇を惜しむあまり、土壁や漆喰といった生きた素材に対して、職人が腕を奮える仕事の幅は狭まりつつある。

倉敷　漆喰壁となまこ壁

「海椿葉山」では木組みと土壁、つまり大工の技と左官の技が力相撲をするように、左官仕事を下地から全て求めた。下地が動いて壁が落ちてしまわないように、下地には木摺りをたすき掛けに打ち込んでから、下塗りを重ねていった。一部の下地は大工が手伝う。職人たちが腕を奮って丁寧に張り上げた下地の隙間から光が洩れる様子はとても美しかった。

ここでは壁面が楕円形を描くため、大工にも左官にも難しい仕事が求められた。内部は真壁にすることで面を見切り、外部は足場に使う杉丸太を挟み込んで壁面を細かく割付けることで逃げを取り、美しい椿の葉をかたちづくることができたのである。

瓦

日本建築がもっていた良さは、地面や空とどのような関係性をもっているかにあった。屋根の稜線、空と結界をつくる瓦のリズムもまたひとつの土の記憶である。瓦は雨や台風の多い日本の気候の中で景色を形成する重要な材料である。太陽や雨に晒され、時に光り輝き、時に濡れ色になり、闇の中に沈み込み、浮かび上がる陰影が季節の全てを映し込んできた。様々な様相をもつ瓦の形状やその質感には、自然に融合する日本建築の精神が感じられる。三河や石州の瓦が有名なように、瓦を見れば、そこで採れる土の色や質までもがわかるという。土の性質とそれに見合った焼き方がその土地固有の表情となって町を彩っている。

現代の瓦は屋根伏図に「瓦葺き」と書くだけで、職人が綺麗に葺いてくれる。しかし瓦の形や表情からデザインしていくと、そこに表現が生まれてくる。一枚一枚の瓦が異

「海椿葉山」外観全景

「海椿葉山」檜の木組みと椿色の土壁

なる形状や色をもち、不揃いな瓦がつくり出す屋根の表情は不均質であるがゆえに生き生きとし、自然の中に融け込んでいく。色ムラや焼きムラ、釉薬の塗りムラ、形状の違いによって葺き方を変えると、ピースを連ねた屋根面に複雑な表情が生まれ、美しい扠首《さす》の稜線、軒先のラインをつくることができる。

「土と陶の工房　美乃里」では、朝鮮の建築のように棟瓦を省略して巴瓦で渡し、軒先の樋を消し、土管瓦の代わりに七寸紐付丸瓦を使って、隆起する屋根のラインを見せている。雨仕舞のために下にステンレスの瓦棒葺きが隠されている。閑谷学校も備前瓦だけでは雨仕舞ができないため、檜皮葺きの板の上に二重に屋根を乗せている。瓦はただ雨を防ぐ役割だけではなく、建築の輪郭をかたちづくる重要な役割ももっている。こうして土は日本建築の足元（地面）と頭（屋根）を構成し、私たちの身近な記憶に刻まれているのである。

素材から空間へ

素材による壁の表現

近代から現代にかけて、身分や作法などの序列がフラットになり、日本の住宅平面も自由を獲得した。しかしその一方で、私たちは生活の緊張感を失いつつある。たとえば床の間の存在はとりわけ美しい庭への視座を指し示していた。しかしそうした優劣のある壁がなくなり、私たちはただガラス越しに外を眺めることしかできなくなった。居住スタイルが多様化した現代の住宅にも、時代を越えて空間に緊張感を与え続けるのは、

韓国・安東　不揃いの瓦の稜線

「土と陶の工房 美乃里」丸瓦の稜線

もはや素材の力しか残されていないような気がしてならない。

私は素材とテクスチュアによって生きた壁の表現を幾度も試みている。生きた壁というのは、時代が変化しても生き生きとした表情をもつ壁のことである。その壁は強い意思を表し空間に力を与える。艶のある壁、凹凸のある壁、ザラついた壁、沈み込んだ壁。テクスチュアをもった壁は光を受け、沈み込んだ「無の壁」から、表現する「有の壁」へとその表情を変えていく。その時降り注ぐ光はマテリアルを浮き立たせる。光の濃度や動きによってテクスチュアをもった壁に陰影がもたらされ、空間の奥行きが増幅する。光は一枚の壁に刻々と時間を刻み、空間と時間の重なりを意識させる。

「塗屋造の家」は内外共に土佐漆喰で塗り固めた壁によって、都市から空間を囲い取っている。囲い取る壁は、散漫な都市環境に馴染むような表情のある壁であり、その内では取り込んだ光を受ける壁となる。全体は内部の太軸の架構と外周の漆喰塗の壁面の対比で構成される。開口部を絞り込みながら、空間に光の密度差をつくり、それに呼応するように内部の壁の色合いを微妙に変えている。たとえば、食堂の壁は漆喰に松煙を混ぜて利休鼠といわれる灰色がかった色にして、壁そのものの光を抑え込む。また、居間の壁は黄味を帯びた漆喰によって、西陽の黄昏色を拡散させる。互いの色合いは、光と影を交錯させせながら混じり溶けていく。出隅や開口の取合いさえも見切りを入れずに塗り回し、吹抜けの空間の壁を漆喰で一気に覆うことで壁の存在を強調し、空間に連続性をもたせている。また一枚の壁を表裏一体に塗り回すことで自立した壁を認識させる。

土佐漆喰は高知でつくられ、今でも各地で使われている伝統的な素材である。私はよ

「塗屋造の家」漆喰壁の外観

「塗屋造の家」抑えられた開口部

く漆喰と一緒に藁の苆を混ぜて使う。プラスターと砂漆喰で下塗りをかけた壁の上に、苆が発酵して黄色みを帯びた漆喰を木鏝で塗り込む。さらにその上に磨き仕上げを施すこともある。塗りたての黄みがかった壁は柔らかい表情を見せるが、年月を経るに従って白く輝き始める。職人として培ってきた技術と誇りにかなうような壁。ひとたびごとに表情の異なる唯一の壁は、時代に流されない輝きを放ち続けている。

「鴻ノ巣《とんのす》の家」では層をなす面の連続によって生きた壁を表現した。四つの家族が集まる別荘であるこの住宅は、誰もいない時は生活の灯が消え、そこに建築だけが取り残されてしまうため、生活が消えた後も町に生き生きとした表情をもたせ、日常と非日常の狭間に、幾重かの仕掛けが必要であった。

正面の石壁は自然石を深い目地の野積みにして、訪れた人を立ち止まらせる強い壁となるが、毎日通り過がる人には馴染んだ優しい壁にも感じられる。石積みの壁から控える塗壁は樹脂塗り壁であるが、巧みな鏝加減で押え、穏やかな表情で人を迎え入れる。素材の異なる二つの壁を認識しながらそのズレへと人は導かれる。

南を正面とする建物は、斜面に対し壁や屋根の面が互い違いに連続してせり上がっている。南の光は奥まっていく壁面に引き込まれ、太陽の動きと共にその表情が変化する。そこで方位によって塗壁の表現を変え、職人の手が生む鏝ムラや鏝の押え方の強弱によってテクスチュアを無限に操作している。やさしい朝日を受ける東の壁は鏝をやさしく押えて凹凸を残し、光を吸収する壁にする。明るい陽光を浴びる南の壁は少し強く押えて艶を出し、光を反射する壁にする。赤く燃える夕陽を受ける西側の壁は赤みを少し足し、建築の最も美しい瞬間を迎える。同じ面であっても雨垂れを受ける上の方の壁は強

「鴻ノ巣の家」左官の技が見せる壁の色彩と表情

「鴻ノ巣の家」光を吸収する壁と反射する壁の対比

く押えて、汚れを呼ばないようにしている。
外部と連続して仕上げられた内部の壁の内側にもう一枚の壁が貫入し、ずれた二枚の壁に異なる質感を与えた。トップライトから斜行する光が外側の壁をなめ、二枚の壁の間を乱反射する。光がクライマックスを迎えた時、内側の壁の細やかな質感と奥に控える壁のザラザラとした質感がコントラストを奏でる。壁のテクスチュアは、一瞬の光を捉え、反射する光の質を変えながら、場の力を引き出すのである。

「石丸の家」では時間と共に深く馴染むような壁を表現するために石壁と塗壁を掛け合わせた。西欧の民家を訪れると、石積みの壁が時間の中で朽ち果て、石と土塗りが混ざり合った壁によく出くわす。その時この壁は歴史や時間の流れを感じさせ、二つの素材が織り成す表情は町並みを豊かにする。凸凹した壁はそのリズムの中に影を動かし、光を操作する。それをここでは日本的な塗壁と西欧的な石壁が深く馴染み合うような壁にして、左官と石工の職人の技を掛け合わせ、複雑な表情をつくった。

壁は錆色の庵治石の乱貼りと塗壁で構成している。石工の優れた技によりコンクリート壁にランダムに貼られた石の周りを、左官職人がモルタルで塗り固める。さらにその上に別の左官職人が仕上げの石粉混じりの寒水入り樹脂を鏝で塗り固め、洗い出して仕上げる。こうして塗壁の中から石の風合いが滲み出てくるような壁が生まれた。塗壁は光の影を吸い込み、石は光を跳ね返す。光は乱反射し、時の移ろいをより感じさせる。壁は外壁から内壁へ切り込み、２６０㎜厚の一枚の壁が強い素材感をもって自立する。同じ素材が内と外を切り返しながら生活の様々なシーンをつないでいくのである。

「石丸の家」ランダムな石貼りの表情

「石丸の家」漆喰壁と石貼壁の対比

石壁の家

1991
ishikabe no - ie

六甲山の山裾の南に位置する緩やかな傾斜地。敷地は阪急岡本駅から山手へ約1km、阪神間の高級住宅地の中にある。優れた住環境の中に、3層のマンションを計画したいという事業主の提案を受け、古い屋敷の並ぶ町並み、地域性、敷地条件に溶け込むことができる集合住宅の在り方を考えた。そこでこれからの集合住宅の可能性として、地面との関係を密接にもち得る、戸建ての集合体のような計画を提案した。そこでは共有空間をいかに生かせるかがポイントとなった。それは古い日本の町にあった「通り庭」や「路地」空間のイメージそのものである。周囲の家々には御影石の石塀が巡らされており、土地の脈絡に即して「石」が路地空間を成立させる要素となった。

大きな敷地に石壁を巡らせると、周囲の戸建住宅がもつ石塀と同じように艶のある御影石を使っていてはかえって町からスケールアウトしてしまうであろう。そこで磨かれていない庵治石を使った。自然と丸みを帯びながら角が少し残った切石。まるで初めからそこに積まれていて、いつの間にか住まいが挿入されていったような表情をつくり出すことで、連続する石壁は町に馴染んでくる。そうした石の表情は石の積み方と目地の入れ方で決まる。ここでは空目地にして、石同士が寄り添うように、まさに力の均衡の中で下から上へ積まれている様子が見えるようにした。

石壁は外部の路地からそのまま連続し、いつの間にか内部空間にまで貫入していく。

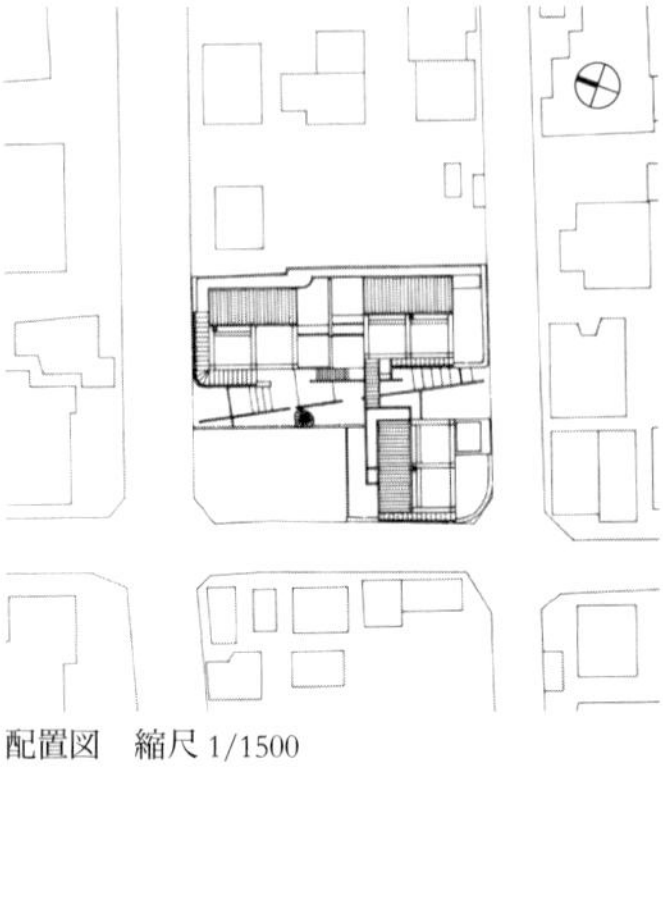

配置図　縮尺1/1500

人の動きは石壁の連続の中に誘い込まれてしまう。しかし内外が同じ一連の石壁であってもその表情を敢えて変えている。光に溢れ、風雨に晒される外部の石壁と、絞り込まれた光の中でじっと変わらぬ環境に対峙する内部の壁。素材のもつ重みと密度を同時に身体が受け止めなければならない内部では、少し大きめの石を使い目地も控えめにする。すると静寂の中に力のバランスが少しずつ紐解けるような石積みの表情が生まれる。和室の床の間に現れた石壁は、丸みのある大小の石が力を拮抗するように積まれている。サイドから取り入れた光は石壁を撫で、凹凸した目地に陰影が生まれる。粗面の石壁の手前に敷いた鏡面の石は光をバウンドさせ、再び石壁のざらついたテクスチュアを際立たせる。手前にある光や空気、その背後にある気配のような含みをもった石積みには、優しささえ見出すことができ、住まいの中に緊張感と落着きが同居する。こうして石壁は、町から「通り庭／路地」、そして内部空間と連続しながら、それぞれの場所で異なる表情を見せる。

外周を壁で囲い取り領域をかたちづくる。それは都市の住まいの外郭を一旦守っているに過ぎない。外壁は庵治石積みとＲＣフレーム、間に挿入された大理石のトラバーチンで構成している。通りを歩いているだけでは、この建築にどのような用途のどのような空間が待ち構えているのかはわからない。

一旦アプローチへ引き込まれると、南北に49ｍ、北から南へ緩やかに下り、建物とは微妙に角度のズレをもった「通り庭／路地」へと導かれる。集合住宅における「通り庭／路地」は、地面と住戸が密接に関係をもつ戸建ての感覚を呼び覚ましながら、単体で

庵治石積み・ＲＣフレーム・トラバーチンの構成

通り庭　路地のズレと斜行する視線

玄関　外部空間から連続する石壁に導かれる。石壁はRCフレームより自立している

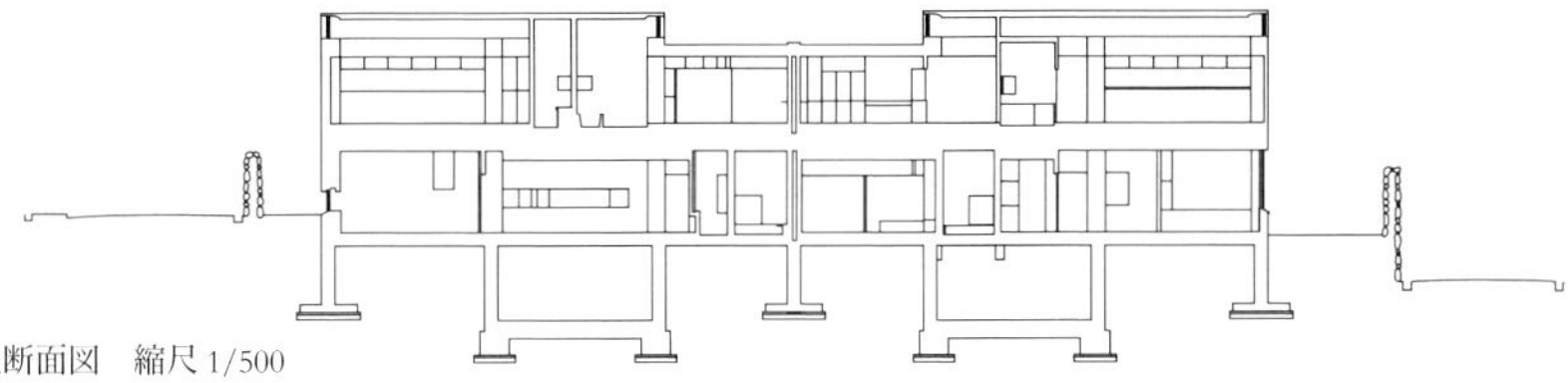

南北断面図　縮尺1/500

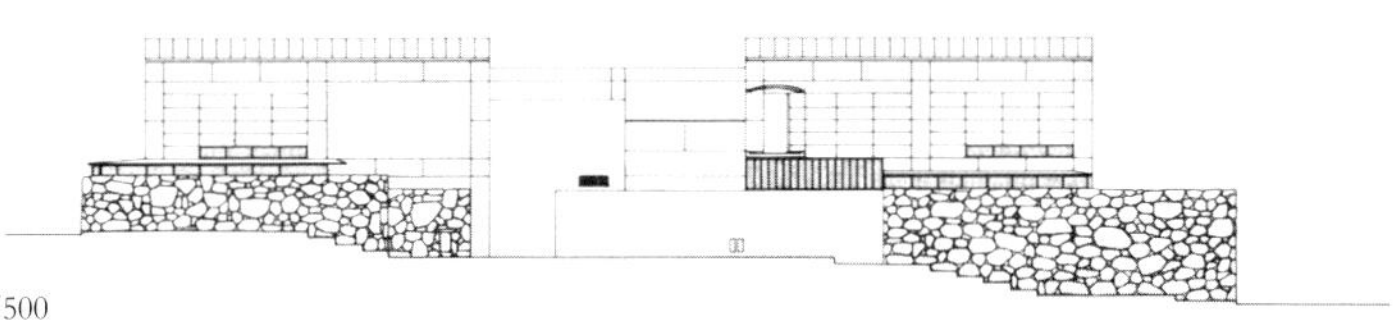

西立面図　縮尺1/500

は成し得がたい他者とのつながりや出会いの場、シーンの展開を拡げていく豊かさをもっている。ここでは南北の軸線の中で路地幅が振幅し、視線の斜行の中にその行く先が見え隠れするため、「通り庭／路地」に展開する各住戸へのアプローチの長さと、建物と建物の対峙する距離が幾通りにも関係を結ぶ。南北に貫通する壁は建物に対し15度振られ、間口の異なるパースペクティブを生み出し、それを介して自立する壁は領域を囲い取りながら幾重にもずれ、スキマが連鎖する。訪れる人は壁のリズムの中に呼吸をおき、住む人は領域を適度に守りながら、他者との関係を築くことができる。

美しく打たれたコンクリートの躯体は均等グリッドのラーメンによって規則的なリズムをもち、その間に納められたトラバーチンの壁と共に静の表情を醸し出す。柱と柱の間の開かれた空間を厚さ60cmの石壁が自由に交錯していく。石壁は平面的にも断面的にも柱梁からずれ、自立し、内外・表裏を反転させながら折れ曲がり、交差・連続していくことで余白の空間をすくい取る。架構と壁のズレとスキマによって内外が視覚的に連続し、拡がりが生まれるのである。

テクスチュアが媒介となってその対比やズレは強く知覚される。庵治石の野積み、磨かれたトラバーチンの石壁、職人の手技の痕跡が刻まれた漆喰の塗壁、同じような色調をもちながらもそこに当たる光と陰影によってコントラストが生まれ、幾層ものズレを意識し始める。そして壁の足元に敷かれた床の素材によってもバウンドする光が多様に変化し、壁の表情は凛とした躍動感をもつのである。こうしてひとつの集合体として覆われた架構の中に異なる家族の様々な意識を内包している。

内外を貫通する石壁

自立する石壁の端部

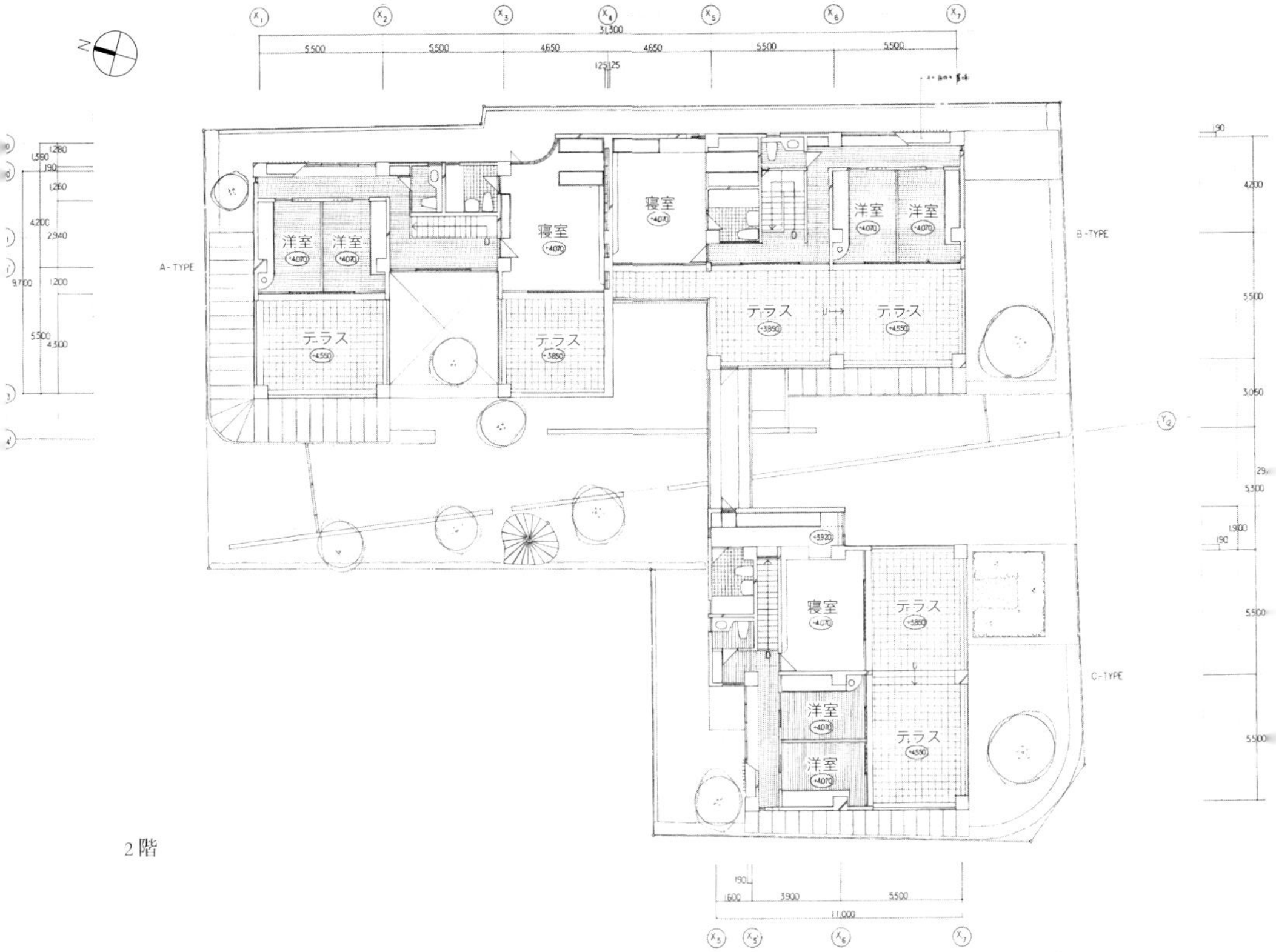
2 階

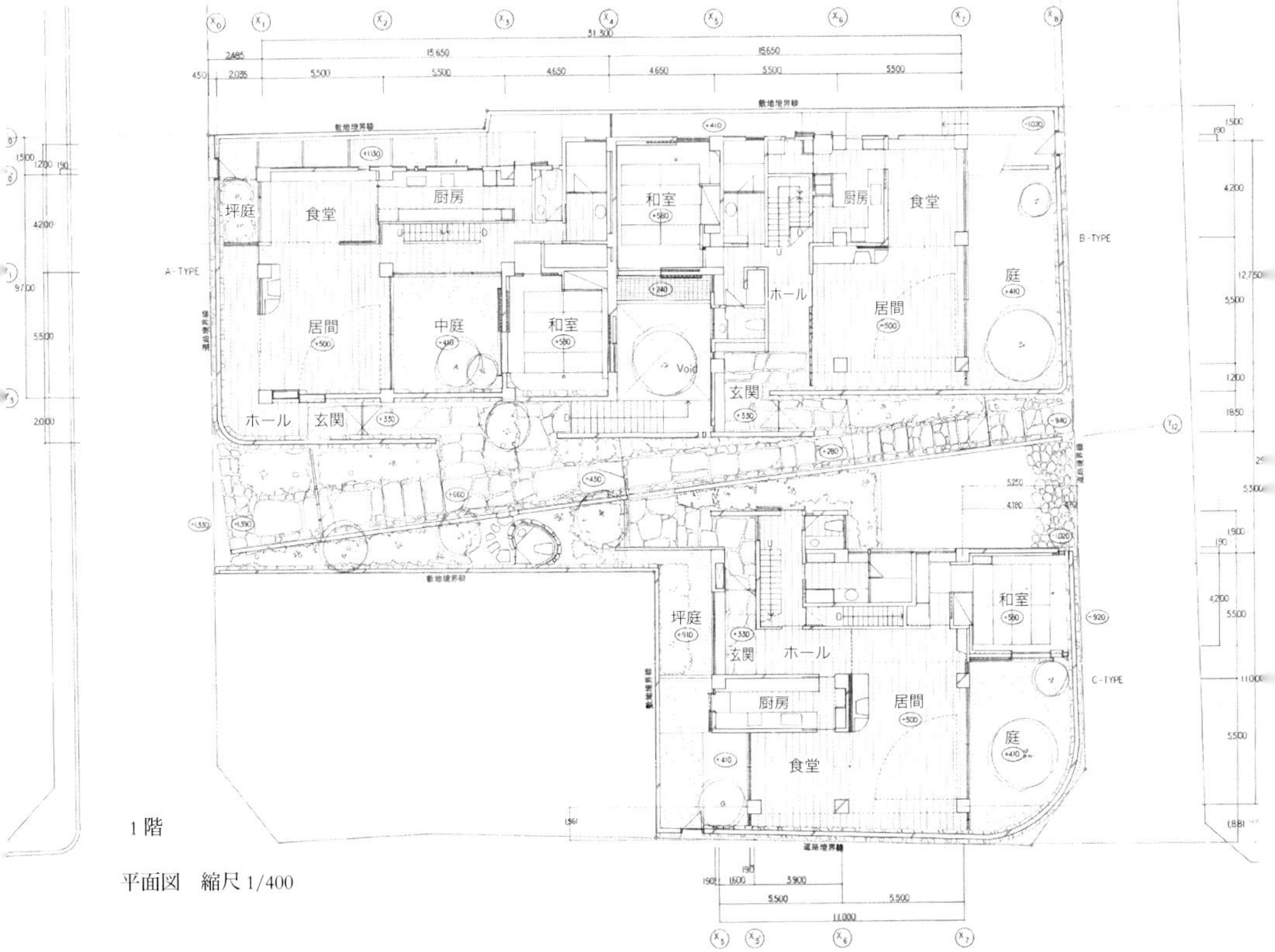
1 階

平面図　縮尺 1/400

3

木の可能性

木の建築巡礼

西洋に石の文化があるように、日本には木の文化がある。そして石に様々な種類や積み方があるように、木にも様々な種類と使い方がある。「真・行・草」といわれるように、その建築や空間、要素のもつ精神性によって木は使い分けられてきた。社寺仏閣が築いてきた神聖な建築、民家が築いてきた土着的な建築、書院造りが築いてきた格式ある建築、そして数寄屋が築いてきた審美的な建築。これらの建築は木がもつ素材の力と、空間のもつ精神性が重なり合ってできてきた。まさに木の文化が日本建築の文化を多様にしてきたのである。

木には針葉樹と広葉樹があり、色、艶、そして木目などの表情が異なる。針葉樹は数年から数十年で真っ直ぐ成長し、端正な面持ちとしなやかさをもつ木である。広葉樹は、数十年から数百年と厳しい気候の中を生き抜いてきたため、色や艶、節や杢などの表情が豊かであるが、歪んでクセの強い木である。かつての日本人は多種多様な木の素材美を「真・行・草」に読み換え、空間の精神へと転換してきた。しかし木の素材美は種類

木の生命力

によって一概に分類されるものではない。その美しさは構造や構成、テクスチュアなど、職人のあみ出した技やデザインによって引き出された素材の力なのである。その背景には風土や土地柄、その時代がもっていた材料や道具との闘いが見え隠れしている。

伊勢——真の素木造りに見る美

伊勢神宮に代表される素木造りが築いてきた日本特有の文化。神社や仏閣、神聖な木造建築は「真」の空間とされ、針葉樹の中でも檜の素木造りとされてきた。素木のもつ神聖さは、伊勢の20年に一度の式年遷宮のように、解体と建替えを繰り返すことで永続する。その永続を支えるのが技術伝承の文化である。伊勢で使われる檜は、絶えず遷宮を迎えるために木曾の山で大切に育てられ、安定した品質を守り続けてきた。山から伐採した後、貯水池に浮かべてじっくりと水乾燥させ、決壊させた川から一気に流して運んでくる。材料の品質と調達の技術が、無垢のままでも神々しく、静かな光を放つほどの肌理《きめ》をもった檜を生んでいる。しかし素木の美しさというのは時と共に朽ちていく。空間の神聖さを保ち続けるため、素木は20年という年数でその時を終える。そして解体された素木はもう一度磨いて末社へと使い回されていくのである。20年という年月によって、ちょうど一人の職人が一生に3度遷宮の機会に巡り合う。つまり20年前の自分の技を、習熟した自分がもう一度目にし、そこからまた新たな技を生み出していくことができる。そうして熟練した職人が、新しくやってきた若い職人と共に仕事をすることで、技は一人の職人から次世代へと伝承される。真の素木造りとは素材、人、技術が、時の流れの中で巡り合うことで継承される木の文化なのである。

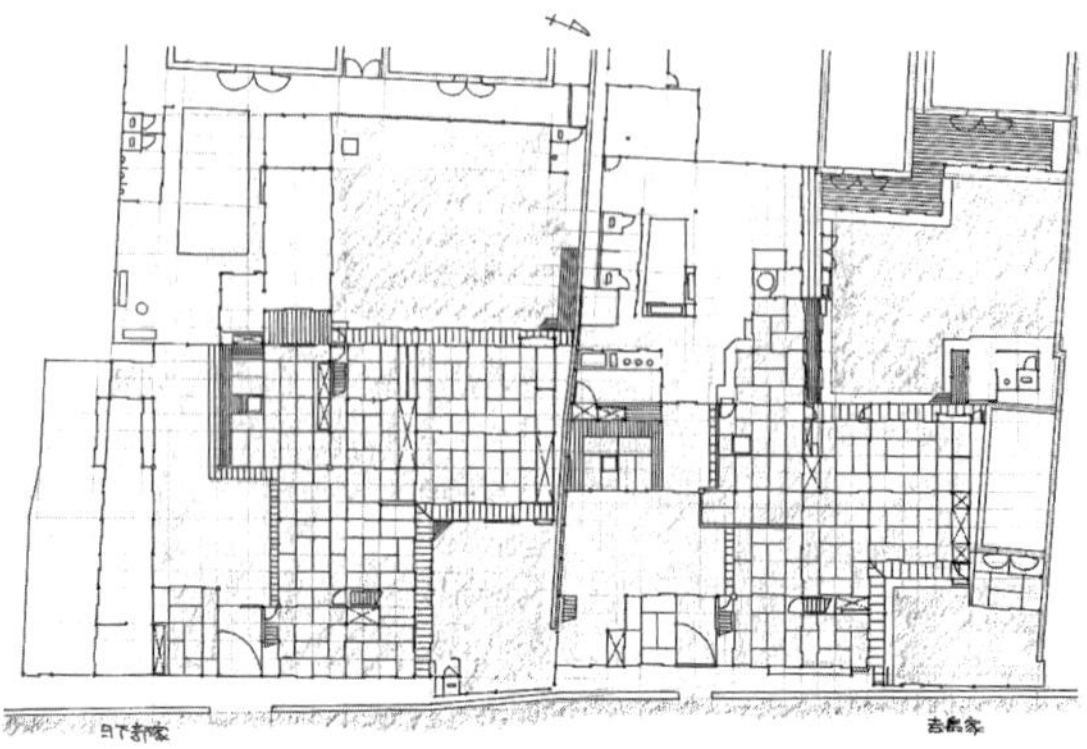

民家——荒削りの木組みに見る美

民家は風土や気候と呼応しながら実用的に発生した素朴な建築であった。剥き出しの骨太な構造体で構成される内部空間は、一室空間となりながら、床や天井のしつらえ、建具や厚みのある板壁によって適度に仕切られる。民家の真髄は構造から造作に至るまで、その場所に生きた木を使い切っていたことにある。

木は成熟するまでに年月がかかり、木の国と呼ばれて久しい日本においても材料が安定しない時代があった。庶民が檜や杉といった針葉樹を手にすることは難しく、民家では近くの山に自生する広葉樹が使われることもしばしばあった。加工しやすい針葉樹に比べ、広葉樹は硬い上に割れたり反ったりと、手の掛かる材料である。さらに鉋のなかった時代は木を薄く削り出すことが難しく、不揃いの材料をそのまま使い、無垢の厚い板や太い柱をチョンナでなぐって表面を仕上げただけの荒削りの表情だった。手に入れられる材料、限られた材料を、手持ちの道具で加工する。その苦闘が粗さの中にある種の力強さを与えてもいた。江戸時代に入ると台鉋が普及し、材料を真っ直ぐに製材することができるようになり、木が狂わないような乾燥の技術も生まれた。その頃には材料も安定し、製材しやすい針葉樹が使われるようになっていくが、次第に精密さが求められ、接合部の納まりにも工夫が生まれ、洗練された民家が出てくるのである。

民家の中でも岐阜県に2軒隣り合わせで建つ「日下部家《くさかべ》」と「吉島家」は、粗さの中に細やかな感性が見え隠れする町家である。高山特有の北側平入の平面形式をもつ二つの住宅は共に美しい格子の構えをもち、洗練された木のデザインを感じる。しかし一歩中へ入ると、壮大な空間と、力強い木組みの骨格が待ち構えている。日下部家は男性的

日下部家　格子の構え

吉島家　大断面の木組み

な豪壮さがあり、吉島家は女性的な繊細さがあるが、いずれも圧倒的な木組みを見ることができる。

　内法高は低く抑えられ、梁上から大きな小屋組をもつ構成は、木組みが間近に迫ってくるような存在感と、天井の存在が薄らぐような透明感が同居する。「日下部家」は大空間を支える二本の大黒柱に大断面の梁が直接載るが、「吉島家」は一本の大黒柱が通し柱になって、大断面の梁が激しくぶつかり合っている。二つの町家は木の組み方が多少異なるが、共通して言えるのが、交錯する梁と梁を重ねて組んでいるところである。接合部は同一面で綺麗に納まっていない。金物で接合する現代の木造建築の精度とは明らかに異なる。無垢の木は狂ったり透いたりするが、一本一本の木が互い違いに重なり、荷重が下へかかっていくことで、年月を経るごとに締まっていき、益々力強さを増す。材と材が自立した木組みは、力の拮抗と流れを感じさせてくれる。

　部材を見ると木の断面の取り方、すなわち断面の寸法や縦横比がその美しさに関わっていることがわかる。大黒柱はどっしりとした正方形断面をもつ。大黒柱に架かる大梁は、手に入れられる大断面の木を無駄なく使い切るために、角を面取りしただけの丸太である。むくりのついた大梁は重力による撓みに拮抗する。幅と成は同じ比率であるが、木の向きとクセを生かすことで大きなスパンを支えているのである。寸法の不揃いな木を合わせた木組みには目に見えるディテールは存在していないが、見付が大きく取られていることで空間がもちこたえ、粗さの中になんとも言えない美しさを感じる。

　それとは対照的に、懐の薄闇に消えていく上部の小屋組は綺麗に製材された長方形断面の貫と束が交錯し、細やかで直線的な構成を見せている。こうした立体的な構造を見

日下部家　管柱と梁の取り合い

吉島家　通し柱と梁の取り合い

吉島家　大黒柱と中引梁の接合部

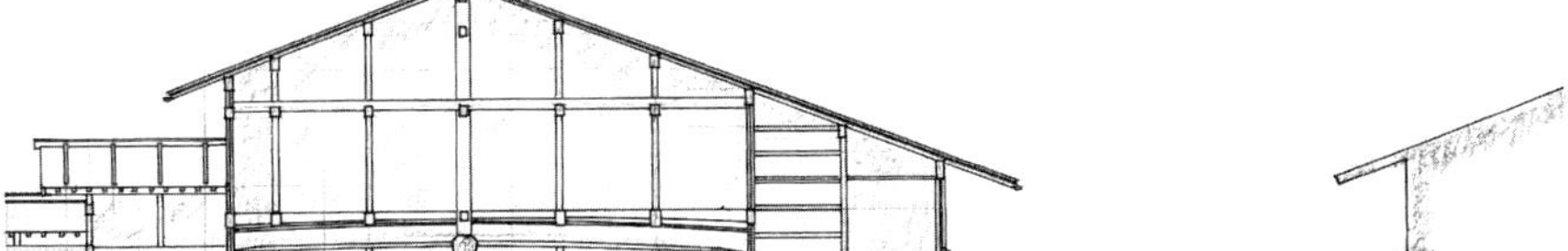

ていると、建築家という職業のない時代に、架構と空間表現が一体となった巧みなデザイン力を職人たちがもっていたことがわかる。

「日下部家」に比べ「吉島家」は鮮やかな木の色彩が目に映る。まるで広葉樹のように見えるが、針葉樹の木そのものがもつ色の上から色付けされているのである。色といっても木目は消されることなく、木のもちを良くするために煤《すす》を混ぜた弁柄と黄土が透かし色に塗られているだけである。その上に、高山で有名な春慶塗に使われた刷毛を浸した油壺から漆混じりの油を丁寧に擦り込み、色写りを止めている。

色艶の出し方は目線との関係で変えられている。上の方に目を遣ると、上部に開けられた煙出し窓から薄暗い空間に光が差し込み、骨格に陰影をもたらしている。囲炉裏の煙は内部空間を燻し、長年染み付いた煤が黒光りしている。木をよく見ると上の方は煤が付くために色艶をあらかじめ暗く抑えているが、大黒柱や上り框、建具の引き手などの、目線や手の届くところは丁寧に塗り込まれている。なぜならそれなりに手間とお金を掛けたところには、住み手は毎日磨きを掛け、年月と共に「拭き色」と言われる色艶が現れてくるからである。塗料の吸い込みや、木目の出方、そこから時と共に色艶がどう変わるかを、職人は知り尽くしていた。民家では粗さの中に潜む職人の丁寧な手仕事と木への美意識、住み手の入念な手入れがなす木の経年美を見ることができるのである。

数寄屋——行・草の素材に見る美

数寄屋の中でも草庵茶室は「市中の山居」という言葉が指し示すように、どちらかと言えば民家に近い。草庵茶室は、貴人・武士の武家造りや書院造りに始まった茶の席が、

吉島家　小屋組の直線構成

吉島家　磨き込まれた大黒柱

下剋上の乱世に町人文化へと開化され、主客同座の精神の元で興った民衆建築である。茶人である村田珠光、武野紹鷗がたった4畳半というスケールの中に、刀を置かなければ入れないほどの小さな茶の湯のためだけの空間をつくったのが始まりで、千利休が妙喜庵「待庵」において2畳敷きにまで極めることで大成したと言われている。人をもてなし茶を嗜む最小限の空間が追い求めたのは、華美な装飾ではなく、極限の世界にこそ見えてくる、用の美、自然の姿がもつ美だけであった。

茶室では様々な種類の木が組み合わされる。素材の色や艶、テクスチュアを切り替えることは、人と人が茶を嗜む上での作法や礼儀を意識させる美学でもあった。茶の湯で茶と器を嗜むように、それぞれの木の色合いを味わいながら、素材の調和が織り成す空間に身を浸す。主人や職人が優れた感性で選りすぐった木の個性的な色と曲線美を、空間美にまで昇華させるのである。

「如庵」の床柱は、なぐり仕上げにして、黒塗りの床框は床柱の付近だけを面取りし、あとは面皮付のままにして一見粗末な空間に仕立てられる。書院造りは真っ直ぐな針葉樹によって線構成の美をなすが、草庵茶室は小さな空間に、色味や木目も様々で歪んでクセのある広葉樹や、面皮付の針葉樹を使った。わずかに開けられた小舞窓は、民家の土壁が朽ちて露わになった下地の網代や竹の見立てであり、素材に対しても徹底的に「わび」の精神が込められていた。木という素材に対する「わび」の精神には、針葉樹の素木のようなはっとする肌理の美しさではなく、極限の光や音の中でじっと対峙することで彷彿とする木の素材美を讃える、新たな美意識があった。

草庵茶室に始まった庶民の茶の空間も、次第に華やかな「綺麗さび」の世界へ開かれ

如庵　極限の光に彷彿とする素材美

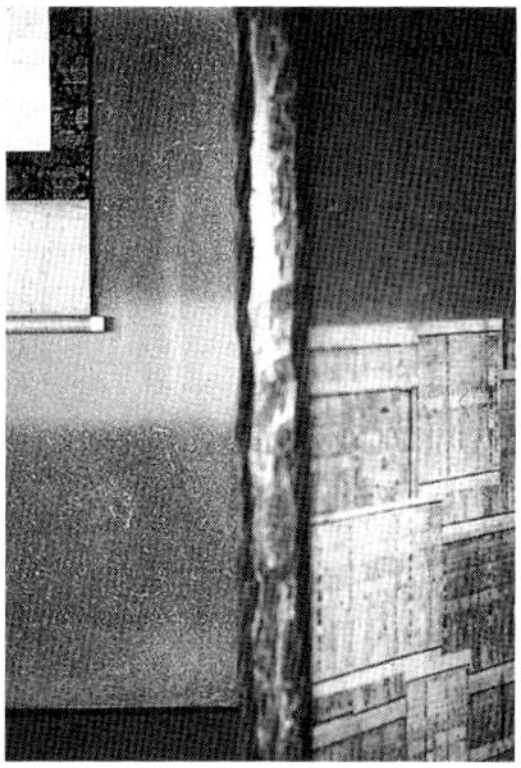
如庵　なぐり仕上げにした床柱

るようになり、空間に光が満ち、素材への美意識も変わってくる。近世のいわゆる数寄屋造りに至るとより洗練され、素材美をより美しく見せる技と心に傾倒していく。床や桁に使われる北山杉、吉野杉は、皮を剥いで木肌を砂と荒縄で何度も磨きをかける。吊子でうづくり仕上げにすることもある。天井には、虫が付かないように季節を見計らって伐採し、じっくり乾燥させた真っ直ぐな光輝く竹が使われる。数寄屋における素木とは、素のままのように見せながら、その奥に素材を選りすぐり、熟練の職人が時間と手間と技を掛けて美を極めた素材なのである。伊勢がもつ「真」の素木造りと異なり、一見、粗末に見える木に磨きを掛け、さらにそこから一旦手の跡を消すという奥ゆかしさがある。そこには職人の技、空間調和の美、人々の研ぎ澄まされた感性を感じずにはいられない。

柱の精神性

空間を司る柱

日本の建築には柱の文化がある。古寺の大屋根に覆われたがらんどうの堂内には、大断面の柱が一定のリズムをもちながら列をなす。日本では壁ではなく力強い柱の存在によって領域を表してきた。民家は柱梁による強い骨格をもち、屋根の内を建具や板壁で仕切りながら平面を分割している。そして矩形の骨格から下屋が四方へ延びている。平面を分割するのは建具と壁であるが、柱はその交点を結びつけ、矩形を象徴する。中でも大黒柱は屋根の重心を支え、空間の中心を司る。寺や民家は構造が平面を支配してお

厭離庵時雨亭　磨かれた竹に反射する光

吉島家　大黒柱・出座敷・敷居の関係

り、柱に強い精神性が込められていたのである。しかし下屋や庇を支える柱は、断面が小さく、主構造からも基本平面からもずれ、二次的な柱とされる。柱に階層があることで、その精神性が表れてくるのである。

「吉島家」の一本の大黒柱は、土間と畳、家のオモテとオク、客人と主人の間に意識の結界を結ぶ柱である。しかし柱が物理的に空間を分節することはない。大黒柱に敷居、建具、出座敷、上がり框がしつらえられることで領域や作法が可視化され、結界が意識される。その手前に柱の名残のような束が途中で止まっている。それは柱の消失とも言える。柱を消すことで空間を仕切るための建具だけが残される。そこに職人の巧みなデザインが加わり、建具が土間へ落ちないように留めるための束が絶妙な寸法で吊られている。余計な柱が消され、引き算のデザインによって緊張感が与えられていくと、大黒柱の存在がより鮮明になる。主構造から従属する構造へと階層性をもつことで、柱の大きさにも序列が生まれる。大黒柱はこの家の中心を表し、祭事の折にしめ縄や飾りを掛ける重要な場所になる。木の構造的な力強さが精神的な求心力をもったのである。

奥行きを与える柱

続き間をもち、庭への方向性が強い日本の建築においては、内と内、内と外の間に介在する柱は視覚的に重要な意味をもつ。しかし柱は平面図では点であり、壁のように明確な方向性をつくることはない。あくまで人の意識がその点と点を結ぶことによって、領域と距離を認知する。視覚的な柱の存在を意識の内に入れたり外に出したりすることで、開放的な空間に奥行きを感じ取ってきたのである。

吉島家　吊束　柱が消失する緊張感

園城寺光浄院客殿　出隅にずれた柱

滋賀県の「園城寺光浄院客殿」の縁側の角に一本立っている柱は視覚的な重要性をもっている。上の間、上段の間から庭を見る時、この柱によって、自分の位置、対峙する空間の奥行と距離をはかり知ることができる。柱は広縁の出隅にすっと一本だけ立ち、入隅を外している。入隅を外された柱は、力の均衡からずれ、屋根を支えるというよりは、屋根から床を吊っているように見える。無柱の広縁であれば、おそらく漫然と庭へつながり、柱が入隅に立っていたならば、庭への拡がりはさほど感じられないだろう。視覚的に不均衡な柱が存在することによって、むしろ庭への意識を強く導いている。

この柱を見ていると、ミース・ファン・デル・ローエのファンズワース邸が無柱の均質空間を夢見ながら、スラブの外側に柱を緊結したことと、どことなく共通している。構造的に欠くことのできない柱の存在は、ミースの思い描いた無限に拡がる均質空間の中に有限の領域を生んでしまう。そこで重力に逆らうように柱を2枚のスラブの外側に緊結し、スラブによる水平の連続性と柱の垂直方向の連続性をそれぞれ自立させることで、無限の空間を意識させようとした。無柱の空間であるよりもむしろ、柱の垂直性を強調することで水平の拡がりを意識させるというパラドックスは、日本の縁側空間に立つ柱の観念に近い。日本のように軸組みによる開放的な空間では、全くの無柱では距離をつかむすべがない。柱は空間の奥行きや拡がりを認識する上で重要な役割をもつのである。

木の構成美

書院造りは柱梁が内外共に現しにされる真壁造りであり、構造が内外の意匠を構成す

伏見稲荷大社　御茶屋のマドの構成

る。そこでは柱梁はもとより、内法長押、束、小壁、欄間が構成する立面のプロポーションに均整を与えている。一定の断面をもった角柱を基本とした直線構成が格式を生んでおり、そこから構造材と造作材というように、材の序列に従って寸法にも序列がつけられる。こうした美意識と職人の技術が集まって、柱の芯々寸法をモデュールにした木割に従い、木が構成されることによって空間が建ち上がる。

一方、数寄屋にはそうした木割が存在しない。数寄屋は柱ではなく畳を基本モデュールにする。全体としての明確な輪郭をもたず、四隅の柱によって支えられた室が集まって構成される。室の集合体として全体像が現れるため、平面が構造を支配する。畳によって室の大きさが決まると、室の四隅に柱が配される。平面が非対称に雁行する数寄屋は、構造がずれてしまうため、柱梁などの部材が生む線を細くすることでエレヴェーションを整えている。プロポーションから部材の寸法が自在に決定されるため、柱梁が構成するエレヴェーションは構造から自由になる。木割の比率と異なったリズムがそこに生まれる。桂離宮の書院のエレヴェーションを見ると、ほぼ全てが等しく四寸角の細い柱が使われ、構造から自立した大きなスパンで軽快なリズムをつくっている。1間の幅と高さがつくるプロポーションが、書院造りとは決定的に違う。柱梁が構造としての意味を消された時、そこには透明感が漂うのである。

意味を与える柱

近代になると、吉田五十八が大壁を数寄屋の中に取り入れていった。空間の中にあった柱、梁、長押、廻り縁、束、といった様々な部材の「線」が消されて大壁になると、

桂離宮中書院　立面のプロポーション

柱梁の見付寸法とスパンが織り成す構成美も意味をもたない。立面を構成する線が消え、囲い取られた空間は純化された多面体として現れる。大壁では外から柱が見えないため、柱のスパンが崩れ、室の四隅の柱までもがずれても、エレヴェーションが乱されることはない。隅の柱が消えたとき、建具を開け放てば開放感が増すが、構造が消えることで緊張感が生まれる。内部においても意匠的に不必要な柱はずらして壁に仕舞い、空間を明晰にしていく。意匠として重要なところだけ柱を現しとし、時には構造的に必要のない、見せかけの柱を立てることさえ厭わない。構造と意匠に切り離されることで、柱は壁から自由になり、もはや空間に意味を与えるという精神性だけに純化された存在となる。

表現の可能性

空間表現――茶室から現代住宅を考える

茶室は長い時間止まったまま、今なお茶室としてしか生きていない。

柱は檜、長押は赤杉、天井板は中目板というのが定番となった、いわゆる現代和風住宅は、茶室ではなく書院造りの流れに基づいている。大壁を数寄屋の中に取り入れていったのは、あくまで日本の建築をモダンにするためだった。多くの邸宅はこぞってそれを真似るが、材料を見せることが少なくなったため、銘木を使うことだけに奔走し、素材の本質を見極める数寄の精神はいつの間にか薄れてしまった。銘木を使えない一般的な住宅になると、書院造りの形式を踏襲してそれを「和風」と呼ぶようになった。そこ

「南河内の家」大壁から自立する見せかけの柱

にはもはや日本の木の文化の真髄は見られない。そもそも小さな空間では檜の美しさが必ずしも引き立たない。木を生かすのに無節が良いとも限らない。現代の小さな住宅においては、むしろ茶室から学ぶべきことが多いのである。茶室のように小さな空間では、天井を低く抑え、光と影の密度を操作していくことで、様々な木のもつ色やクセ、節や割れ、少し粗いくらいのテクスチュアが生きてくるであろう。

一方で木を加工する技術が目覚ましく発達し、木はますます均質に削れるようになっている。人の手も使わず、コンピュータで制御された機械によって、紙のように透ける突板や、精度の高いプレカットの木材が生まれ、さらに板を貼り合わせた集成材、チップに粉砕された木を圧縮加工した木質材料が開発される。今では造作材から構造材まで均質で高性能な木材が当たり前に使われている。精度と強度があり単一の金物だけで大スパンを飛ばせる集成材の構法は、ホールなどの無柱の大空間に活躍する。しかし木というものを均質に捉えた集成材は、上を向いても下を向いてもかかる力は全て均等で、無垢の木に比べ木の持ち味が見えてこない。住まい手の意識を喚起する柱の精神性においても、その均質さゆえに弱くなっている。

木が綺麗なものでなければ駄目だという意識は、無垢の木がもっている素材の可能性を閉ざしてしまうのではないだろうか。木を生かしていくためには、数ミクロンに削っていく技術も大切ではあるが、綺麗にする技術を少し外し、粗末とされる木に美しさを見出した茶室のように、無垢の木がもつ強い表情を空間に引き出していかなければならないだろう。

構造表現——木の内外打放し

木を現代の建築に生かすには、仕上げだけではなく、構造表現としての可能性を探る必要がある。構造が露出された木造建築は多くあるが、それだけでは木のもつ素材の力を生かしきったとは言えない。構造表現と空間表現を一体にする手法には、たとえば厚みのある壁がそのまま構造体となる組積造、内外が一枚の素材でつくられるモノコック構造などがある。しかし日本には組積造といっても石積みの塀や基壇程度しかない。むしろ日本の壁は漆喰や土といった柔らかい材料を重ねてできており、厚みのある無垢の木の板壁でも、石壁の力には及ばない。モノコック構造といえばＲＣ造の打放しや鉄板造がその表現に近いが、木造となるとなかなか難しい。なぜなら木造建築には大きくは大壁と真壁という二つの壁の表現しかないからである。大壁では柱は隠れてしまうが、真壁では柱は生きてくる。しかしその時の壁というと、筋交があり、仕上げで押さえ込まれ、要するに柱の間に入れ込まれた弱い存在でしかない。この壁の弱さこそが日本の木造建築がなかなか脱却できないところであった。石やＲＣや鉄に比べ、木は身近な材料であり、材の加工から組み立てまで大工が直接手でつくることができる。構造と仕上げが同一の「木造内外打放し」の表現に、柱と壁の新たな関係性を見出す必要があるだろう。

「泉北の家」木造の内外打放し表現

大断面木造の構想

材木場に積み上げられた製材前の無垢の木の山を見ていると、石壁と対峙したときのような迫力を感じる。この迫力こそが木造の可能性を拓いていくのではないだろうか。

実際に無垢の木を組積造のように積み上げた建築には、校倉造りがある。また、柱と壁を区別しながら無垢の木で面を構成したものでは、「室生寺金堂」のように大断面の柱の間に短尺の厚い木の板を落とし込んでいく板壁の構法がある。道具の少ない時代の板壁は厚みをもち、内外共に同じ一枚の木であり、無垢のもつ意味が生きてくる。しかし木は地面から垂直に生えているものだから、垂直に立てて連続させた竪格子のようなもので、校倉や板壁を発展させていけないかと考えた。格子は組子の寸法とピッチを変えていくと、様々な透け方をする。組子を太くしたり、ピッチを密にしていくと、それは「列柱」から無垢の木の「壁」に近付いてくる。

そんなとりとめのない断片的な随想の中で、一枚の写真に目を留めた。それは「桂離宮」の書院の立面であった。「桂離宮」の真壁造りの立面は、四寸角の華奢な柱梁のリズムの中に厚い板の雨戸と紙の障子が面を構成している。細い柱梁に対し、スリットを空けて建て込んだ雨戸は、短冊幅で厚みがあるため、自立する大断面の列柱に見える。また隙間なく建て込んだ雨戸は、今度は一枚の壁面にも見える。雨戸と障子がつくるリズムは多様かつ美しいエレヴェーションを生む。そこから雨戸を柱に見立て、数寄屋の手法を逆手にとった迫力ある「大断面の列柱」が発想された。それは通し柱が１２０角と決まっていた「木割」からの脱却である。そして雨戸の連続を一枚の強い壁に見立て、柱を抱き合わせた壁によって、柱と壁を序列化しない「木造打放し表現」が考案された。それは「真壁と大壁」からの脱却である。こうして「大断面木造」が構想されていったのである。

室生寺金堂　落とし込みの板壁

桂離宮中書院　雨戸と障子の構成

自由な開口部

木のもつ力で空間を全て表現していく大断面木造では、無垢の木が内外共に露出され、素材によって躯体・構造・仕上げが成立する。しかし、大断面といってもただ部材を大きくしただけでは民家の大黒柱に過ぎない。外との関係、すなわち柱・壁・開口部の関係が大断面の木によって構成されなければ、空間の力は見えてこないのである。

壁で構成された西洋の組積造の古建築では、壁に孔を穿つことでしか開口部が生まれなかった。柱梁で構成された日本の木造の古建築は、元来は吹きさらしの空間であったが、蔀戸《しとみど》や引き違いの建具によって開口部が自在に調整できるようになった。しかし現代では、耐震性の問題から日本の木造は壁に覆われて開口部の自由度が失われ、一方でラーメン構造の発達から、RC造や鉄骨造が開口部の自由度を得ることとなった。

大断面木造においては、柱を抱き合わせて壁にした「柱壁」によって、柱と壁の序列関係が曖昧になる。そこでは壁に孔を開けなくても、木の柱や壁以外の余白が全て開口部になり得る。ラーメン構造ほどの自由度はもたないが、柱を立て、壁で覆い、開口部を開けるという序列がなくなり、躯体と開口部が同時に決定され、両者はネガとポジの関係をもつ。このことにより、木造建築のつくり方が変わってしまうのである。大断面木造は、日本の木造建築に開口部の自由度を取り戻す可能性を秘めている。

柱と壁を意識する

吉田五十八が大壁をつくりながらも柱を意識していたように、柱と壁を等価に扱う大断面木造においても、その柱の意味、壁の意味を区別して意識することが重要である。

高台寺時雨亭　壁に穿たれたマド

三渓園臨春閣　桟の構成によるマドの透かし

柱には柱の、壁には壁の役割と精神性がある。等価に扱うということは、序列関係を一旦なくしたところでその差異を明確にする行為である。柱は空間を区画しないが、壁は区画をする。柱は梁とフレームを組むことで成り立ち、壁は面を形成することで成り立つ。柱は軸組みによって垂直荷重を支えるが、壁はあくまで水平荷重に対して力を発揮する。柱と壁は同じ材料を使いながらも、それぞれに自立した関係をもち、断面の寸法の取り方、連続のさせ方、ほかの材との取り付き方において対比的に扱われている。

「泉北の家」では、１８０×４００㎜の大断面柱を合わせて外壁を構成し、庭側と道路側で木造打放しとＲＣ打放しという対比的な表現を試みた。4本の合わせ柱は壁になって四隅を固めて筋交の役割を担い、大きな開口部を可能にする。4本柱のうち両端の柱は上に架かる梁に下から取り付いてフレームを形成するが、間の2本は壁のように天井まで伸び、梁を覆っている。また「六番町の家」では、柱梁の門型フレームの連続で全体を構成しながら、内部の間仕切りとして１０５×２７０㎜の長方形断面の4本の合わせ柱が壁を構成し、縦に連続する空間に自由度をもたせている。柱と壁は同じ断面であるが、門型フレームを構成する独立した柱は通し柱にして、柱を抱き合わせた壁は階ごとに構成した。こうして柱と壁の役割を視覚化している。

内と外を意識する

柱を意識していくと、内部空間に立つ柱、広縁や外とのつながりをもって立つ柱、大空間に立つ柱の、それぞれの意味と違いが意識される。内と外の意識というのは、足元の納まりによって決まってくるであろう。たとえば「唐招提寺」では内部の柱は床板の

「城崎の家」壁から自立し土間から立ち上がる柱

「菜畑の家」現しの間柱と合わせ柱

「東園田の家」大壁からずれ土間から立ち上がる柱

中から上がっているが、外部の柱は基壇から立ち上がる。そこで大断面木造においても、内部の柱と外部の柱を意識的に使い分けることにした。

「泉北の家」では、外部を意識させるためにＲＣの基壇の上に土台なしで直接柱を立てている。存在感のあるＲＣの基壇と木の柱壁が地面との関係を結び、抑えられた天井に連続する垂木が奥行のある空間をつくり出している。また「六番町の家」では、柱壁が木の床板の中からせり上がってきたように見せている。柱壁は門型フレームの柱から独立し、あくまで間仕切りとしての役割が意識され、建て方においてもあらかじめ別工程で連結した柱壁を、クレーンで吊って立てている。内と外を意識的に扱うことで、柱・壁・開口部の自立した関係がより明確になるのである。

現代の民家

このように木という素材の可能性を空間・構造・構法へと発展させるには、職人の技が不可欠であった。

大断面木造で使われる木は原木から木取りをする。市場で造作材・枠材としてしか出回っていない木、規格寸法に製材されてしまった木しか選択できない現在では、コスト的にも技術的にもまだまだ問題が残されている。こうした問題にぶつかりながらも、伝統的工法をうまくアレンジし、木を知り尽くした職人と共につくることで表面の美しさだけではなく、一本一本の木がもつ力を引き出すことができるのである。重くて扱いにくい木との格闘は、現代の住まいにかつての民家のような力強さと緊張感を与える。

「法円坂の家」 壁からずれ土間から立ち上がる柱

「鷲林寺南町の家」 大断面の列柱と合わせ柱

「比叡平の家」 土間から立ち上がる大断面の列柱

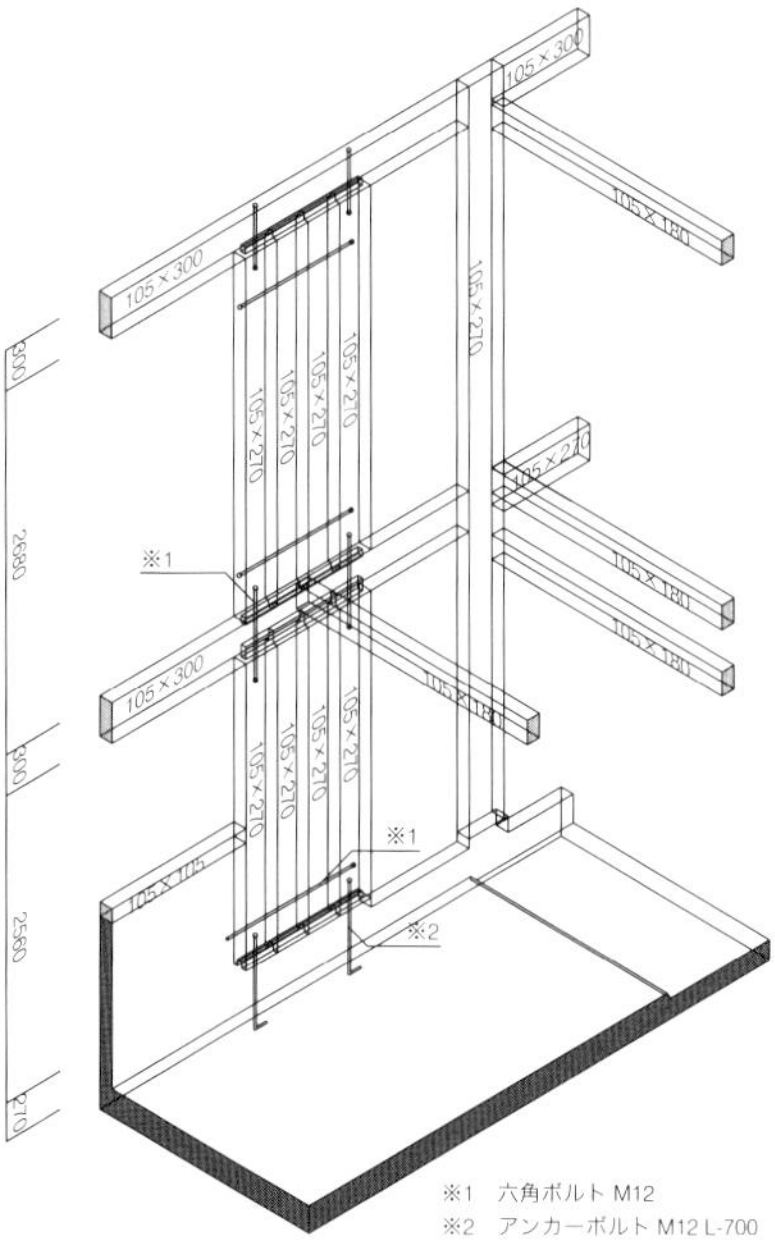

「六番町の家」木組図

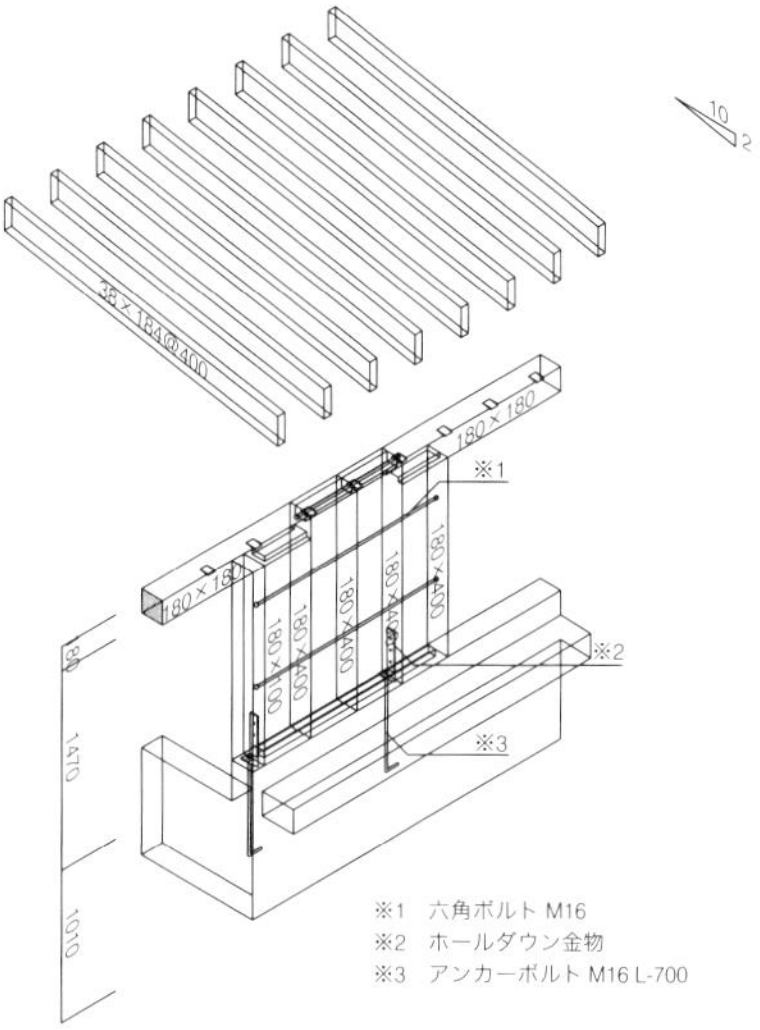

「泉北の家」木組図

「六番町の家」床から立ち上がる柱壁

「泉北の家」基礎に直接載る大断面の柱

夙川の家

1999

shukugawa no - ie

兵庫県西宮市、駅からほど近く桜並木の美しい夙川《しゅくがわ》沿いに位置する。周囲は道や水路が交錯している。前面道路と敷地の間にも水路が通り、地面のレベルは水路を境に１５００㎜落ち込んでいる。間口６１８０㎜、奥行１０７７０㎜、66㎡の細長い敷地に建てられるのは、建坪率と容積率からはじき出すと、延床で90㎡程度のものであった。隣地も建て込み、都市型住宅に典型的な敷地条件はもとより、その狭小の敷地に入り組んだ土地の脈絡を、どのように生かすかということを考えることから設計が始まった。

極小の敷地に、建てられる限界の面積を入れ込んでみると余白が生じる。この余白を空間として昇華していかなければ、住まいは閉塞した箱になってしまうであろう。ここでは、敷地を南北に3分割し、中庭を挿入した。しかしそれだけではこの敷地形状がもつ場の力に対して建築が弱い。そこで中庭を単なる垂直のヴォイドとするのではなく、内と外を連続させる立体的な路地を形成することにした。

道路から水路を跨ぎ、そのままのレベルでトンネル路地を貫くブリッジを渡る。内法幅９８０㎜、天井高３３４５㎜の細長い路地は自然と奥まで人を導きながら、敷地内で落ち込んだ地面から宙に浮き、グレーチングが足元を透かすことで緊張感を生む。そこで中庭と出会い、一旦立ち止まって見え隠れする内部を伺う。上下に分かれる階段を下へ降りると、地面に達することで視線を転じ、そこから中庭を見上げる。反対に階段を

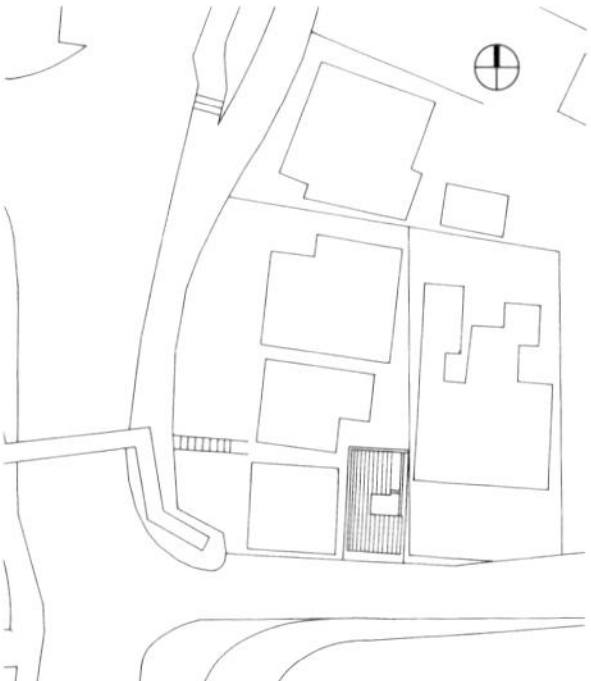

配置図　縮尺1/1500

上がっていくと玄関へ導かれ、今度は内部から中庭を見下ろすことができる。ヤマボウシの根元、幹、枝先、そして葉を透かして見上げる屋根に切り取られた空、様々なレベルから見下ろしたり見上げたりすることで、路地の立体構成が認識され、場の力が立ち現れる。

都市の閉ざされた住環境の中に、いかに自然を取り入れるかが、中庭の在り方を問う。敷地が狭小であるからこそ、中庭と内部空間の関係はより一層密接かつ曖昧になる。室と庭が自在に領域を伸縮することで、中庭を挟んで対峙する室同士も連帯感を増す。室1と中庭が同一レベルの土間仕上げで連続することによって、建具が開放された時、中庭の垂直のヴォイドが地面に到達して水平に拡がる。そこに路地が絡むことで、外から内へ、内から空を抜けて外へと風の通り道ができる。敷地いっぱいに建て込むヴォリュームが足下を晒すことで自然と一体になる。

路地と中庭が内部空間と関係を結ぶためには、中庭に面する開口部の自由度が重要である。小さな空間の中にどれだけの開口部が取れて、どのように建具が動くかが、空間の拡がりに作用する。できれば骨格だけがそこに残り、あとは全て開け放たれるようなものがよい。それは内と外の境界となる壁と建具をどれだけ等価に扱えるか、という問題である。まず、それぞれの役割を明確にし、自立するように構成する。壁は室の領域とスケールを捉え、建具はその内と外の振幅を調整する。壁と建具がずれることで、建具は壁の背後をどこまでも動くことができ、その存在を消すことによって、内と外は一体感を帯びる。エレヴェーションからは想像もつかない出来事は、そこへ訪れた者のみ

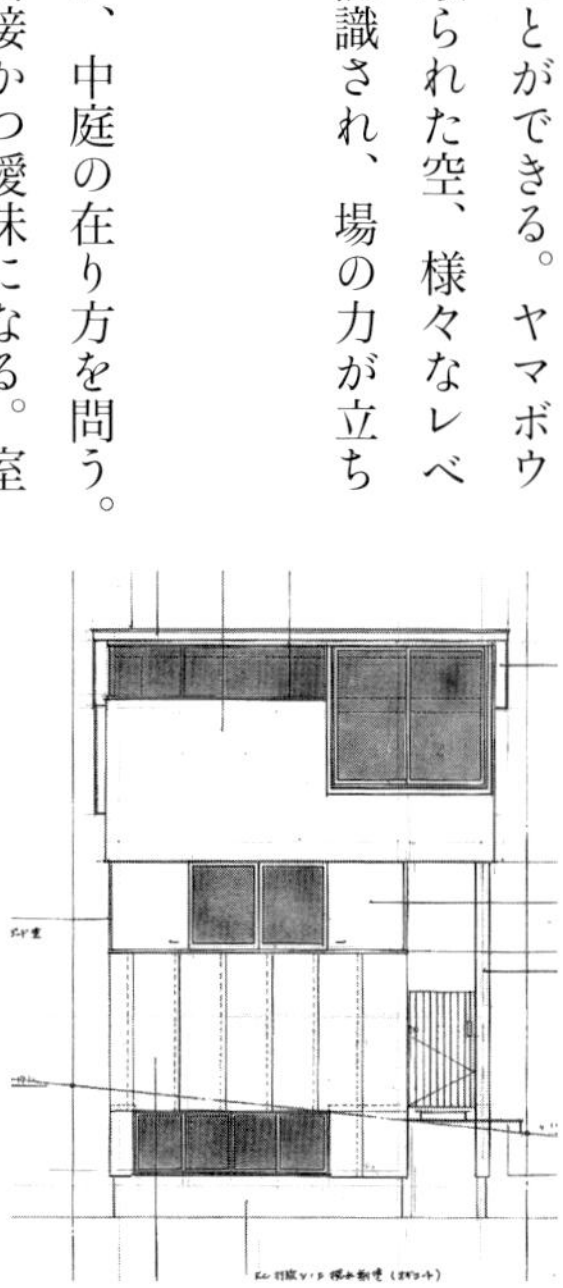
南立面図　縮尺1/200

(左頁)
右上　中庭より外階段を見る　一本の木を介する路地の立体構成
右下　トンネル路地見返し　宙空に浮かぶグレーチングのブリッジ
左上　室4より中庭方向を見る　一枚の構造壁を介し、現しの列柱がつくる内部の連続性
左下　納戸より中庭方向を見る　大断面木造と自由な開口部がつくる内外の連続性

が体感できる。
狭小の敷地に入れ込まれた空間の単位は、たった8畳程度の小さな空間である。つまり木造で四隅さえしっかり固まっていれば、骨格以外の全てが開口部になり得る。その両者が等価に扱われるためには、四隅の骨格が木造でありながらRC打放しのように構造としても素材としても力強いものでなければならない。そこで、無垢のまま内外共に構造がそのまま仕上げとなる「大断面木造」が生まれた。

中庭と向き合うように敷地の前後に室を配し、階段室のある長手方向に間柱現しの耐力壁を設け、短手方向に大断面の柱壁を配置している。120×360㎜のベイマツの柱の塊を3本抱き合わせて、幅1080㎜の壁をつくり出し、中庭に対して筋交のない自由な開口部を求めた。内外の関係を意識しながら、一本一本の木の重みを感じられるようにRCの基礎に直接載せている。構造的にも柱が壁として一体になることで、軸力をヨコに分散させるための土台は不要になる。基礎と柱の緊結は、まず基礎にホゾをつけて上から柱を差し込みアンカーボルトで留めている。壁と柱の意味を意識させるために、ボルトで横方向に緊結された柱壁は梁に取り付き、隅の一本だけが通し柱となっている。

中庭を挟んで対峙する室の間に一本の大断面独立柱が立ち上がる。水平に拡がる土間と柱壁の空間は視覚的に結ばれ、そこへ視線を少し遮る大断面の独立柱が介在することで、互いの距離をはかることができる。それは家の中心で全てを支える大黒柱のようなものではなく、対峙する二つの空間の拠り所となる精神性をもった「親柱」である。またスラブに外付けに緊結された壁は垂直に上層へ連続し、ヴォイドの抜けを示唆する。

中庭見上げ　狭小のヴォイドの上昇感

主室　外側に続く空間に大きな開口部を取ることで狭小の間口より視線の抜けが生まれる

室１より中庭を見る　土間から立ち上がる大断面の独立柱と、基礎から立ち上がる３本の合わせ柱

2階の室と廊下の間にある建具は1階と同様に柱の外側を自在に動き、全て壁の中へ仕舞われる。閉め切ると2室はそれぞれ部屋として独立するが、開け放つと、そこに柱だけが残され、空間は一体となり、柱の存在が領域の残像となって互いの距離感だけが意識される。

極小の敷地にクレーンが入り、職人ひとりでは動かせない大きな木の塊を動かしたのであるが、その迫力にはクライアントも驚いていた。職人たちが大きな動力から小さな細工に至るまで存分に技を見せてくれることで、木工集団ならではの醍醐味を感じ取ることができた。

小さいながらも力強い骨格をもった住まいは、都市にしっかりと根付いて、住み手をいつまでも守り続けている。

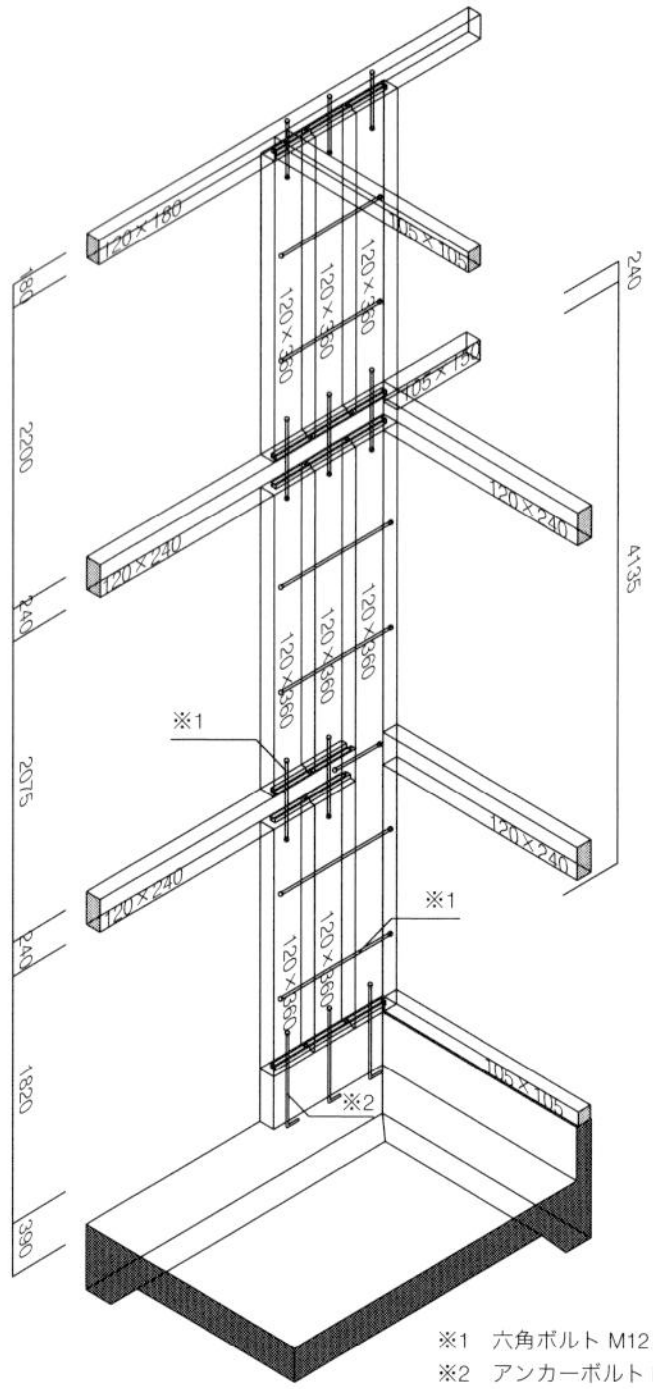

※1　六角ボルト M12
※2　アンカーボルト M12 L-700

木組図

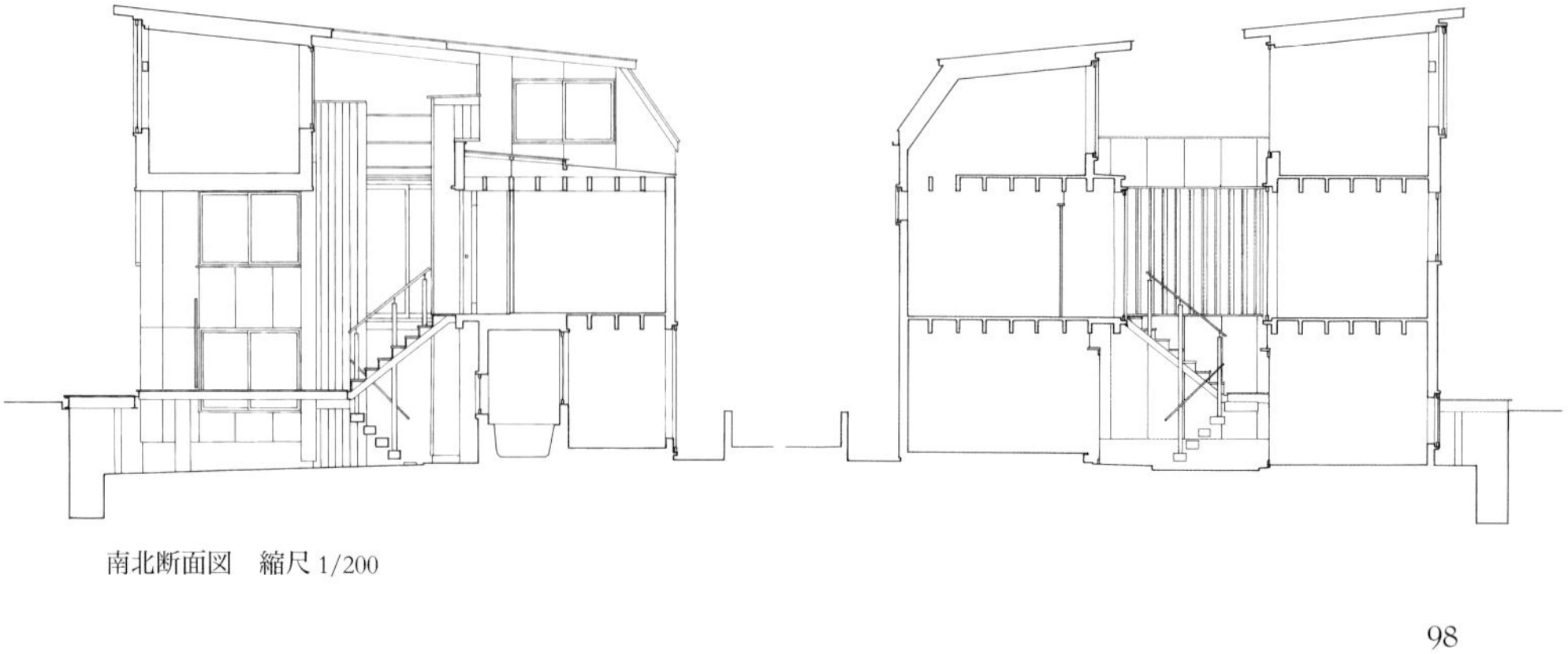

南北断面図　縮尺 1/200

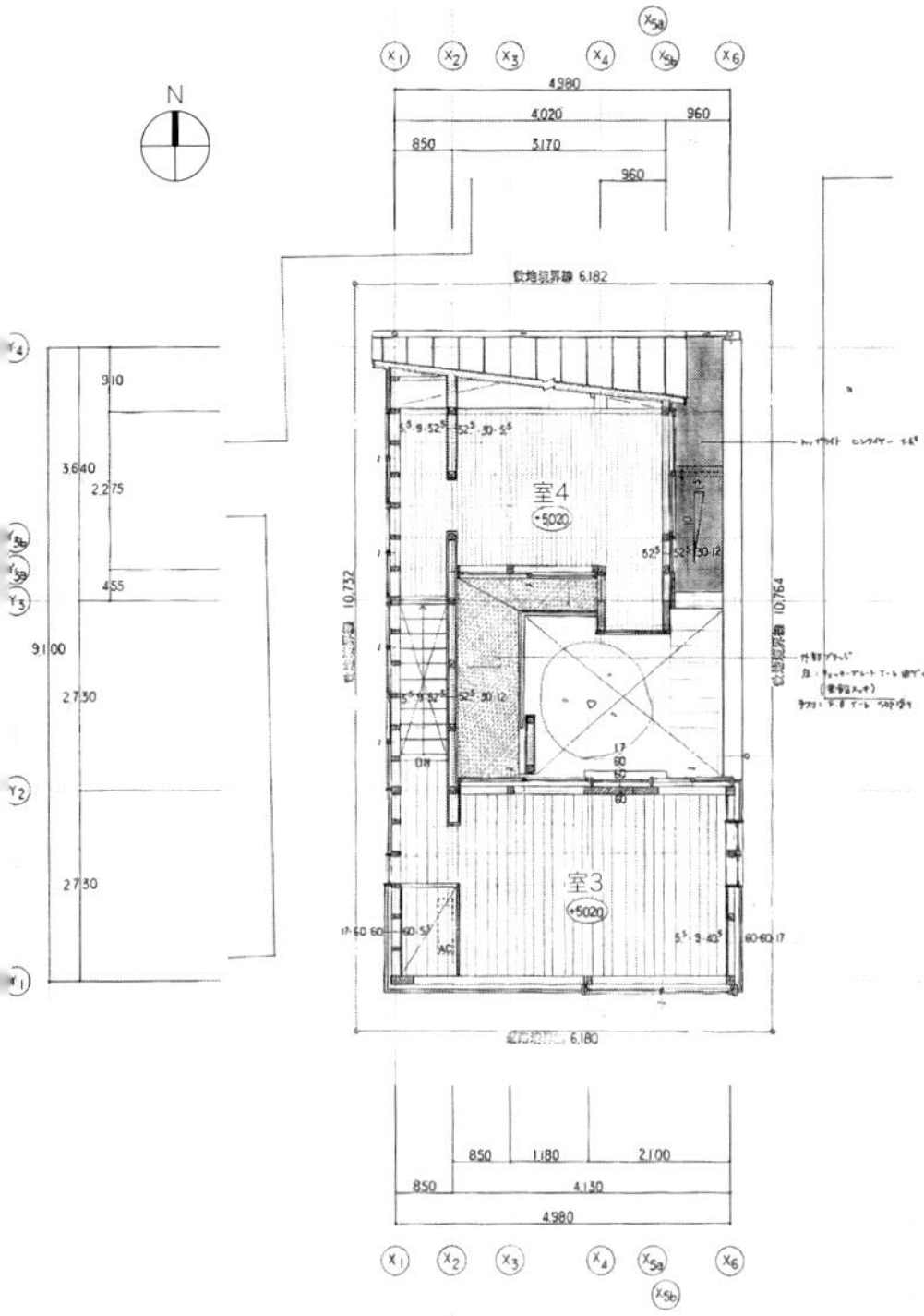

3階

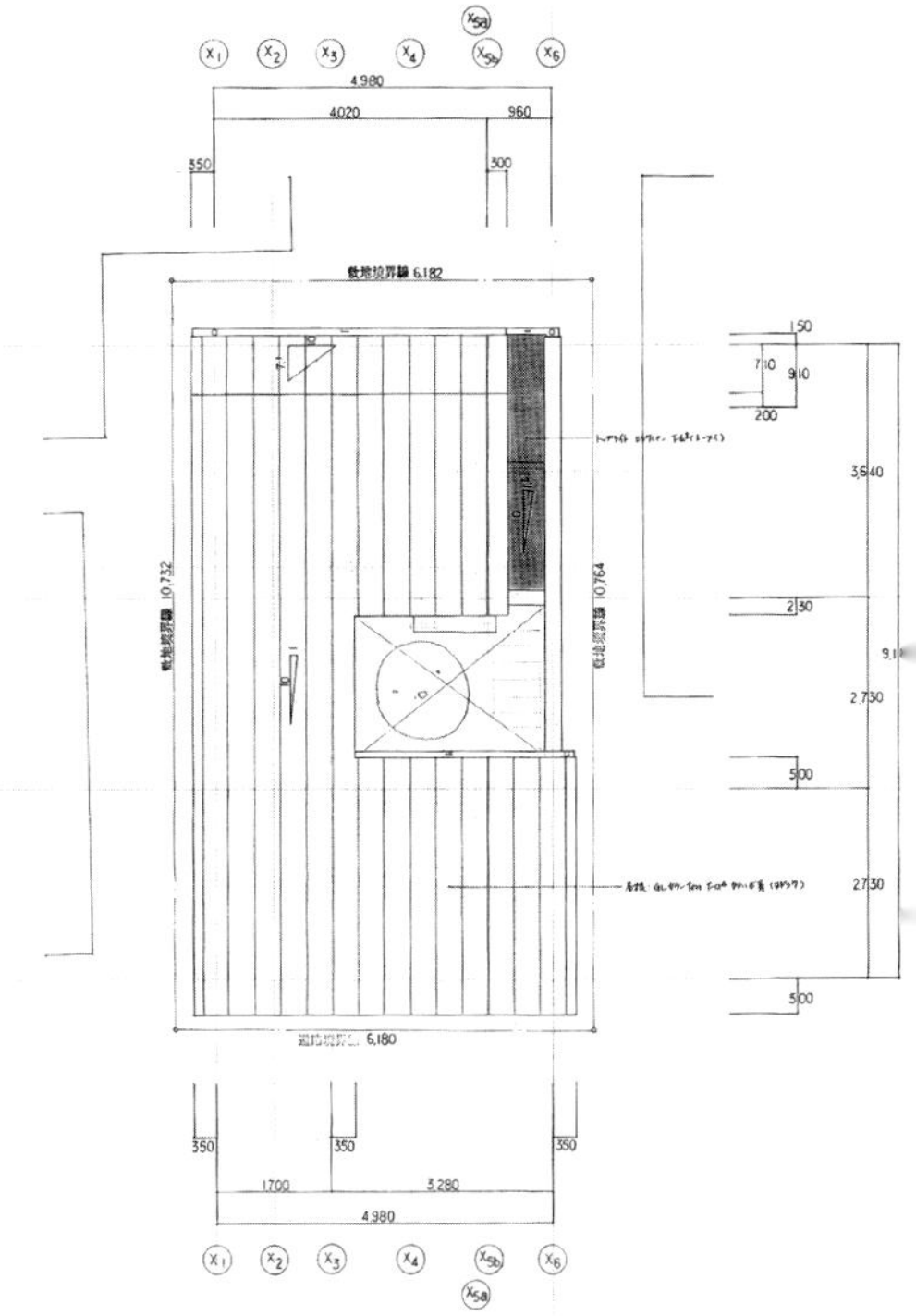

屋根伏図

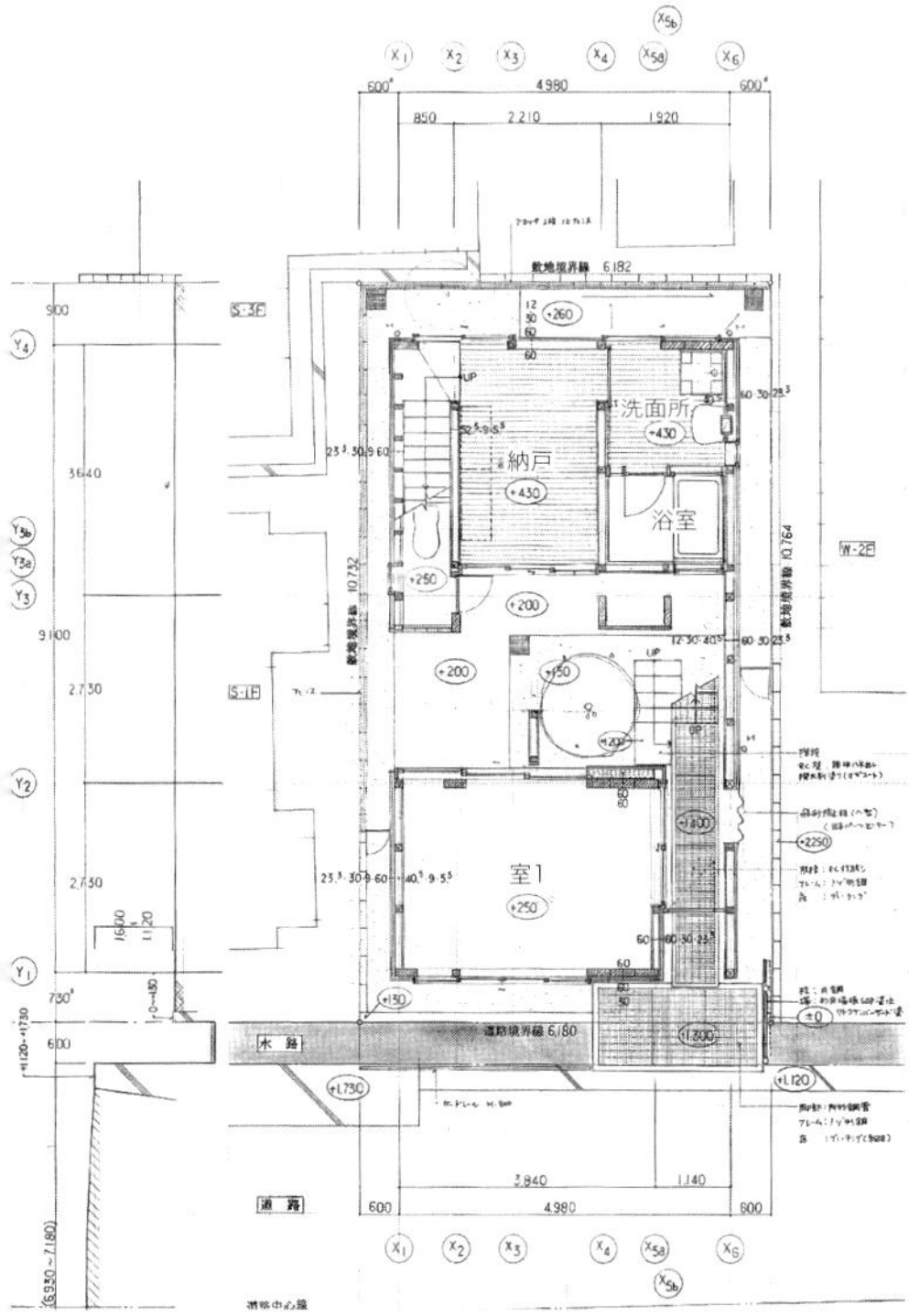

1階

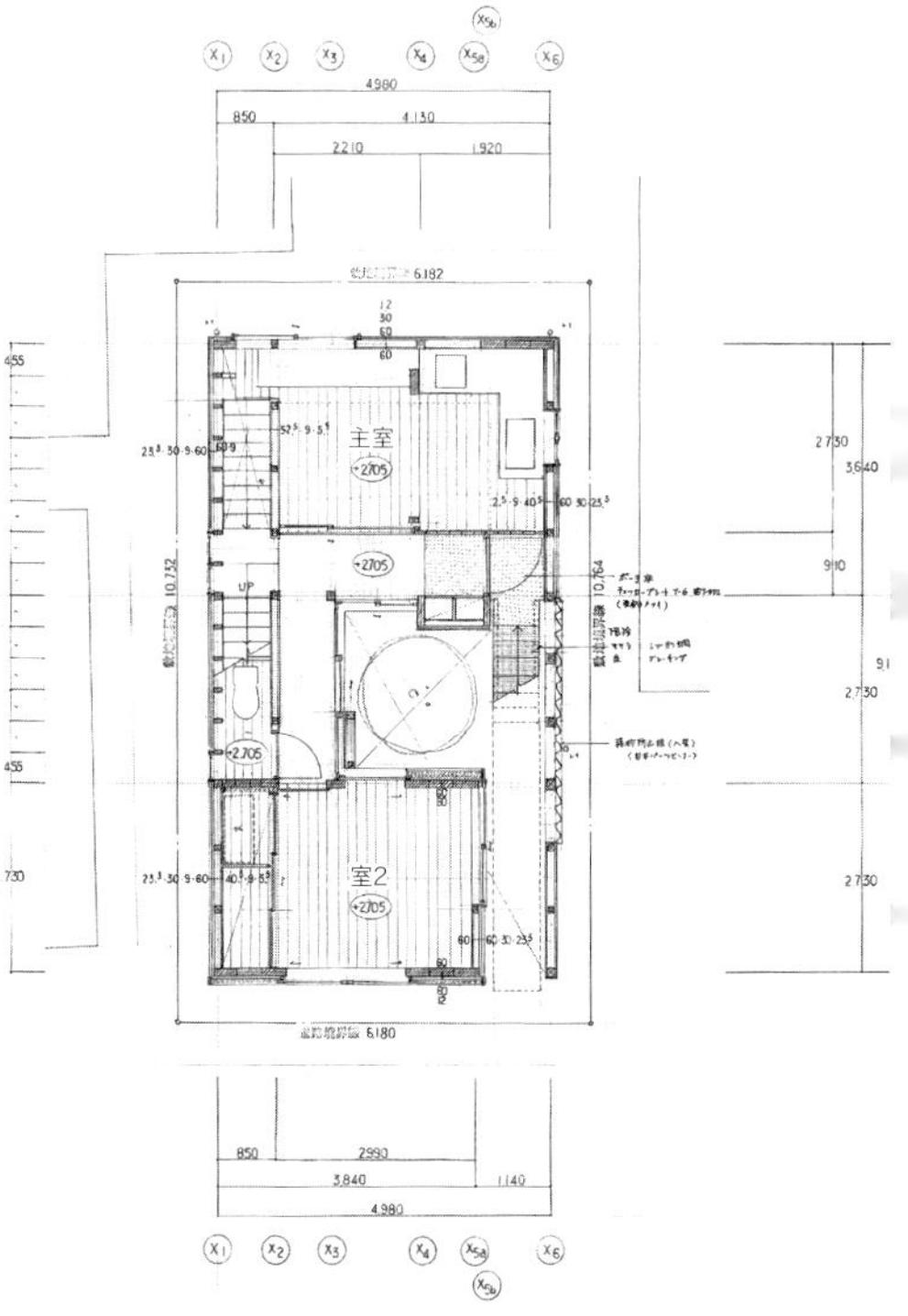

2階

平面図　縮尺 1/200

4 内へといざなう

東大寺二月堂裏路地

「路地の魅力」というものを考えた時、まず思い浮かぶのは東大寺二月堂の裏路地である。東大寺の参道には、南大門を通り大仏殿の正面へと向かう「表」のアプローチとは別に、若草山の方からお水取りで有名な二月堂を経て、大仏殿の裏手に続く「裏」のアプローチがある。この裏道には、広々として開放的な「表」の道とは異なった、見え隠れする路地の魅力があふれている。

二月堂から緩やかな坂道を下り、大仏殿の裏へと到る裏参道は、表の参道に比べ人通りも少ない。石畳の道の両側に瓦の埋め込まれた築地塀が続き、その足元を水路がせせらぐ。「この参道の、ものさびた光景こそ、いかにも古都奈良らしい情感が漂う佇まい」と、写真家・入江泰吉が愛した道でもある。

この路地は、歩く方向が違うと全く異なった見え方がするように趣向が凝らされている。通常の参拝客は二月堂から大仏殿の裏手に向かい、坂を降りて行く。順路では下って行く坂を、逆に二月堂に向けて登って行くと、この路地に様々な仕掛けが隠されてい

裏路地から二月堂への見返し

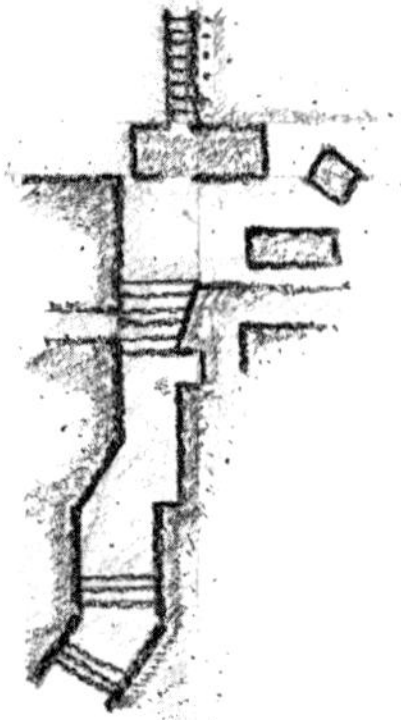

ることに気が付くのである。道は微妙ではあるが幾度も「く」の字型に曲がっているため、視線はまっすぐに通らない。築地塀沿いに歩を進めていくと、塀が途切れる度に、次の視界が開けていく。階段や門が壁に隠れるようにして、意図的に軸線をずらしてつくられているのである。二月堂裏参道は決して長い路地ではないが、実際に歩く距離以上の奥行きを感じさせる。それは、視線の先に沿う築地塀によって視線や方向性が操作され、足元の段のリズムが少しずつ変えられることで、ゆっくりと歩みを取るからなのであろう。

そのように見え隠れする階段に導かれるようにして坂を登って行くと、今度は瓦屋根が、階段と同じように幾重にも重なりながら迫ってくる。あえて逆手を行くアプローチを取ることで、同じ道の、まったく違った表情が見えてくるのである。逆手のアプローチはここに長く住まう人々だけが見つけ出すことのできる、もうひとつの空間なのかもしれない。表から見えるものと裏から見えるものが姿を変える。裏から入った時にこそ全てのものが見えてくる、それが路地の魅力のひとつではなかろうか。

空間への誘い

アプローチにおける間合い

初めてその住宅を訪れる時には心が踊るものである。通りから玄関までどのような経路で人を導き、敷地の大きさや地形、また周囲の環境とどのような関係を結んでいるかによって、その場に漂う空気さえも変わるであろう。アプローチとは、目的地までの時間と空間を楽しみながら、しかし同時に出会いを控えた緊張感の漂う空間である。それは言い換えると「間合い」をはかるための場である。それは距離だけではかれない、時間という概念を伴った空間である。

そのため私はアプローチの空間は、できるだけ長く取るように心掛けている。道路から敷地へ踏み入れ、壁に導かれながら折れ曲がり、時に建物のスキマを通り抜け、奥へ奥へと導かれていくような仕掛けを施す。そして玄関へは容易に到達させない。敷地に余裕がなく、アプローチ空間をほとんど取ることができない場合でも、必ず一度は立ち止まらせる。それは、人を迎え入れるためのしつらえなのである。

なぜなら人は立ち止まり、向きを変えたりすることによって、光・風といった自然の動きを敏感に感じ取り、やがて訪れるその家との対面に向けて気持ちを整えていくからである。何気なく行くと通過してしまうアプローチも、何かを感じ立ち止まった刹那に、様々な思いが交錯し、見えないものが見えてくる。人が歩みを進めるにつれ、建築や自然の表情が変化し展開していく。

それが最も巧みに仕掛けられているのが、茶室の「露地」である。茶室は人をもてなすためだけにつくられた空間である。露地口をくぐり、外界から切り離された露地に入ると飛び石が配される。時間を掛けて飛び石を踏み、まず腰掛で亭主の迎えを待つ。続いて水鉢で手水を使い、石をひとつひとつ伝いながら庭を観賞し、躙口を経て、ようやく茶室の内部へと到る。この間は距離にすれば数メートルに過ぎない短いものである。しかし様々な行為を経ることで、少しずつ、しかし確実に気持ちが切り替えられていくのである。

「千里園の家」大きな石で誘導するアプローチ

「真上町の家」石敷のズレによって誘導する

複数のアプローチ

ひとつの場所へ到達するにも、様々な方向や角度から近付くことのできる、複数のアプローチをつくる。二月堂の参道に表と裏があるように、同じ場所を訪れるにしてもそこに到るプロセスが異なれば、受ける印象は大きく変わる。玄関が曖昧になり、季節や時間あるいはその時の気分に応じて、自由に選択できるようなアプローチが隠されていることで、生活に緊張感が生まれる。

身分制度のあった江戸期の大規模な民家には、家族が日常的に使う玄関のほかに、使用人が使う勝手口、高貴な人だけが使う貴賓口というように、複数の出入口とアプローチが別々に設けられていた。現代では玄関を身分別につくることは、ほとんどあり得ない。しかし複数のアプローチはその家との出会いのあり方を多様にし、たとえ都市の中の小さな住宅であっても、そこに面積以上の拡がりをもたせることができるのである。

イスラム圏の街に見る路地

路地

京都には、建物と建物の間を抜けて奥行き方向に入り込むトンネル状の路地がある。そこには、入り込みにくい低い構えをくぐっていく緊張感がある。また視線をずらしたり透かしたりするなど、巧みな工夫が見られる。こうした見え隠れを装いながら来客をもてなす時は敷石に水を打って迎え入れる。日本の路地空間は、他者との関係の結び目になるのである。

イスラム圏の街に見られる路地は、人がやっとすれ違えるほどの幅しかないが、3層分ほどの高い壁に挟まれた、垂直性の強い空間である。空は両側にそびえ立つ壁面に切り取られ、射し込む光と影のコントラストが鮮明である。深い影の落ちる視界に、ふと壁に刳り貫かれた開口が現れ、狭く天井の低い入り口をくぐり抜けた瞬間に、目の前に急激に明るい空間が拡がる。空に向かって開いたパティオ（中庭）である。イスラム圏には閉鎖性が高く視線の通らない迷路状の路地が多いが、その奥深くにはエアポケットのような明るく開放的な空間が隠されているのである。

路地の寸法

路地をつくり込んでいく際、その寸法が重要になる。幅が広すぎると間が抜け、狭すぎると圧迫感を与えたり機能性を損なう。人の意識までも誘うような路地空間では、高さとの相関関係を見ながら幅を絞り込んでいくのである。

路地の幅としてよく使う寸法に、１４４０㎜（イッチョンチョン）という数字がある。これは、私の事務所で用いる基本モジュールである９６０㎜（クンロク）の1・5倍の寸法に当たる。その上は2倍の１９２０㎜（イチクニ）となり、路地の幅はおおむねこの範囲の中で考えている。１４４０㎜は室の幅としては狭いが、通路としては広めの寸法である。この用途としては曖昧な幅が、路地が本来持っていた多様性のある空間を形成するのである。

路地の寸法に固定的なルールはない。路地における見え隠れ、アプローチの長さと方向、建物全体とのバランス、住む人の身長や体型によっても、その幅と高さの関係が変わる。人の動きを操作する路地空間は、身体感覚を基本にしながら決定され、様々なアプローチ空間が生まれるのである。

イスラム圏の街に見る路地

上海の街に見る路地

アプローチの仕掛け

私の設計する住宅には様々なアプローチが仕掛けられている。敷地条件や配置計画などの異なるいくつかの住宅をもとに、その仕掛けについて見ていきたい。

空間を曖昧に区切る扉

「粉浜の家Ⅱ」は壁に穿たれた孔から一歩内へ入ると、左右対称に二つの扉が待ち受け、人は戸惑い一旦立ち止まる。ヴォイドとなったこのわずかな空間を見上げると、空が切り取られ、視線は垂直に抜ける。どちらの扉を開けてもすぐには内部に到達できず、半外部空間に立ち尽くす。そこから一枚の天板がガラスを貫通して、内部へと延びている。そして左右非対称の扉を再び開けることで内部へ到る。限られた空間の中で、何度も立ち止まるための演出を施すことは、極小住宅において非常に効果的な手法である。

「塗屋造の家」も同じように囲い取る壁に孔が穿たれている。その孔と次の壁に設けられた孔はずれており、そこで人は立ち止まる。土間を中庭へ連続させているため、初めて訪れる人は思わず中庭へアプローチしてしまうこともある。しかし孔のズレはアプローチの方向を示唆し、左へ向きを変えると玄関に向かうことができるのである。

「石丸の家」は石貼壁のヴォリュームから少し奥まったところに玄関扉がある。アプローチとしては短いが、内部には同じ床仕上げの路地空間が奥まで連続している。途中でレベルが上がり、奥からは逆手に階段が迫ってくる。一旦建物の内まで引き込みながら微妙な位置に配された両開き戸が内外を曖昧にする。大らかに構成される路地空間は

「石丸の家」建物へ引き込まれたアプローチ

石丸の家	塗屋造の家	粉浜の家Ⅱ

土間の引込み／短いアプローチ	土間の引込み／二方向玄関	
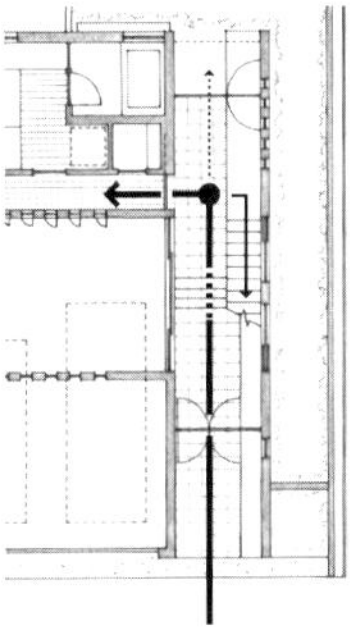	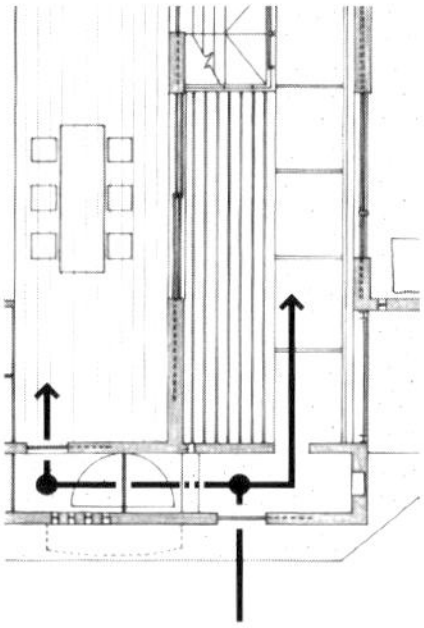	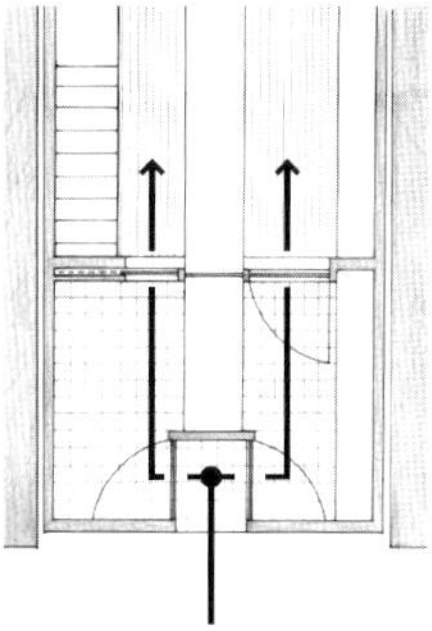
ヴォリュームに空けられた空洞に 引込まれたわずかな外部 土間の連続と視線の抜け 空間を曖昧に区切る扉配置	狭小住宅における内外の間合い 開口のズレと土間の連続による 曖昧な玄関 薄闇に包まれた路地空間	狭小住宅における内外の間合い 左右対称の扉と土間の連続による 曖昧な玄関 ヴォイドによる垂直の抜け
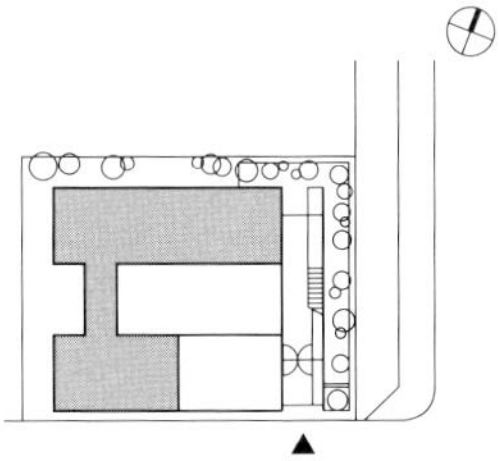	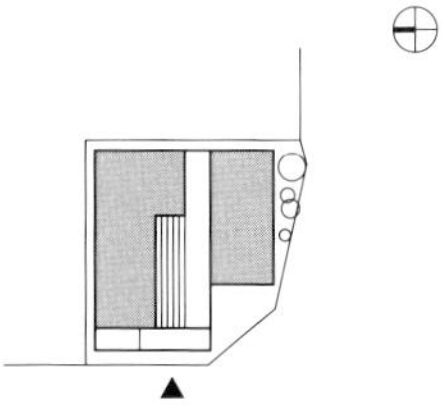	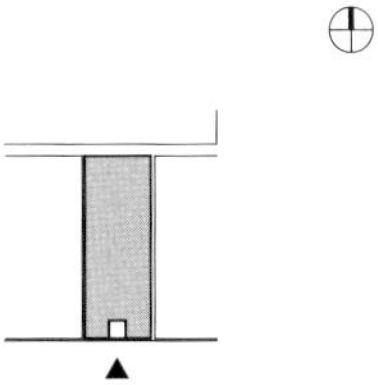
幅2280㎜・奥行11800㎜のゆったりとした通り土間とホールを兼ねた空間。レベルが緩やかに上がるたびに視線が天井に少しずつ迫り、奥行き方向に抜けることで流動性を感じる。	間口800㎜の孔から入ると、幅1180㎜の細い路地空間に迷い込む。薄闇の空間から右手の孔へ抜けると幅3200㎜の通り庭とヌレエンのある光に満ちた空間が待ち受ける。	奥行わずか870㎜のポケットには左右対称の扉が設けられている。次の扉までは間口3530㎜、奥行2610㎜の緩衝空間があるが、天板により左右二方向に分断されている。

アプローチの空間をつくりながら、同時に上下階をつなぐホールとしても機能する。

「千里山の家」はさらにアプローチの距離が短い。道路から続く石敷きに導かれていくと、ヴォリュームの少し内側に両開き扉があり、その先にもう一枚開き戸がある。何度も立ち止まりながら、2枚の扉を開けるとまだ石敷きが続いている。どこで靴を脱ぐか迷っているうちに、わずかな上がり框があり、そこから軸線と視線がずらされる。見返すと少し幅広の土間空間が視線を足元に導き、内部から道の先まで連続させる。

通り庭を形成する土間

「深井中町の家」は建物のヴォリュームに対し大きな格子戸を設けることで、どこが玄関かを見失わせる。建物のサイドに回り込むと小さな扉があり、どちらからでも出入りできる。適度な幅をもった土間は通り庭になり、そこに各部屋へ扉が何枚も連続することで、どこからアプローチすべきかが不明瞭になる。吹抜けを随所にもつ土間と内部空間の幅が1対1となっているため、生活に応じて様々な使い方ができるようになっており、アプローチの空間に生活の様相が滲み出てくるのである。

「依羅《よさみ》通りの家」は外壁からわずかに控えたところにヴォリュームをつくる壁と格子戸をしつらえ、立面に奥行きを生んでいる。そこから透かされた土間は細長く、間口の狭い空間に独立した動線を残している。吹抜け型の土間は通り庭にもなり、狭小の敷地に光や風の通り道をつくり、閉塞する住空間に彩りを与える。

「千里山の家」建物へ引き込まれたアプローチ

依羅通りの家	深井中町の家	千里山の家

土間の引込み／通り庭		土間の引込み／短いアプローチ
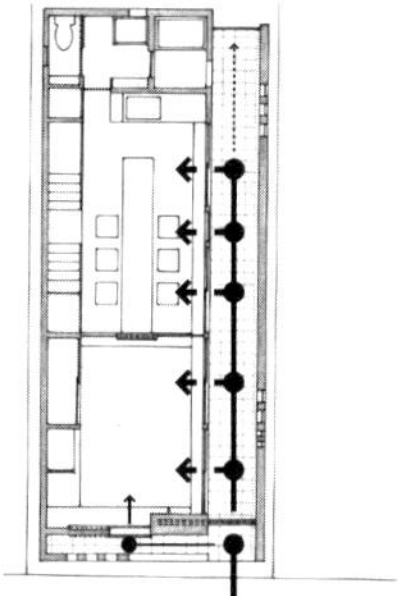	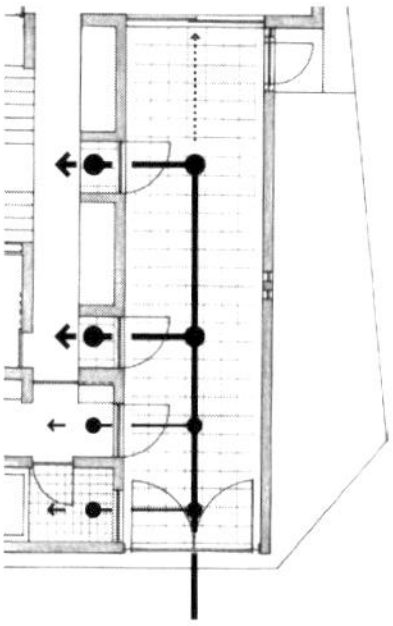	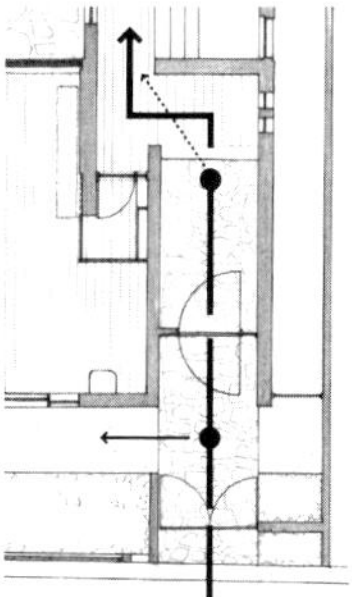
通り庭／路地空間・ヴォイド 間口の分割　幅の狭い路地空間 ヴォイドによる立体的な連続 動線・視線の抜け	通り庭／路地空間／ヴォイド 間口の分割　高さを抑えた路地空間 ヴォイドによる立体的な連続 動線・視線の抜け	ヴォリュームに空けられた空洞に 引込まれたわずかな外部 土間の連続と視線のズレ 空間を曖昧に区切る二重建具の配置
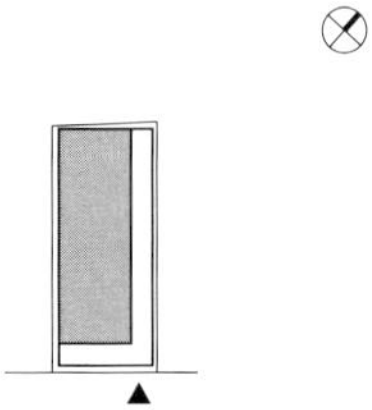	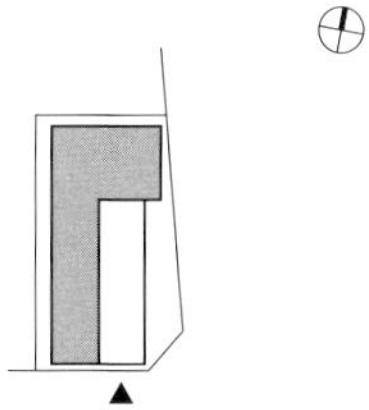	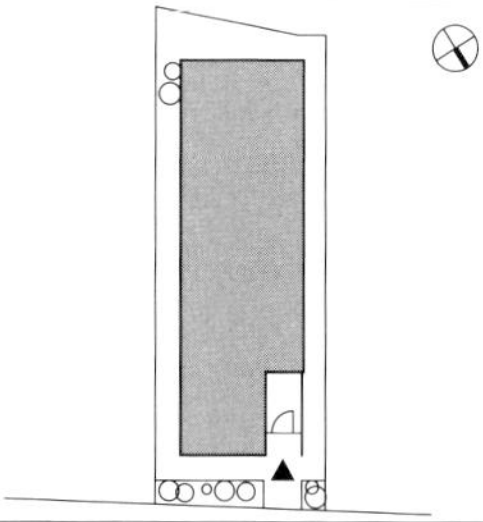
幅1260㎜、高さ7000㎜の細長い土間は、芯々4120㎜の内部空間の外側に独立した動線をつくる。路地幅として少し狭い寸法は、光の差し込むヴォイド空間を際立たせる。	中庭が、幅2500㎜（内法2320㎜）で内部のヴォリュームと1対1の関係をもち、生活の要素がアプローチ空間に滲み出て、通り土間のような雰囲気を醸し出す。	幅1990㎜、長さ6000㎜弱の幅広のアプローチが建物の中に引き込まれている。短い空間の中に仕掛けられた二枚扉は人を幾度も立ち止まらせる。

非対称によるズレ

「千里園の家」は手前の石積み、柱、壁の位置と方向を一旦ずらすことで、門構えが左右非対称になり、視覚的な正面を外している。そこで人は斜めに導かれ、敷地境界線からわずかな距離にある門扉までに「間」が生まれる。訪れた人は格子戸で一旦立ち止まり、奥を伺うようにしてアプローチする。「筋違」という数奇屋建築の技法である。

スキマ

「山坂の家I」「真法院町の家」はヴォリュームの外側にずれた2層分の自立壁とのスキマに、空を切り取ったアプローチの空間が立体的に配されている。「山坂の家I」は階段の途中に扉を設け、内と外を曖昧にしながら、ヴォイドから落ちる光によって導いている。壁が微妙に斜めに振られ、地面から空に向けてパースペクティブが生まれる。「真法院町の家」は階段が折れ曲がることで先が見えないようになっており、待ち受ける空間に期待を膨らませながら間合いをつくり、訪れる人を引き込んでいる。

「宝山町の家」は延石より分岐する地点で立ち止まり、足元に敷かれた四つ石が目線を引きつけ、折り返しを誘導する。内部から連続するヴォリュームの壁と、微妙に角度を振って足元と天井を透かす自立壁の間をアプローチする。扉を開けると内側の連続する壁に導かれて再び折れ曲がる。2枚の壁により幅や方向が変化し、自然と内部へ導いている。

「広稜町の家」は曲がり角に位置し、道路に対して直交する2枚の自立壁によって、外からの視線を遮りながら人を導き入れている。分散配置された棟のスキマに絞り込ま

「千里園の家」門と棟のズレにより視線が斜行する

真法院町の家	山坂の家Ⅰ	千里園の家

壁のズレによる誘導		筋違による誘導
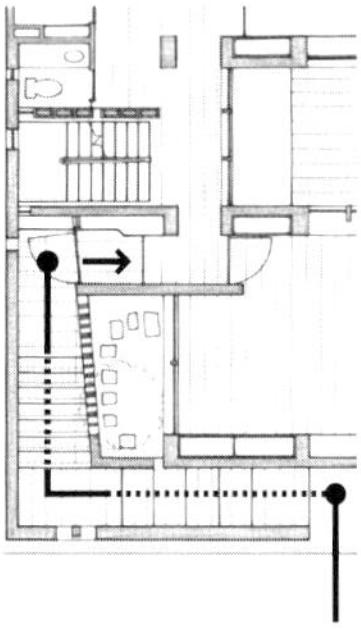	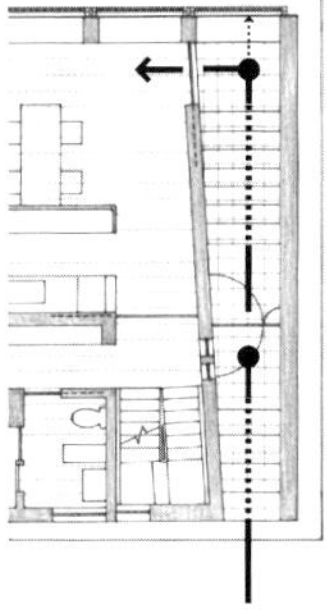	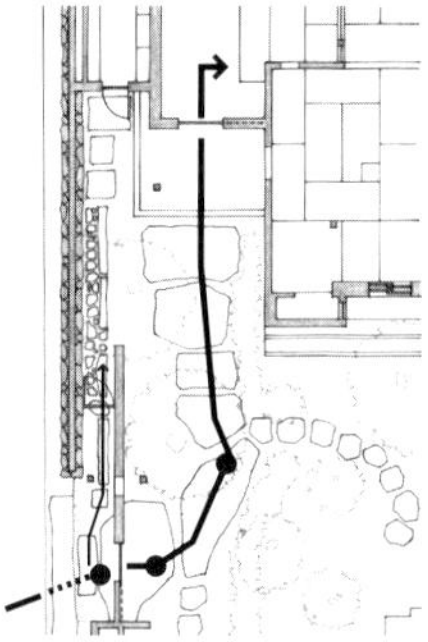
ヴォリュームからズレた壁 スキマに外部を引込む（垂直） 大きな踏み面の階段 折れ曲がる壁による誘導	ヴォリュームからズレた壁 スキマに外部を引込む（垂直） 空間を曖昧に区切る扉配置 幅の変化する路地空間	左右非対称の構えにより 斜行する視線 石敷きによる示唆 格子戸による透かしの技法
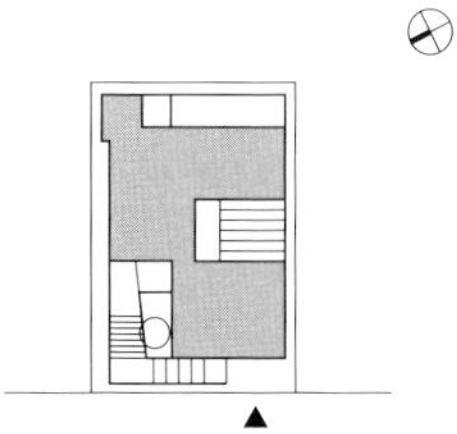	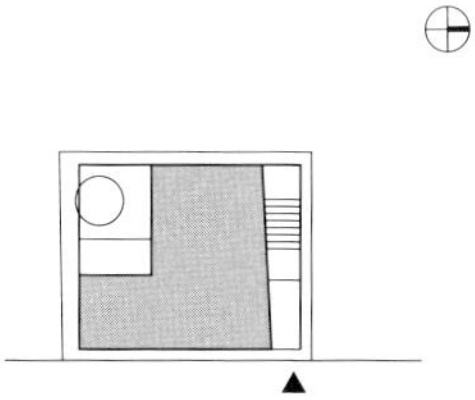	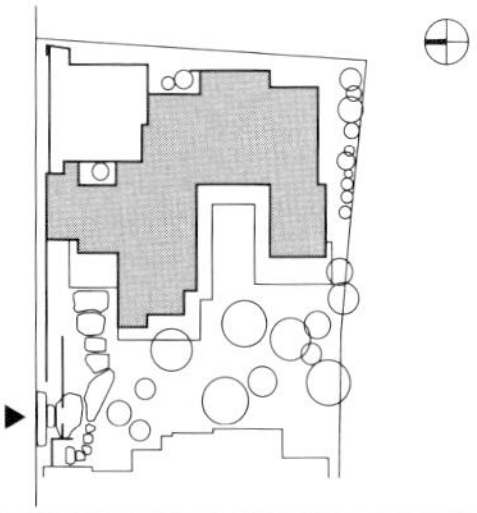
外階段からの立体路地は、内法幅が1175㎜と少し狭まることで、2層分の壁に沿って視線は空へと上昇する。	9m以上ある壁がわずかに角度を振り、階段路地の幅が1400㎜から2020㎜と広がることでパースペクティブが生まれる。	道路から斜めにアプローチし、門をくぐり抜けると前庭が拡がり、大きな石敷によって直接玄関へ導かれる。

れた空は、視線をさらに奥へと誘い込む。路地を進むと一度軸がずらされるが、粗く敷かれた足元の小さな石が人を一旦立ち止まらせ、左手に広がる景色に視線が一度逸れる。視線を再び路地に戻して進むと、左手に家族室の低いガラス窓、右手に手水鉢の置かれたガラス扉があり、そこから内部の様子がかろうじて伺える。低い開口部は躙口となり、家族室の内側に張り出した縁のような板の間を上がることができる。しかし玄関としては不明瞭な入口に人は戸惑い、正面の一段上がるデッキまで行き着いてしまう。このデッキは外から訪れた人が腰を掛けてそのまま話し込んだり、近所の人が集まって宴の場としても使われることもある。この家に迎え入れられた人は、くぐったり、跨いだり、好きなところから好きなように入っていくようになっている。

玄関という概念にとらわれることなく、人をどのように迎えるかを考えた時、アプローチの空間は多様な可能性をもつ場へと変わるのである。路地空間そのものは建物のスキマをほぼ直線的に進むだけであるが、雨や太陽の光、風の行き交い、何気なく足を止めさせたり視線の変化を促す仕掛けが、至る処に施されているのである。

「鴻ノ巣の家」　2枚の壁のスキマに導かれる

軸線のズレ

「鴻ノ巣の家」では別荘にふさわしい非日常的なアプローチ空間を演出している。ここでは傾斜地に対する視線の移行を、アプローチの長さではなく方向とリズムで促している。石壁と塗壁のスキマを縫うように階段を上がり、敷地に入り込む。折り返した先では誘導する壁が消え、突如広がる前庭に、ふいに立ち止まる。そこからは目地の深い石畳だけを頼りに、わずかに斜めに進む。すると今度は二方向に石敷きが分かれ、厚み

鴻ノ巣の家	広陵町の家	宝山町の家

ズレ・分岐する石敷き	立ち止まらせる石敷き	壁のズレによる誘導
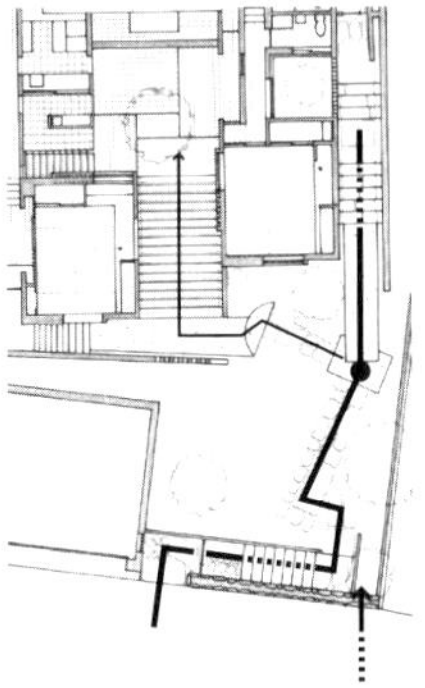 石敷きによる軸線のズレ・分岐 高低差のあるアプローチ 多方向の視線を生む折曲がり	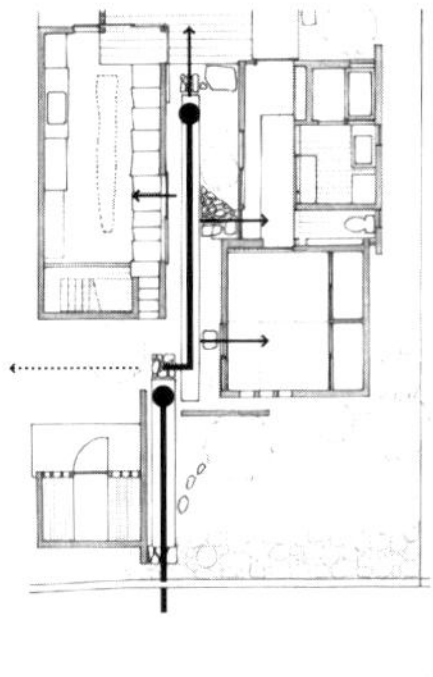 軸線のズレ　石敷きによる示唆 2層分の棟のスキマによる誘導 緊密な路地空間への誘導 水平・垂直への視線の抜け	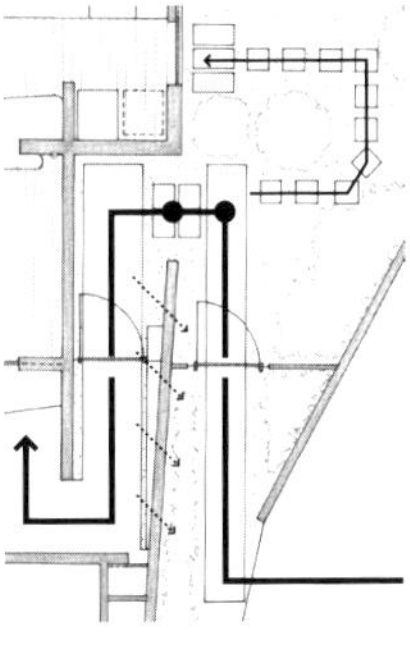 ヴォリュームからズレた壁 スキマに外部を引込む（上下） 空間を曖昧に区切る扉配置 折返し、幅の変化する路地空間
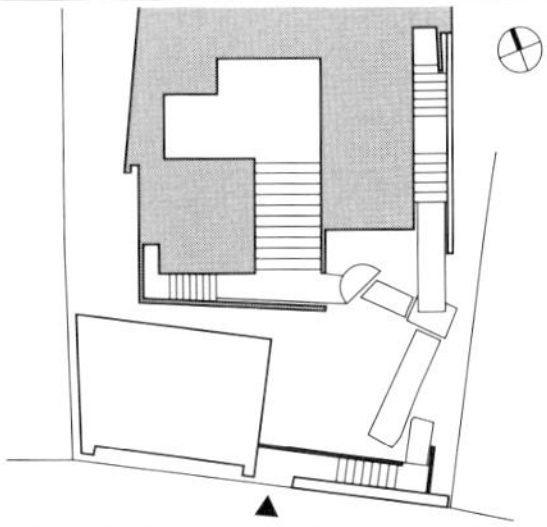	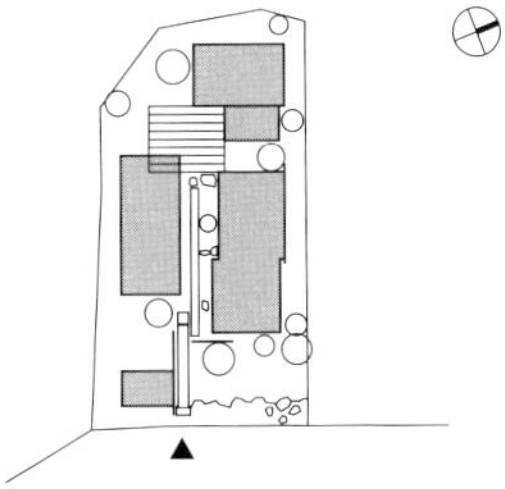	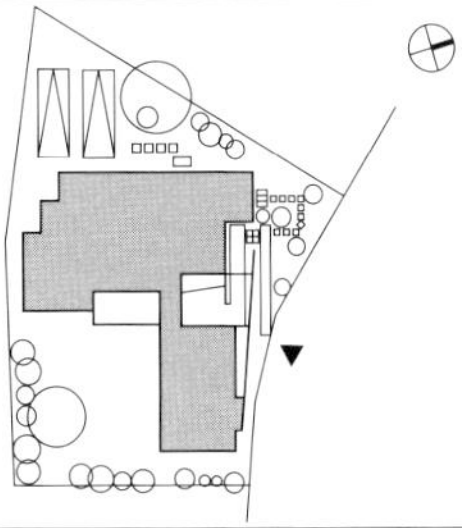
前庭を通るアプローチには誘導する壁が存在しない。軸線を振った石敷きだけを頼りに歩を進めていくと、右手に幅2000㎜の緩やかな階段があり、玄関へ到る。	幅600㎜の路地を抜けると、2棟に挟まれた幅1640㎜の路地が、ずれながら2100㎜に拡がる。2層分の棟の高さ、軒のラインに切り取られた空間は、緊張感のある奥行きを生み出す。	自立壁がわずかに角度を振られることで2枚の壁に挟まれた空間は幅1440㎜から少し狭まっていき、その先で折れ曲がると土間空間が拡がる。

のある留め石の上で人はまた立ち止まる。石の敷き方ひとつで、視線は建物に対し何度も振られ、どちらに行こうか考えさせられる。その石を越えれば玄関へと辿り着き、斜めに進めば中庭へ導かれる。玄関へは磨かれた庵治石敷きの階段を緩やかに上がる。素材の使い方が呼び起こすリズムは時間的な余白となり、道路から２ｍの高低差も、自然と到達できるアプローチをつくり出す。周囲の空間に拡がりがある時、人は進むべき方向を定めることができないため、石の厚みや目地の幅、仕上げの粗さの変化、軸線のズレといった操作が必要になるのである。

「山坂の家Ⅱ」の路地空間は、視線の先でその幅が狭まり緊張感を帯びる。足元の延石は途中で留まり、その先は飛石だけになる。ここで一旦踏み留まらせ、右手の斜めに迫る外階段が折り返しを誘導する。一方、左手に敷かれた石は内部への誘いの標となる。

「鷲林寺南町の家」視線の高さに抑えられた石塀

トンネル路地

玄関に真正面から入らないようにするためには、視線をずらすようにアプローチを仕掛ける。初めて訪れる者にわかりづらい玄関構えにするのは、家の主が客を迎えに出ることを前提としているためである。来客の時間に合わせ、打ち水をして迎える。何度か訪れている人は自然と中まで到達できるが、初めて訪れる人には心持ち緊張感を与え、間をとりながら、家の奥へと導いていくのである。

「帝塚山の家」は、敷地内に入るとまず外壁に当たり左に折れるが、すぐにまた二方向への分かれ道に出会う。分岐点の足元にはシャーリングのかかった石が、右側に広がるようにして敷かれ、意識を誘導する。視線を右へと移すと、建物に引き込まれたトン

<table>
<tr><td>鷲林寺南町の家</td><td>帝塚山の家</td><td>山坂の家Ⅱ</td></tr>
<tr><td></td><td></td><td></td></tr>
<tr><td colspan="2">トンネル路地</td><td>立ち止まらせる石敷き</td></tr>
<tr><td>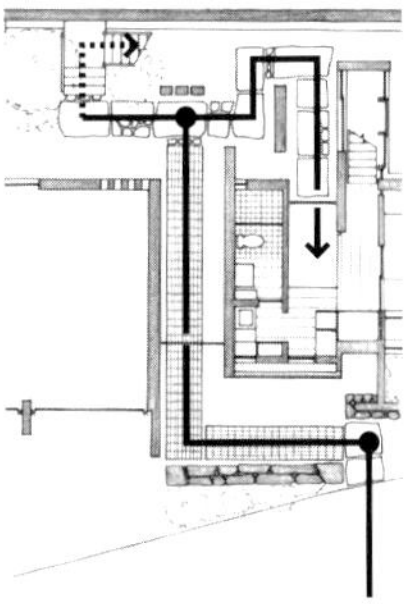
闇と光の対比による誘導
軒内からヴォイドへの誘導
当たりの列柱と石敷きから
各階への立体的な誘導</td><td>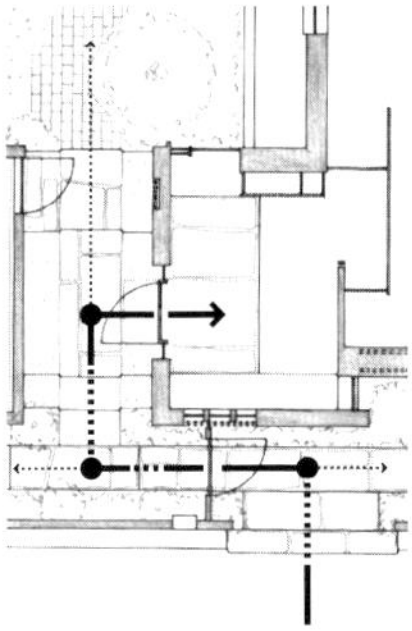
闇と光の対比による誘導
折曲がり　軒内への誘導
立ち止まらせる石敷き
視線だけがトンネルの先へ抜ける</td><td>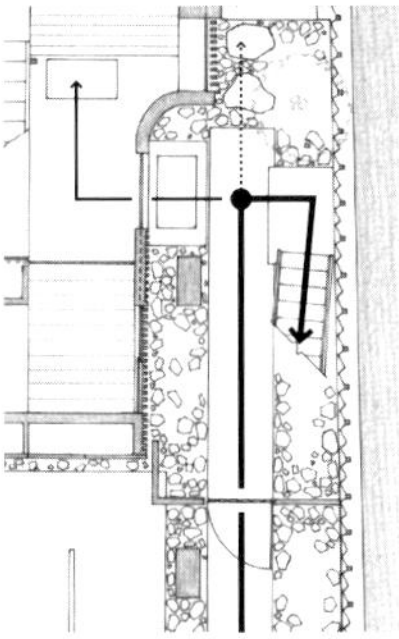
軸線のズレと折り返し
石敷きによる示唆
緊密な路地空間への誘導
奥行き方向への視線の抜け</td></tr>
<tr><td>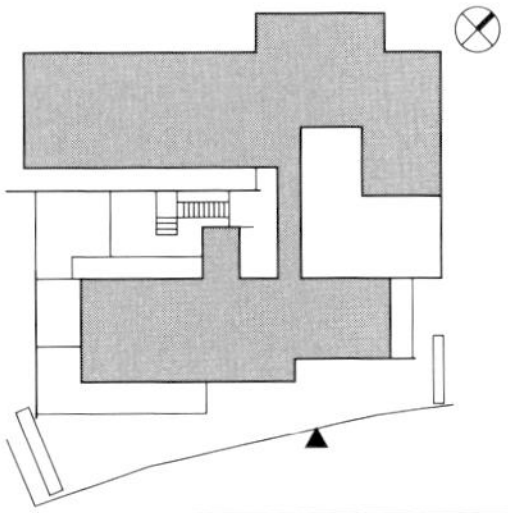</td><td>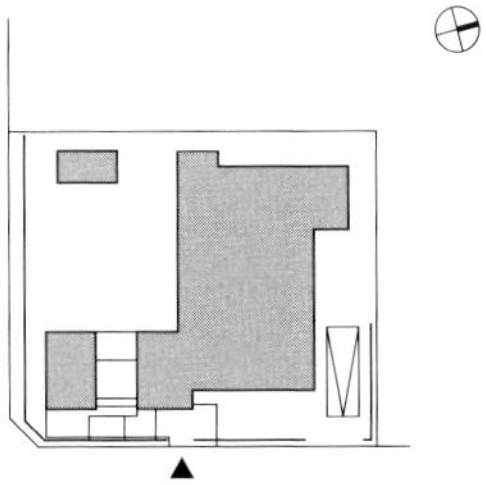</td><td>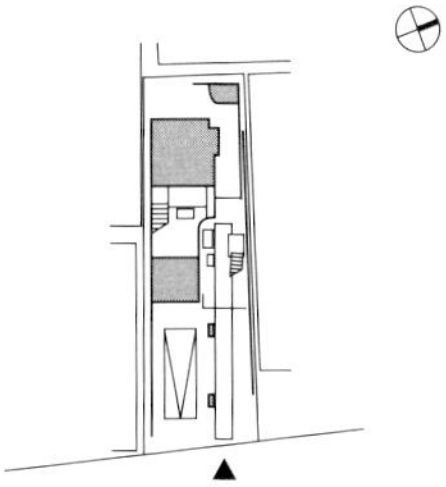</td></tr>
<tr><td>幅2100㎜、天井高2180㎜と縦横比をほぼ1対1に抑え込むことでトンネル内の闇をつくり、その先に待つ垂直のヴォイドの光を鮮烈にし、コントラストと深度を操作している。</td><td>幅2240㎜のトンネル路地は、高さ2520㎜の天井に抑え込まれ、その先に中庭が拡がる。石敷きに反射する光に目を奪われ、玄関に気付かずに長さ4mの路地を抜けてしまう。</td><td>幅2mほどの細い路地が外部空間のまま引き込まれる。2階のスラブに抑え込まれながら所々に抜けるヴォイドが意識を垂直方向にも導き、人を立ち止まらせる。</td></tr>
</table>

ネル状の路地を通して中庭が垣間見え、訪問者を誘う。もう一方の道なりには、やや持ち上がった打ち止めの石が配され、その先へは簡単に踏み込めないようにしている。

トンネル路地は薄闇に浸されるが、水が打たれた足元の石は、中庭から射し込む光を反射し、闇の中に美しい光の鏡が生まれる。脇にある玄関扉をよそに、奥に見える中庭の光に視線が引き込まれ、気付かず通り過ぎてしまいそうになる。

「鷺林寺南町の家」は擁壁によって無造作に築かれた敷地の高低差を生かし、南側の2層の棟を地面に沈み込ませ、北側の棟はその奥のさらに半層分上がったところに配置している。前面道路からのアプローチは敷地の最も低い場所に位置する。程よい高さに抑えられた庵治石の版築積みの塀に沿ってL字型に折れ曲がり、トンネルとなった路地をくぐり抜けると、ヴォイドの上部から光の注ぐ内庭へと到る。連続する外部空間を「くぐる」という行為によって曖昧につなぎ、内庭をより内なる領域として意識させている。

トンネル路地の突き当たりには3本の壁柱が立ち、訪問者の視線を止める。そこで道は左右に分岐し、どちらへ進むべきかしばし戸惑うであろう。しかし、右手の和室へ向かう道には壁が立ちはだかり、左手の光が降り注ぐ階段は、訪問者の意識を上空へと誘う。敷石もまた左へ進むように語りかけている。足が自然と左へ向かい、階段を上がると玄関に到るが、アプローチはそこで止まることはなく、敷地の奥へと連続していくのである。

メインのアプローチのほかに、敷地の東端にもうひとつのアプローチがあり、その階段からは2階のテラス、外庭につながり、裏階段から屋上に上がることができる。

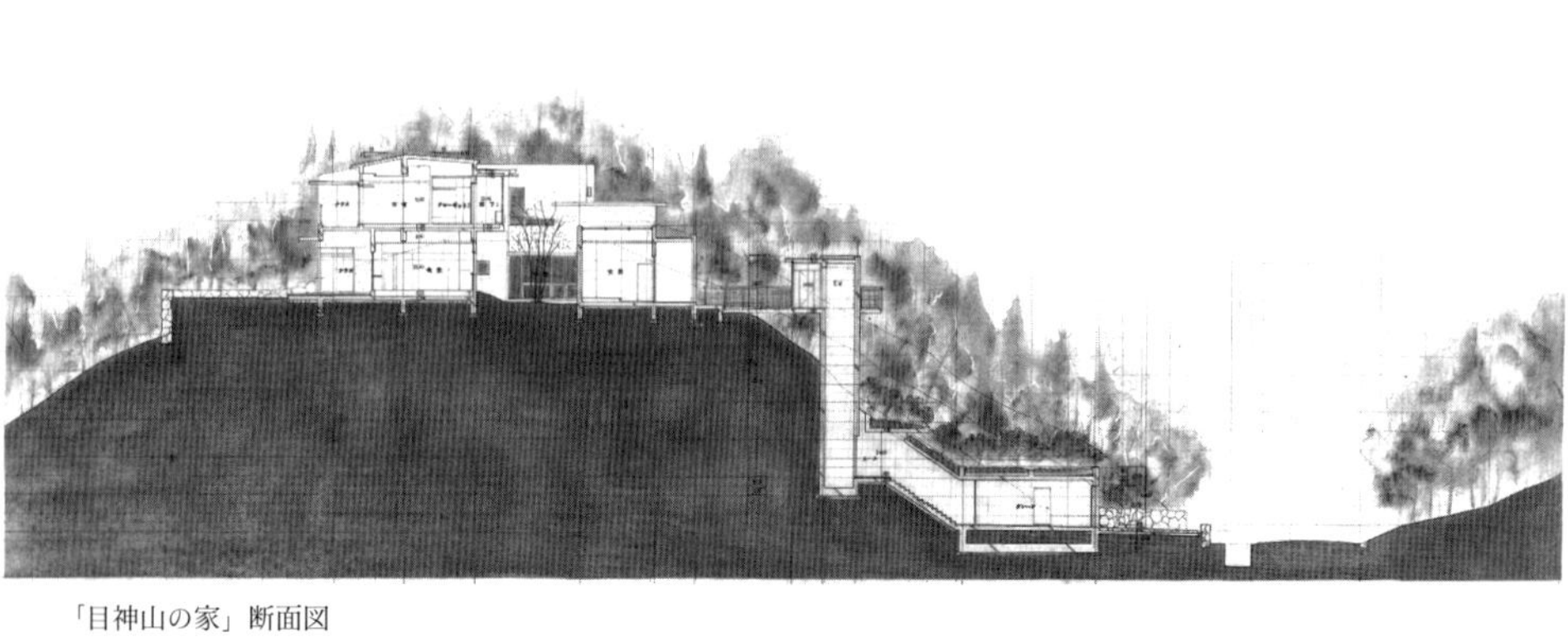

「目神山の家」断面図

この家では地形に沿って内外に複雑なレベル差が設けられているが、誰もが全てのレベルにおいて出入りできるようにアプローチが仕掛けられている。自在なアプローチは、立体的に連続する外部空間と相まって、住空間を極めて豊かなものにしている。

地形

「目神山の家」は緑豊かな急斜面に建つ。ここでは地形そのものをアプローチとし、エレベーターと山の斜面に沿った階段という二つのアプローチがつくられている。階段は高低差15mにおよぶ長い斜面を蛇行する。折れ曲がるたびに辺りの緑や花々に目を奪われ、何度も立ち止まりながら上がっていくと、距離や高さをあまり意識せずに、いつしか玄関に辿り着くことができる。

このアプローチの設計にあたっては、まず地形図で山の稜線を読み取り、おおまかなルートを設定した上で、目神山の地形をよく知っている植木屋と一緒に現地で階段の道筋を決めていった。図面では到底描ききれない自然のスケールである。山の斜面に点在する大きな岩を見ながら、あの石を残してその横で道を曲げよう、この岩は根が深そうだから取らない方がいいだろうなどと、庭を見分けながらできていった。

山の地形を読み取る際に見極めなければならないのは、雨水の流れである。造成によって、今まで木に当たってうまく流れていた雨水の流路が変わることがある。すると地形もまた変化してくるので、隣接敷地に対する影響に配慮しなければならない。敷地と周辺環境を見ながら、自然と折り合いをつけていく手法を見つけ出すのである。地形に刻まれたアプローチは時間が経つにつれ、建築を遥かに超えた場所へと育まれていく。

「目神山の家」斜面を蛇行するアプローチ

新千里南町の家

１９７０年代、千里ニュータウンの開発に伴い、千里丘陵をひな壇状に造成した住宅地の一角。１００坪のゆったりとした敷地は、十字路の角を回り込む石垣の上にあり、同じような石垣が町並みの中に連続する。仕事場から近い場所でありながら、まるで森の中に佇んでいるかのように時間がゆっくりと流れ、ハレとケの距離感をもつことがこの家族の考えであった。それは俗から完全に隠遁する住まいではなく、他者を迎え入れる空間と家族の安らぎの空間が明確に意識されながら、二つの空間が多様なシーンでつながれる住まいである。

木立の隙間の道をくぐり抜け、ところどころで腰を掛けて、緑や風の揺らめきを感じる、そんな森のような佇まいを、敷地と建物の関係でつくり上げる。既存の石垣を残したまま建物の高さを抑えるためにあえて地面を掘り込み、敷地にレベル差をつけて再造成した。他者を迎え入れる空間（パブリック棟）と安息できる空間（プライベート棟）を分棟にして対峙させ、互いの関係を平面的に少しずらす。するとその周りには様々なスケールの余白が残され、それらがレベル差に伴って断面的にスキップしながら分散する。余白におけるスケールの変調とレベル差は、廻遊することによって、正方形の敷地に多角的な動きを取り戻し、南庭・中庭・北庭は対角線に結ばれ、再び町へと連続する。

独立した内部空間が配置され、周りに残された余白（路地と庭）を廻遊しながら、そ

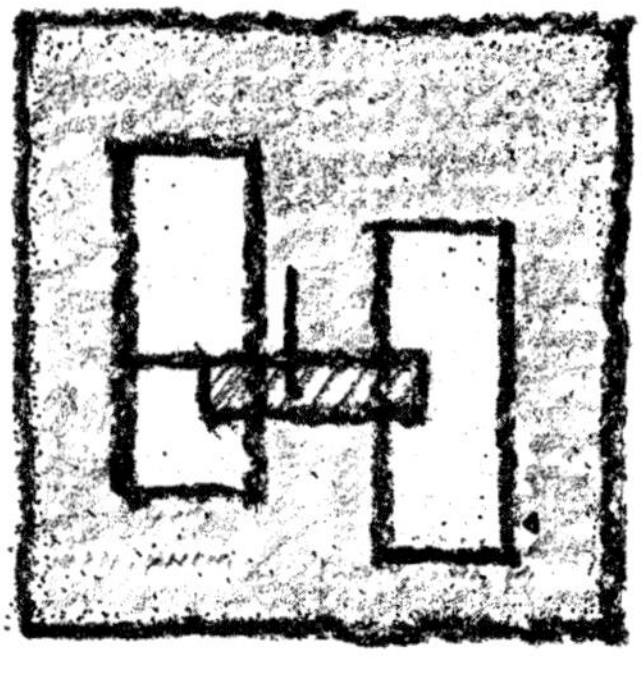

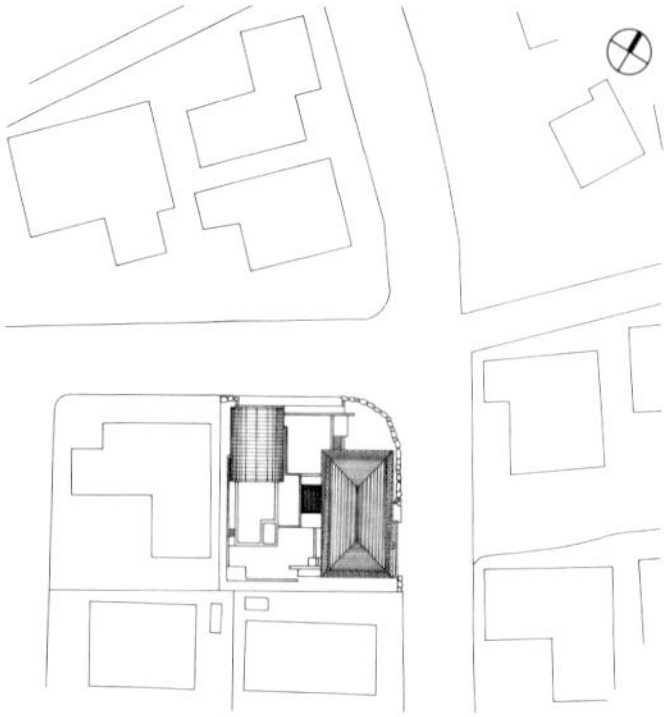

配置図　縮尺1/1500

の先に止まる「間」をつくる。内部空間は外界に対し適度に閉じながら、余白は敷地の外へと展開する。内と外を行き来することで、求心と拡散を繰り返し、2棟の対比的な関係性は曖昧になる。人が動いたり立ち止まったりすることで、時間がゆっくりと流れては止まり、そこに時間と空間の「間」が生まれるのである。

こうした動きは、二つの棟の間に生まれたスキマが「路地」となって巡り、スキップする地面に沿って様々な視点で庭と出会うことによって生まれる。建物を正面から捉えたかと思うと路地が側面に回り込む。玄関は曖昧なまま、幅1350㎜、高さ2460㎜の暗いトンネル路地へと導かれる。粗く敷かれた足元の石は、水を打たれて闇の先の光に輝く。低く抑えられた路地の寸法は、「くぐる」という行為を意識させ、そのトンネルの先に見える水庭へと誘う。そのまま視線はレベル差のある庭へと向けられるが、足元の敷石に導かれ、軒内を曲がり込む。軒内の陰から見える光に満ちた庭に視線を誘われつつも、自立する壁が路地の幅を抑え、立ち止まらせることで、やっと玄関へと辿り着くのである。内へと誘われるにつれ、様々なシーンが見え隠れし、踏み止まり、様子を伺いながら少しずつ懐を深めていくアプローチは、迎える者と訪れる者の間合いに緊張感をもたらす。

1階の玄関と土間と和室は建具の開閉によって様々な空間に展開する。床は路地から土間へ連続するが、建具は柱壁の外を自在に動く。その内側にもうひとつ建具が回された座敷がある。壁と建具が幾重にもずれて重なることで、内と外が曖昧につながる。玄関は不明瞭であるが、和室の建具が全て開け放たれると、訪れた人はこの座敷まで自然に引き込まれて、靴のまま腰を掛けて迎えを待つことができる。和室から外を見返すと、

東側外観　乱厚の板張りに生まれる陰影

アプローチ　トンネル路地の光と闇

和室より玄関を見返す　土間と建具が壁の内外を入り組み、曖昧に連続する

中庭・土間・和室の関係　一枚の自立壁が領域をつくりながら層状にしつらえられた床・壁・建具が内外を操作する

木陰のような路地が水庭から陽の当たる庭まで連続している。

二つの棟は断面的にも半階ずれており、複雑に絡まる動線によって行き来できる。水庭の飛び石やテラスに面したブリッジを介することで、それぞれの関係は緊張感を保っている。さらに半層分のズレによって生じた踊場が二つ目の玄関として機能し、プライベートな領域を守っている。1階には立体的な庭を巡って初めて辿り着く、庭との接点がある。こうして家族だけが自在に住みこなせる廻遊性を敷地全体にもたせている。

道路から２８００㎜の高さの石垣の上に建つパブリック棟は2層分の高さに寄棟屋根を載せ、奥のプライベート棟は半階沈んだところから3層分の高さにヴォールト屋根が部分的に架かる。ファサードはＲＣの壁の上に無垢の木の梁が規則正しく並び、壁と屋根の縁を切るようにスリットを設け、立面に静のリズムを与えている。しかし石垣のコーナーを回り込むと二つの異なる形の屋根が、動のリズムを見せる。

二つの棟はコンクリートを骨格としながらも、仕上げを木とＲＣの表情で対比させている。二つは融合してひとつの森を築き上げるように、ポジとネガの関係をもつ。ＲＣ打放しには杉小幅板の型枠を使い木の優しい表情を写し込み、板張りには硬いタガヤサンの板を乱幅で使い凹凸の中に光と影の肌理をつけた。対峙する面に同じ垂直のラインが生じることで、木とＲＣの素材感がオーバーラップする。

パブリック棟から延びるブリッジ　建物のヴォリュームは建具を開け放つことにより足元が透ける

家族室よりテラス3を見る　対峙する2棟は視線を遮るようにしてブリッジとテラスでつながれる

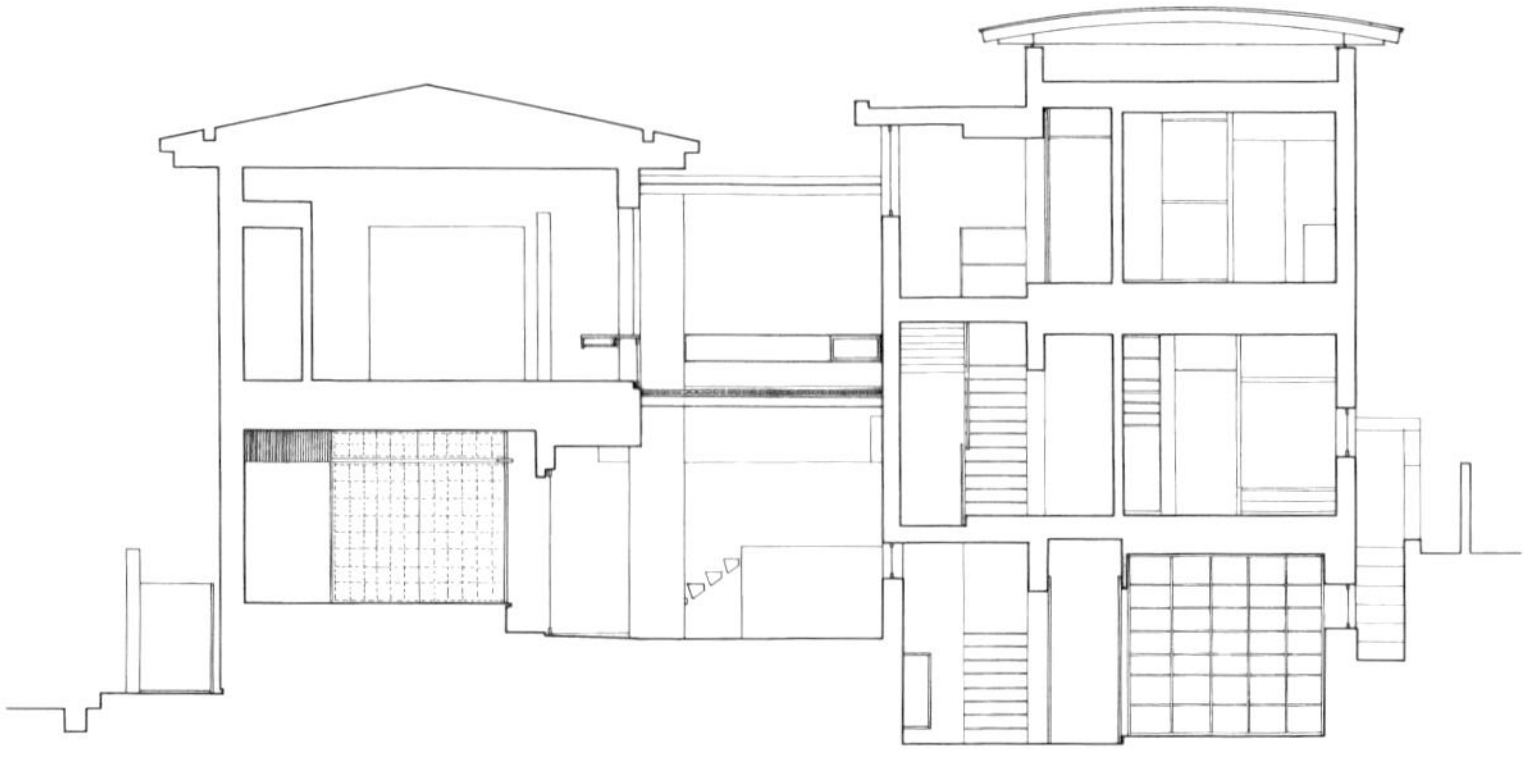

東西断面図　縮尺1/200

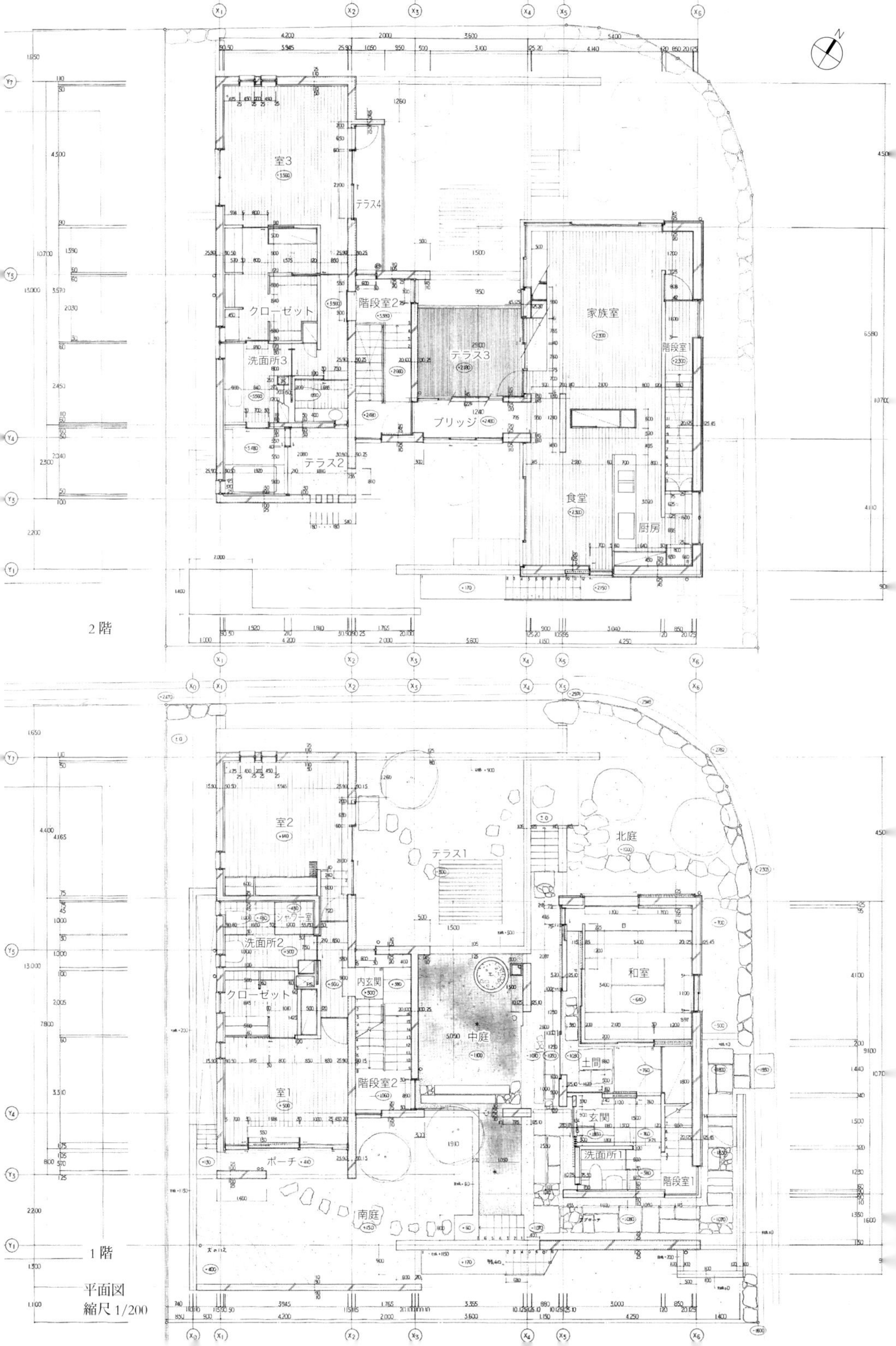
室3
テラス4
クローゼット
洗面所3
階段室2
テラス3
ブリッジ
テラス2
家族室
階段室1
食堂
厨房
2階
室2
テラス1
北庭
シャワー室
洗面所2
内玄関
クローゼット
中庭
和室
土間
室1
階段室2
玄関
洗面所1
階段室1
ポーチ
南庭
1階

平面図
縮尺 1/200

5

ズレと間合い

後楽園・流店

岡山県の後楽園は藩主池田綱政が津田永忠に命じて1687年に起工した池泉回遊式庭園である。壮大な敷地に全長640mの曲水が巡り、庭園内をゆったりと水が流れる。岡山城の天守閣を横目に石段に導かれるままに唯心山を越えると、寄棟屋根2階建ての「流店《りゅうてん》」と呼ばれる物見台へ辿り着く。1階は雨戸が開放され、敷居と小壁が囲い取る吹きさらしの空間が舞台のようにしつらえられている。中央に色艶に富む奇石を六つ配した曲水が貫通し、床が非対称に二分される。床に座り込み、素足を水に浸して過ごしていると、軒内を通り抜ける風が水面を撫で、反射する光も揺らめく。「流店」は時に身を任せる空間と言えよう。

　移ろいゆく時の中で様々な感覚を呼び起こすこの空間の不思議な旋律は、構成される柱の「ズレ」、平面の「分割」の妙によって生じている。室を囲う柱の軸と、外側四方に巡る土庇を支える柱の軸がずれており、さらに桁行方向の柱は東立面を4分割、西立面を3分割し、柱間の寸法はまちまちである。小壁に現しになった束は、不規則な柱間を

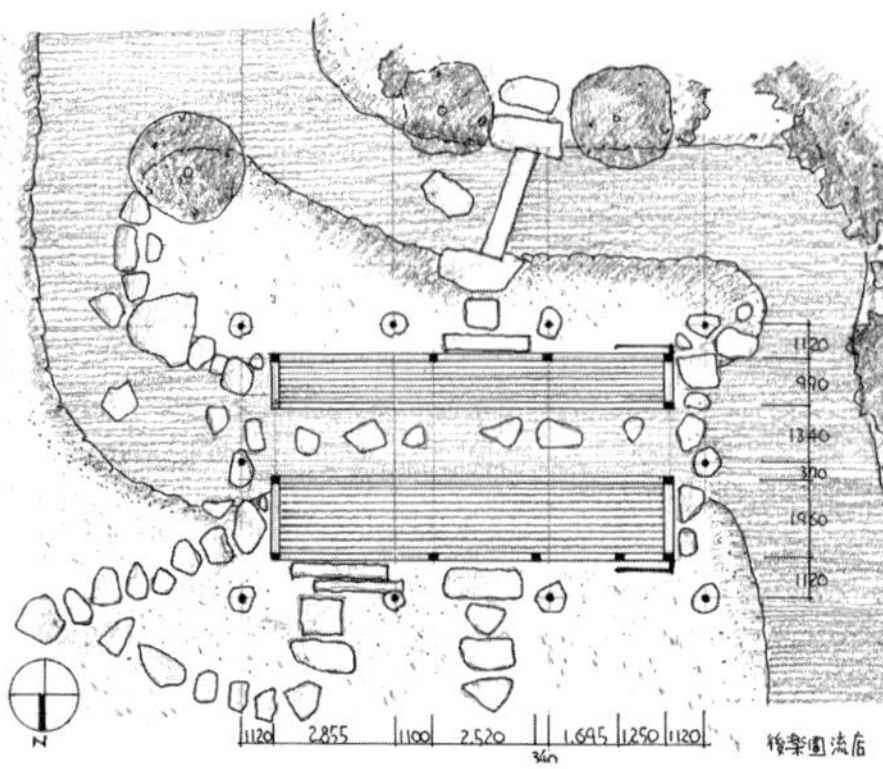

石の間合い

さらに2等分する。5尺7寸の内法高をもった敷居と鴨居の水平ラインを境に、床から立ち上がる内側の角柱・束・自然石から立ち上がる外側の丸柱の三つの垂直ラインが奥行きを伴い、不均質なリズムを風景に連続させる。

これらの柱は吹きさらしの軒内空間に三つの領域を意識させる。ひとつは中央に流れる大小の石が散らばった曲水の領域、もうひとつは角柱によって囲い取られた曲水を挟む座の領域、そして丸柱に囲まれた軒下の領域である。内側の敷台から立ち上がる正方形の角柱は、座の領域に格調と方向性を与え、軒先の自然石から立ち上がる丸柱は内外の関係を滑らかにする。奇石、角柱、丸柱は三つの異なる領域を意識させながら、そのリズムによって建築と庭を段階的に結ぶのである。

平面は曲水を中央に南から1∶1.5∶2に3分割されている。かつては二つの床に向かい合って座り、短冊を水面に浮かべて連歌を詠んでいたというだけに、その間に貫通する曲水の幅は絶妙な間合いをつくり出す。北側の床の幅は約1間で、土庇と内床が1∶2の関係をもつ。幅広の床は、敷居を枕にして寝転がるのに程よい寸法をもち、視線が地面の際へと近付くことで、曲水・対の床・土庇を介して、池の石橋や光が反射する水面を視界に捉え、地を這うような松の枝の影模様、敷地内に拡がるパノラマの庭園を堪能することができる。一方南側の床の幅は半間ほどで、土庇と内床がほぼ1∶1の関係をもつ。東側は曲水際の柱が消失し、欄干が軸先に取り付く。ここに肘を掛けて腰を下ろせば、軒を介して陽光に色付く唯心山を見返すことができる。

流店は極めて単純な長方形の一室空間でありながら、そこに様々なズレを仕掛けることで内外の関係に厚みをもたせ、庭への視線や焦点を変化させている。流店は、幾度訪

外観　吹きさらしの空間に寄棟屋根の2階が載る

曲水を介し対峙する空間

唯心山から流店へのアプローチ

れても建築と庭の関係に新たな視座を示唆してくれるのである。

間合いをはかる

間・間合い

日本の住空間は、同じひとつの部屋が外から人が来れば客間になり、夜になれば寝室というように機能を変換する。建具の開閉により、外にもなれば内にもなる。このような関係性の拡がりを、日本人は「間《ま》」という言葉で表現した。「間」とは「広間」「客間」などのような空間的拡がりだけでなく、「昼間」「晴れ間」などのような時間的拡がり、また「仲間」などのような人間関係の拡がりをも指し示す。融通無碍に変化する自然に従って育ってきた日本人にとって、空間・時間・人間という異なる次元の拡がりは、ひとつの「間」として知覚される。これら相互の関係性を「間合い」という。

「間合い」とは、たとえば剣術においては、剣と剣の先が触れるか触れないかの距離と瞬間を指す。相手が近寄ってきたらこちらはその分引いて「間合いをとる」。相手が引けばこちらが「間合いを詰める」。そうしてお互いに「間合い」をはかりながら相手の隙を狙い、切り込んでいくタイミングを探る。それは命を懸けた一瞬である。「間合い」とは、自分と対象との物理的・意識的距離を意味し、「間合いをはかる」とはその距離と契機を調整する行為であると言える。この「間合い」を正しく見定めることが、住宅を考える上で必要になってきている。

重要文化財吉村家住宅　母屋と長屋門の間合い

如庵　石の間合いと結界

ズレ

ズレとは、まず主軸があり、そこから外れるということである。それは相対する何かが存在して初めて生じる。空間のズレだけでなく、人の動きやリズムにもズレがある。そのことによって単調なものごとの中に変調が生じ、方向性が意識される。また人と人の間にもズレがある。生活や価値観のズレは家族の間であっても必ず生じる。むしろそのズレによって互いの存在がより意識され、時に引き寄せ合うのであろう。様々なズレを内包しながら、住まいの中には求心的な場所が求められていく。中庭に植えた一本の樹でさえも、互いの視線や意識をつなぎとめる。あらゆるズレの中でそれぞれが「間合い」をはかり、時間・空間・人間が重なり合った時、様々なシーンが交錯する。

いわゆる一室空間は、ひとつながりの壁と天井、床で囲まれ、おおらかな空気をもつが、空間がその内側だけで完結しようとする。それが一室空間の弱さでもある。これまで述べてきた素材の力、空間の連続性や内と外の曖昧な関係といった試みは、一室空間というよりは、ひとつながりとなった空間の中で、様々な要素が様々な密度でずれ、その中で意識的に「間合い」をはかり、無数の関係性を結ぶために仕掛けられたものである。このような空間は、一室空間に比べて寸法的には緊密になるが、心理的な奥行きや拡がりをもたらすのである。

内と外、室と室、棟と棟における「平面のズレ」、床や天井における「断面のズレ」の合間には様々な空間がスキマとなって現れる。たとえば縁側や中庭、土間や、スキマに生まれる室としての寸法に満たない空間、明確な機能をもたない曖昧な空間などは、二つの空間のズレの分節点というよりは結節点として捉えられる。こうしたズレを伴った空間では様々な方向に視線が抜けるため、動線にも新たな方向性が生まれる。視線や動線の交点として間合いをはかる調整装置となりながら、いつも意識を置くことのできる場所になる。

また柱・壁・建具・床といった建築を構成する要素は、機能的にも空間的にも自立させることで、その役割を明確に分けることができる。たとえば、柱間や壁に嵌め込まれていた建具が、柱や壁の軸から外れて自在に動き出すと、開口部を完全に開放することができ、内外の空間の質が劇的に変化する。また、柱と壁の関係においても、一枚の壁や一本の柱をほかの壁から意識的にずらすことで、当たりの壁として視線を止めたり、軸線を強調して視線に抜けをつくることができる。このような「要素のズレ」はスキマを伴いながら空間の粗密、距離や方向を自在に操作し、場に奥行きをつくり出すのである。

さらに材の構成の中で、部材・素材のぶつかり方、重ね方、面と面、線と線の切れ目に見る「ディテールのズレ」には、自然と目線が惹きつけられ、人を導いたり立ち止まらせたりする。たとえば日本の建築には廻り縁が二重に入っているものがある。それぞれの見付寸法を変え、天井と壁の際にズレをつくり、スキマを漆喰で塗り込めることで美しい影が生まれる。ディテールのズレは極めて単純な部材の構成手法であり、そのものが主張することなく空間を引き締めていくのである。

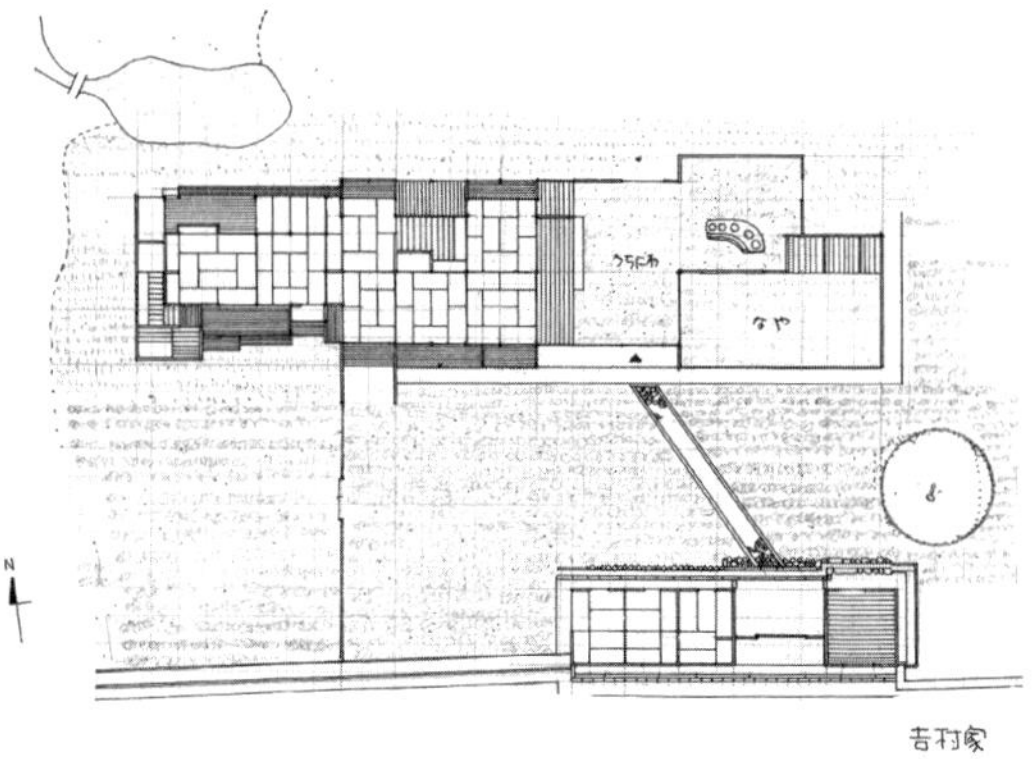

吉村家　長屋門から母屋への斜行するアプローチ

平面のズレ

分棟型配置

母屋と離れが別棟となる分棟型配置は日本の民家に多く見られる。江戸時代に庄屋として栄えた大阪府羽曳野市に現存する重要文化財「吉村家住宅」も大きく長屋門と母屋に分かれている。分棟型配置の場合、空間を機能的にも精神的にも分けながら、互いに見え隠れすることによって視覚的つながりをつくり出している。そこには動線や配置に配慮した巧妙なズレの仕掛けが見られる。

吉村家住宅では長屋門と母屋の配置のズレが、アプローチの軸線を斜めに振っている。建物を正面から捉えずに視線を斜行させることは、建物の構えを大きく見せる効果がある。長屋門から母屋を見ると、長屋門の庇のラインと母屋の棟のラインが空を切り取りながらパースペクティブを描いている。ここで人は一旦立ち止まり、斜めに軸を取ることでアプローチを長く取る。母屋から長屋門を見返すと、改めてそのズレを知覚する。

棟を分け、そこに間合いが生まれてくると、互いのエレヴェーションが重要になる。入口や開口部の位置関係、ヴォリュームの見え方、空を切り取る屋根の関係が強く意識される。ズレは三次元に立ち現れ、それが中庭などの棟と棟の間の空間の質をも変えてしまう。

木の軸組みを現した真壁造りの母屋に対し、長屋門は大壁造りであり、エレヴェーションの構成が対比的に扱われていることに気付く。母屋は明快で均整の取れた直線構成によって男性的で格式が感じられるのに対し、長屋門は塗壁に細い建具枠を非対称に突

吉村家　大壁造りの長屋門　立面構成

吉村家　真壁造りの母屋　立面構成

き出し、女性的で繊細な意匠をもつ。それぞれの開口部の位置もずれており、互いの見え方がよく配慮されている。

矩形の平面を基本とする母屋には、大きく架けられた屋根を支える主構造から外れて、庇だけを支える構造がある。二つの構造は無関係に成立するため、柱の軸線がずれている。内部空間を支える柱と外部の庇を支える柱のズレによって、この二つの柱に挟まれた空間に生じた中間領域が意識され、内外に視覚的な奥行きをつくり出すのである。

雁行型配置

ひとつながりになりながら棟がずれていく雁行型平面は、数寄屋や書院に多く見られる。大きさの異なる室と室が連結し雁行する平面では、互いの室が向かい合ったり離散したりして、室の位置関係だけではなく構造もずれていく。数寄屋は室ごとに屋根を架けるために、屋根の形状もずれている。

たとえば、香川県にある栗林公園の「掬月亭」では、そのようなズレを幾重にも束ね、柱梁と建具が構成する透明な空間がつくり出されている。平面のズレが生む、見え隠れする柱の遠近感によって次の空間へと導かれる。そして池に向かって張り出した「二の間」では、建具を開け放つと三方が全て拡がるパノラマの景色によってクライマックスを迎える。柱のリズムは変則的で、平面の四隅に柱があることだけが定律であり、あとの柱は外側の庇を支える柱や内に敷き詰められた畳割とも全く無関係に配置される。また、掬月亭も流店と同じく、内の角柱と縁の庇を支える丸柱がズレを伴って池に向かって開かれ、庭への方向性を強めている。

栗林公園掬月亭　二の間より庭を臨む

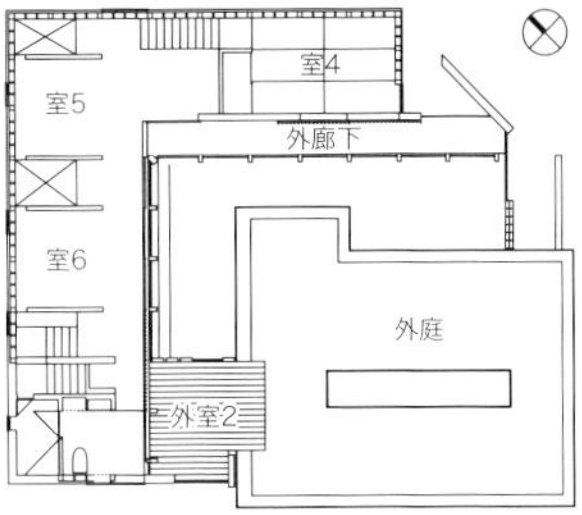

2F PLAN

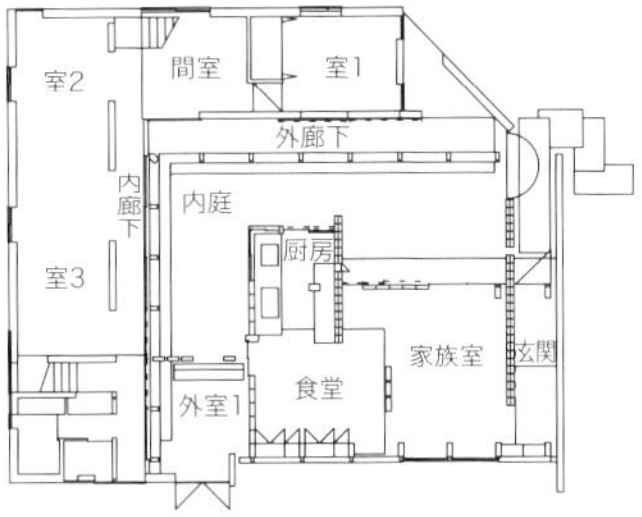

1F PLAN　　1/400

南側外観　緑化された平屋棟によって、通りに対し視界を開いている

内庭　平屋の棟とL字型の棟のズレとスキマに巡る内庭は、幅や高さを変えながら立体的な外部空間を形成し、2棟をつなぎとめている

平面・構造・要素のズレ

❖箱作の家

周囲の家々の視線を遮るように敷地を囲い取る2階建てのL字型平面と、道路からの視線を遮る箱型の平屋がずれて分棟型平面を構成している。ズレによって生まれたスキマから外部空間が引き込まれ、視界を町並みへと展開している。L字型の棟は隣地側を完全に閉じているが、内庭に面する南側を開放し、内庭、平屋の棟の屋上庭園を介して、内外を段階的につないでいる。

平面のズレに生まれたスキマは、その寸法を変えながら、アプローチ、間室、外室、内庭といった新たな場に生まれ変わる。平屋棟へのアプローチは、2棟のズレとスキマに壁と土間が連続し、内外が不明瞭なまま家族室まで引き込まれる。また2棟のズレとスキマに生まれた外室1は裏玄関であり、L字型の棟へはこの外室1を一旦介して行き来する。またアプローチの途中にある潜り戸から内庭に入り、ここから間室を通って、各室へ直接出入りすることもできる。

その一方で家族の意識をつないでいるのは、全ての平面からずれるように内庭

厨房を通して内庭を見る　厨房は全ての室からずれるように内庭にせり出し、ここから全ての空間が多角的に見渡せ、家族の意識をつなぎとめている

外室１より内庭を見通す　２棟のズレに生まれた外室に大断面の敷台がまたぐ

家族室　大断面の３本柱が構成する垂直ラインと、コンクリートブロック壁が構成する水平ラインが拮抗する

に張り出した厨房である。厨房からは全ての場所を見渡すことができ、平面のズレの結節点となっているのである。

現しの木とRCの混構造で構成されるこの住宅は、構造にもズレが生じ、平面に方向性を与えている。平屋の棟は連立して垂直ラインを構成する大断面の列柱と、積層して水平ラインを構成するコンクリートブロック壁がズレを伴って拮抗する。コンクリートブロック壁に直接垂木が載ることでスキマが生まれ、ハイサイドから内外が連続する。低く深い軒、大断面の垂木が空間の重心を抑え込み、内庭への伸びやかな視線が生まれ、棟と棟に緊張感のある間合いが生まれる。L字型の棟は2階の土間スラブまでRC現しで立ち上げ、その上に木造の軸組みが組まれている。外周側はRCの壁に木軸が直接載るが、中庭側はRCの壁の軸と木軸が平面的にずれている。さらに木軸は2階の床スラブからもずれ、外付けの通し柱になって直接屋根を支え、内庭に対し上昇感を生む。

混構造のズレに生まれた空間は内庭を巡る廻廊となり、RCの壁、木の通し柱、建具の軸のズレをコーナーを介して反転させることにより、内廊下と外廊下に展

室3から室2を見る　2階のスラブまで立ち上がるRCの躯体に木造の空間が載る。構造体のみで構成され、スキマを介してひとつながりになる

室2から室3を見る　2枚のRC壁によって内廊下と境界をもつ空間は、未分化ではあるが拡張性のある空間を形成する。洞窟のような空間に内外が浸透し、子供たちが部屋から庭へと飛び出していくことができる

間室より内廊下を見る　層状に配された空間は、建具を開け放つと内外が連続する

開する。

この住宅には外室1を経て上がる階段と、間室を経て上がる階段がある。室4へは外室1から階段を上がり、一旦外に出て外廊下を通るか、この間室の階段から直接上がる。廻廊に取り付く間室は内外のズレの結節点として意識された空間である。間室は土間になり、外廊下から土足のまま上がることができる。同じ屋根の内にありながら、内外のズレによって上下足が切り返され、室4は離れのような空間になる。

平面のズレの結節点に生まれた外室・間室・外廊下は、未分化な平面の意識的な結界となるのである。平面的なズレとスキマによってひとつながりになった住まいには、生活の自由度と将来的な可能性が潜んでおり、成長する家族と共に変化し続けている。ここに育つ3人の子供たちは何やら集まって自由の中にルールや約束事を決めながら、自分たちの居場所をつくっているのである。

断面のズレ

ズレがより強く意識されるのは、空間に断面的なレベル差が生じる時であろう。なぜなら天井面のズレは視覚に訴え、床面のズレは身体感覚に直接訴えかけるからである。視線の先を低く抑えたり、高く吹き抜ける天井面のズレに対して、人は立ち止まり、静かにその空間に身を委ねる。レベル差や階段などの床面のズレに対して、人は躍動感を覚え、視線の移行にも立体的な感覚が生まれる。

傾斜地や雛壇状の敷地に建つ建築では、土地を傷めて整地するのではなく、土地がもつ形状をそのまま生かすこともできる。たとえば韓国では背後に山があり、前面に川のある傾斜地が好まれる。地面の高低差に沿って分棟配置し、棟と棟の間にマダンと呼ばれる庭を挿入する。このとき断面にズレが生じ、身分や機能に即した空間の序列や視線の関係をつくり出している。

現代の日本の都市では敷地に余裕がないことが多く、雁行型配置といった手法で平面的なズレを取ることは難しい。また分棟型配置のように生活を外部に晒すことは条件的に厳しい時もあるであろう。都市に閉塞してしまう住まいに、周囲の環境から住まいをある程度守りながら、どこかでつながりを保つには、平面的なズレを断面的なズレに転換していくことが必要なのである。

断面のズレは必ずしも空間を分節しない。スラブによって層ごとに切られる断面がずれる時、レベル差を操作することで視線を上下に誘導し、空間を視覚的に連続させることができる。断面のズレは平面だけでは生み出せない微妙な間合いをつくるのである。

昌徳宮秘苑　地面の高低差による断面のズレ

テラス1より中庭を見る　ここから和室への1620mm、室3・4への1080mmのレベル差は、程よい間合いを生む

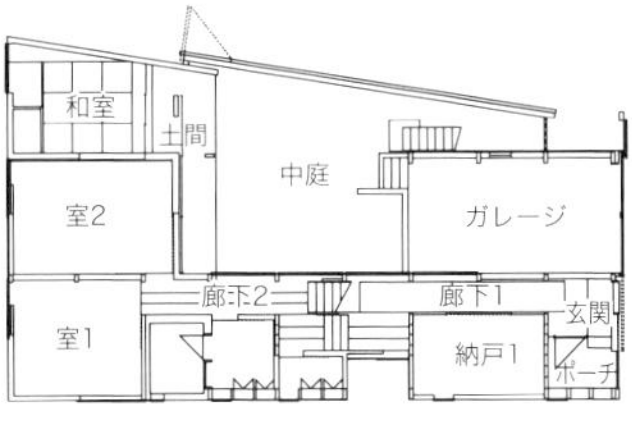

1F PLAN

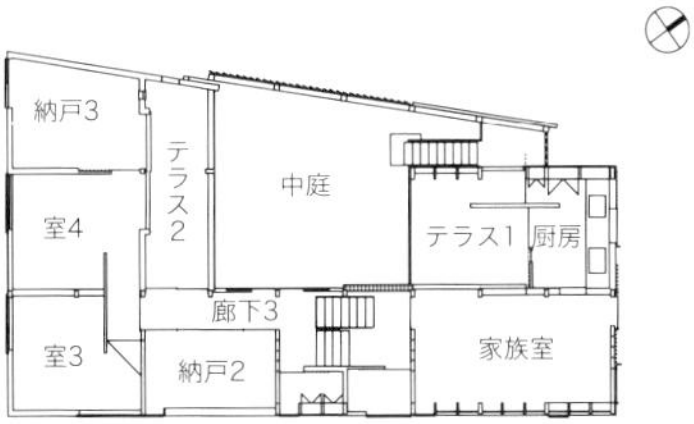

2F PLAN　1/400

断面・要素のズレ

❖六番町の家

2世帯で住まうこの住宅は、親世帯と子世帯がつながりをもちながら、それぞれに自立した生活を築く。つかず離れずの自在な関係は、中庭を挟んでコの字型に敷地を囲い込む平面構成と、敷地がもっていた緩やかなレベル差によるスキップフロアの断面構成によって築かれている。一枚の大きな片流れ屋根の下に世帯を上下に分け、孫の部屋を平面の中心に、家族室をスキップする断面の中心に配し、2世帯のかすがいとしている。

断面のズレは中庭から親の居場所となる和室と室2へのアプローチに始まる。玄関はひとつであるが、中庭から親の部屋へ直接アプローチできる。門扉から中庭までの900mmのレベル差は階段の蹴上げを180mmとすると5段で上がり切れる高さである。この高さを基準に階高、階段の段数を操作し、各床のレベルを設定している。中庭・土間から和室へ上がると、家族室までは、180mm×9段＝1620mm、そこからさらに室3・室4へは180mm×6段＝1080mmで上がることができる。蹴上げ180mmという

廊下3より家族室方向を見る　トップライトの光と天井板の目地とチリに生じた影が、屋根に連続するラインをつくり、スキップする断面を流動的に見せる

南北断面図　縮尺1/400

家族室より中庭を見る　庭に張り出したテラスにより、親世帯と家族室の間合いが微妙にずらされる

寸法は足が自然に上がる高さであり、階高と段数を抑えることで、身体的にも心理的にも昇降しやすくなる。門型フレーム2スパンの中に、各床への段数を違え、1段目と踊場をずらすことで入り組んだ床に程よい間合いが生まれ、分断されたスキップフロアが流動性を帯びる。緻密な寸法で抑えられた断面は、外から認識できない。

二つの世帯、スキップする断面の結節点となるのは家族室である。家族室は各室への起点となり、互いの気配を感じながら自然と行き来できる程よい距離をもつ。家族室から床と軒の連続したテラス1は、対峙する室同士の視線を平面的・断面的にずらし、微妙な間合いがはかられる。

和室・室2・板間は土間から280mm上がる。来訪者の上がり框としては高く、庭を眺める腰掛けの縁としては低めのしつらえであるが、履き物を揃えたり中庭へ下りたつのに程よい高さをもつ。この床を一旦上がれば、室1も水廻りも同じレベルで行き来できる。

そこはほんの小さな縁側空間ではあるが、床・板間・障子・柱・壁・土間・建具・大断面独立柱といった様々な要素が

和室より室2を見る　雁行する床にしつらえられた様々な建具が、このスキマの空間の内外の区別や使われ方をも多様にする

廊下3より室3・4方向を見る　1段目と踊場のズレは、スキップする床を入り組ませ、空間を連続させる

和室より土間を見る　スラブの外にずれた通し柱は、庭に上昇感を生む

ずれ、内外の境界に複雑な階層性をつくっている。板間の床が雁行し、土間を走る建具と床を走る障子の二重の建具がその間合いを変えている。障子を和室の方へ引き込むと、和室側には2枚の建具の間に内土間が生まれ、室2側は壁厚分のスキマが残るだけで縁が消失し部屋として連続する。しかし障子を室2の方へ引き込むと、和室側では縁と土間が一体となり、室2側では2枚の障子の間に内縁が生まれる。障子と建具が壁の前後に引き込まれると、内側の障子を隔てて外縁・外廊下が生まれる。

内外の階層性をさらに豊かにしているのは柱である。下屋によって内法高1820㎜まで抑え込まれた土間から立ち上がる柱は、視界に焦点をつくり、内外の関係に距離感をもたらす。その外側に独立した柱はスラブの外にずれることで通し柱となり、庭に上昇感を意識させると同時に、軒内の空間を意識させる。縁側における内外のしつらえは、軒下空間から中庭、格子戸を透かして見える前面道路へと続く視線の連続に緊張感をもたらしている。

断面のズレはものの見え方や感じ方を変え、新たな間合いを生み出していく。

東広島の家

東広島市内の酒所として名高い町の中心から少し離れたこの一帯は、広島大学キャンパスの移転に伴い、数年で大きく変貌した。かつての田んぼの区画割は、そのまま学生のワンルームマンションの箱に読み替えられ、住人が数年ごとの短いサイクルで入れ替わる。それとは対照的に、古くから残る石州瓦の旧集落が点在し、敷地奥の松林の中の池にはそうした里山の風景が映り込んでいる。敷地は緩やかな下り坂の終点に交差する三叉路に面した角地である。ここから三叉路に抜けていく視線を意識しながら、背後に残されている景色をどのように生かすかが、この配置と平面を決定付けている。

敷地の前後で質の異なる景色に対し、空間の方向性を見定めていくと、90度ずつ違えて三つの場所が位置付けられる。おのおのは点在し、島々を渡り鳥のように辿っていくような配置である。1階平面を見るとL字型平面と離れの矩形の平面が中庭を囲い取るように連なっている。しかしエレヴェーションを見ると2棟の分棟形式のようにも見える。なぜならヴォリュームは内部でひとつながりになっているが、1階平面はアプローチから伸びる強い軸線が平面を三つに分節しており、2階平面は雁行しながら屋根だけが切り離されているからである。屋根と地面においてヴォリュームを透かすことで、分棟型平面と雁行型平面が重なり合うような構成である。レベルごとに構成を切り替え、空間にズレとスキマをもたせている。それぞれの空間に生じたズレは、その寸法が微妙

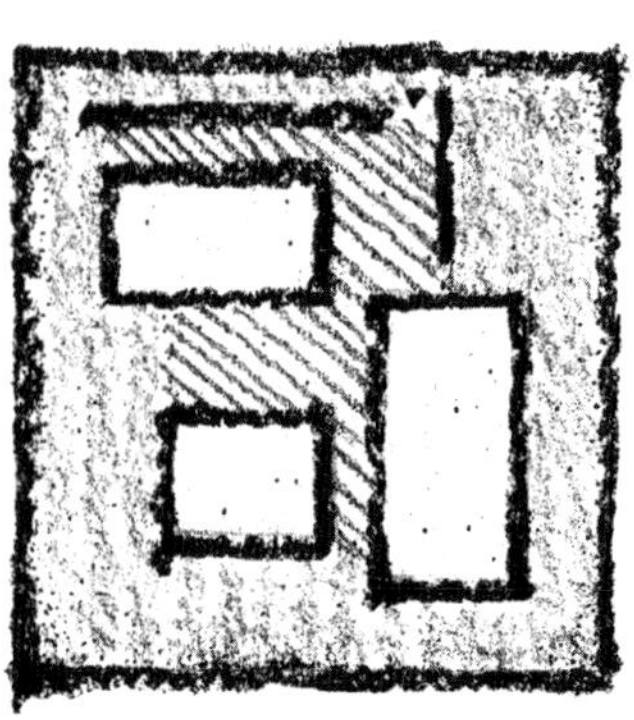

配置図　縮尺1/1500

であればあるほど緊張感が生まれる。

北側の道路から２ｍほど控えた位置に、高さ１・４ｍの庵治石版築積みの壁が自立する。石壁は十字路を曲がり込む人の視線を水平に切り込み、建物を透かして向こう側の景色が見え隠れする。水平ラインを描く庇に対し、立面には板張壁と塗壁を使い分けることで、平面のズレは立面として立ち上がる。

棟と棟のスキマに踏み入れていくアプローチは、低く抑えられた庇と石敷きの地面が視覚に迫る。オーバーハングする木の架構と交錯する壁は視線を奥に導き、そこに見え隠れする中庭の光と緑は、敷地の向こう側へ連続する景色を予感させる。奥へと足を進め、折れ曲がると、壁をくり貫いた玄関に辿り着く。玄関土間の脇に据えられた畳敷は接客の場である。内法１０６０㎜の低く抑えられたその開口からは、アプローチの途中垣間見た中庭と、隣接する松林を低い視点から見ることができる。ほんの3畳の畳の間は、客人をもてなすしつらえではあるが、家族にとっては、離れになったそれぞれの室へ達する近道でもある。ささやかな仕掛けが、生活の中に潜んだ曖昧な機能を受容する。

庇の下から地面を這うようなアプローチとは対照的に、玄関のすぐ脇に設けられた階段はトップライトからの光を受けることで上層へと意識を導く。それぞれの室は1階では互いに離れのような関係にあり、点在するそれぞれの室へ行くには2階の家族室を通るように仕掛けられている。実際はどこからでも近道や回り道が可能であるのに、家族室を通って行き来するのは、家族間の約束事でしかない。しかしそうした起点となる場所を仕掛けていくと、家族はそこから幾通りもの使い方を見つけ出し、その足し算が掛け算となって自由に行き来するようになる。

北側正面　低めに抑えられた版築積みの壁を回り込みアプローチする

玄関より中庭を見る　玄関にしつらえられた３畳の小座敷。抑え込まれた開口部は視線を足元に導く

中庭より玄関を見返す　躙口のように低く抑えられた開口部から土間、３畳の小座敷へ上がる

室１は幅１８２０㎜の間室を介して中庭とつながる。モルタルの床が軒下から連続する間室から床レベルを落とし込むことで、視線は地面を撫でていく。寝室は中庭に対し開口部を絞り込んだ上で、微妙なレベル差を設けて関係を調整している。そして平面的に室１だけを切り離すことで、心理的にも離れとしての存在感を強めている。

１階の和室は、廊下と吹抜けを介することで、玄関や寝室との「間《ま》」を保っている。小壁や垂壁と建具をずらし、四方塗り回した壁の面を意識させる。床の間のコーナーを切り込むことで、床正面の陰影のある漆喰の壁の奥に、吹抜けからの光を受ける荒壁が見える。また黒柿の床柱とサクラの床板の関係にも「間」をもたせ、それぞれが自立するように見せている。コーナーに開口を取り、面と面の縁を切ると、雁行する平面にしつらえたそれぞれの要素の水平面と垂直面が重層し、「間」に緊張感をもたらしながら展開していく。

２階の家族室は、幅３６４０㎜、高さ３３００㎜、奥行１１４８０㎜の筒状の空間から木の柱梁を現しにすることで松林の景色をフレーミングし、遠近感を生み出している。食堂の天井高を２６００㎜まで絞り込むことで、その方向性は一層強まる。

こうしてわずかなズレが空間と空間、要素と要素にスキマを生み出し、「間」が立ち現れる。静態する時も移行の時にも「間合い」をはかり、家族は様々な関係を築くことができる。光や風といった自然、時間の移ろいが、静かに、しかし刻々と、その「間」を満たしていくのである。

石敷きのアプローチ　２階の跳ね出しによって低く抑え込まれた軒下空間へ誘う

家族室暖炉　開口部の奥は下階から吹き抜けた内部空間であるが、トップライトからの光が質感のある壁を移ろうことにより、あたかも外部空間のような様相を見せる

家族室　連続する木の柱梁のフレームが現しになり、遠近感をつくり出しながら松林の景色を縁取る

和室より廊下3方向を見る　土佐漆喰を塗り込んだ床の間の壁の隅に刳り貫かれた開口部から、光に照らされた荒壁が見え、視線の多角的な拡がりが生まれる

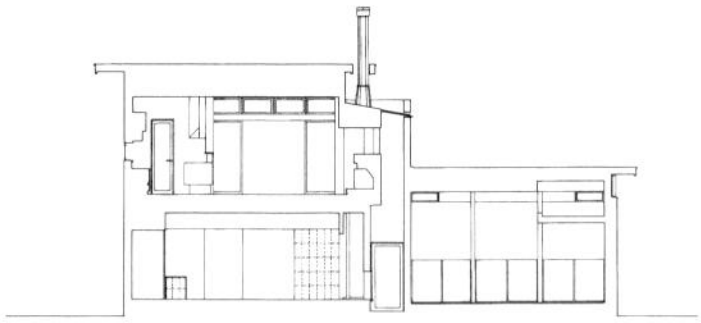

東西断面図　縮尺1/400

南北断面図　縮尺1/400

中庭より間室・室1を見る　室1は地面のレベルから落ち込んでいる

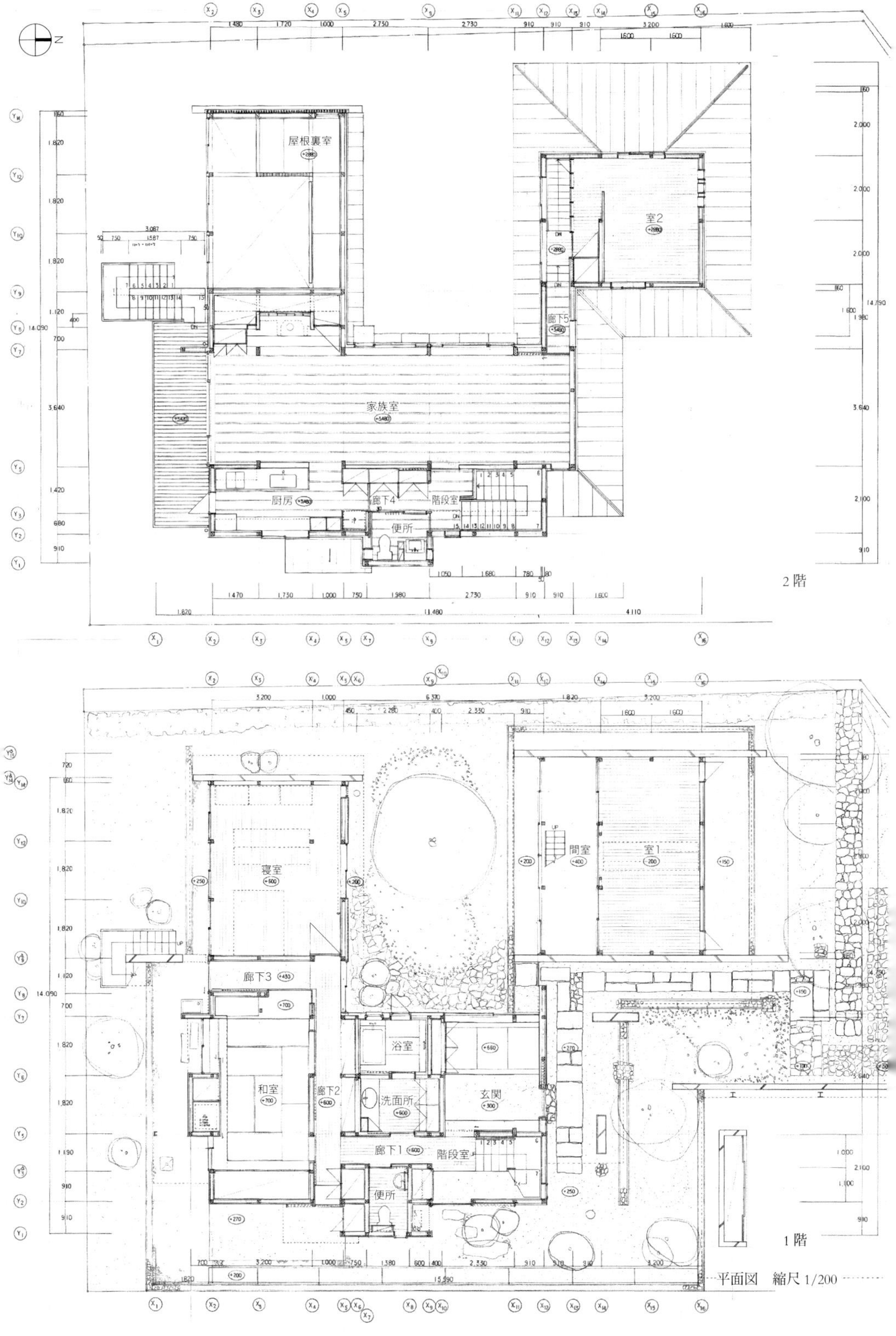

屋根裏室
室2
家族室
厨房
廊下4
階段室
便所
廊下5
2階
寝室
間室
室1
廊下3
浴室
和室
廊下2
洗面所
玄関
廊下1
階段室
便所
1階

平面図　縮尺 1/200

6

つなぎの間

大徳寺孤篷庵忘筌

古建築が多く残された京都や奈良。中でも幾度となく足を運び続けているのが、京都の大徳寺の中に1643年（寛永20年）に建てられた茶室、小堀遠州の遺構にしてその代表作でもある、孤篷庵の「忘筌」である。紫野大徳寺の伽藍の先を西に折れ、聚光院・高桐院を過ぎながら緩やかな石畳の坂を行くと、小さな空堀に架けられた石橋がある。小造りの門をくぐると、40mにおよぶ長いアプローチがあり、この間には三つの入口がある。各々の石敷きは真・行・草と変化し、足元から身体を伝い、精神に律動を刻む。石敷きの中に刻まれた「間」。それはこれから大切な空間へといざなう合図である。訪れた者はこの「間」に呼吸を置くことができる。

忘筌の間は、宗教空間である方丈の本堂、僧の接客空間である書院、そして全体の生活空間である庫裏の交点の位置にある。つまり、孤篷庵において忘筌は三つの主要な場所をつなぐ最も重要な空間なのである。

孤篷庵の忘筌は、侘び茶の小間草庵茶室とは異なる、格式ある書院風茶室である。こ

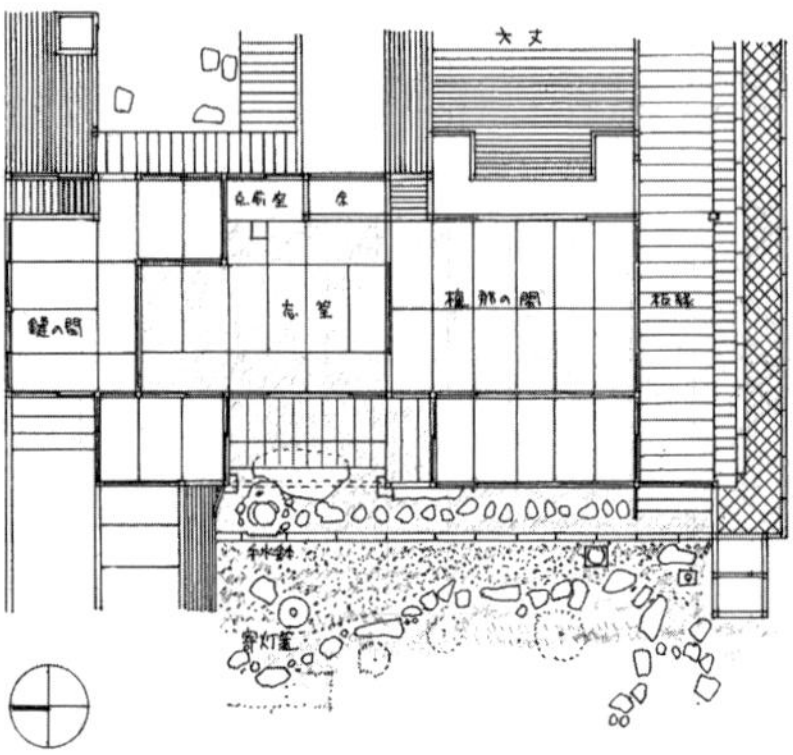

の空間を彩るのは西に面した舟入の縁である。柱間1間分の縁には、広縁と落縁が連続し、上部には明かり障子がしつらえられる。抑え込まれた開口部からは、庭の砂利に照り返された西陽の光がもたらされ、板敷きの縁から天井へとバウンドする。明かり障子からは抽象的な光が透かされ、室内に拡散する。刻々と移ろう時の中で見る光景には誰もが魅了される。軒内の縁は、内と外を曖昧に一体化する中間領域であり、視覚的には書院風茶室にあたかも草庵茶室の露地空間と躙口のような仕掛けが施されているのである。

三つの空間の交点に位置する忘筌は、ただひとつの部屋として各々の空間に接続するのではない。茶室忘筌の南側には「檀那《だんな》の間」と呼ばれる12畳の部屋がある。実はこの部屋の存在が、忘筌にとって重要な役割を果たしている。忘筌に行くためには平面構成上、必ずこの檀那の間を経なくてはならない。訪問者は忘筌の直前にあるこの部屋に一旦控え、そこで気持ちを切り替え、非日常の空間である忘筌に入っていくための心身の支度を整えるのである。奥に踏み込んでいく前のひと呼吸をつく場、これから起こるであろう出会いに間合いをはかる空間である。すなわち忘筌と檀那の間、この二つの空間が自在に拡張することで、より一層空間を複雑にする。すなわちこの12畳の壇那の間は、孤篷庵において極めて重要な「つなぎの間」なのである。

そして忘筌へ到るまでの経路もまた、仏間を経由したり、広縁を通ったり、あるいは庭先を歩いたり、土間を介したりと様々なアプローチが可能であり、自在に変化する使われ方の中で間合いを調整することができる。曖昧ではあるが緊張感のある空間。そこには必ずと言ってよいほど、巧妙に仕掛けられた内と外の関係性がある。

舟入の縁　躙口のようなしつらえ

舟入の縁

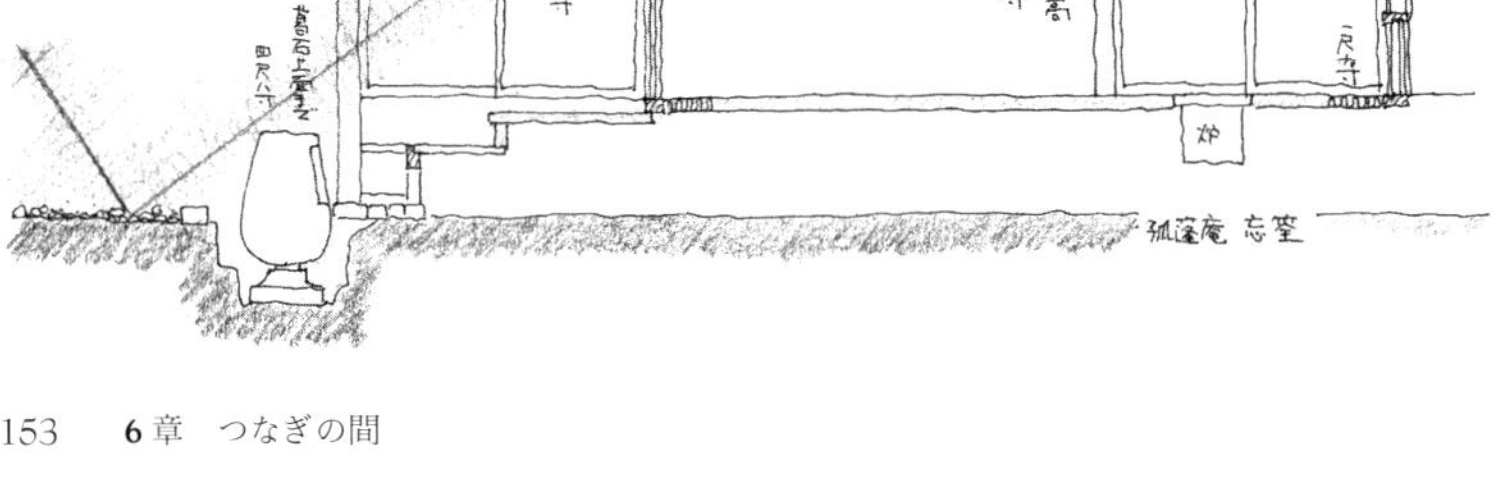
天井板杉柾胡粉摺
砂摺天井
小壁
三尺九寸一分
小壁
一尺六寸
一尺六寸一分
三寸七分
二尺七寸五分
二寸一分
杉戸
内法高
六尺二寸
茶室天井高
八尺七寸
一尺六寸
炉
孤篷庵 忘筌

中間領域

内外をつなぐ中間領域

日本の伝統的な建築様式において最も特徴的なのはその開放性である。そのことは人の住まい方や人間関係、行動様式にも大きな影響を及ぼし、日本の文化のかたちをも決定付けている。外部に対して内を壁で囲い込む西洋の建築に対し、内と外が曖昧につながる日本の建築。その内外定かならぬ空間に存在する「中間領域」という概念から日本の住まいを紐解いていくと、現代の住まいに緊張感を取り戻すことができるであろう。

座敷は本来、庭と一対になっており、戸や障子を開け放って庭の眺めを楽しむというのが日本人の伝統的な住まい方であった。住居の開放性は、自然との親密な接触を大切にする日本人の感性にも由来しているのであろう。構造的に見ても自然に向かって開かれており、内部と外部が連続しているため、しばしばその境界は曖昧なものとなる。そこに内と外の空間が混じり合う「中間領域」が生み出される。たとえば、農家の濡れ縁や町家の通り庭あるいは軒下の空間や渡り廊下など、日本建築には内部とも外部ともつかない曖昧な空間が、必ず意識的に設けられている。そこには風土や気候によって様々な創意工夫が見られるのである。

自在な建具

開放的な日本建築において、建具は内外を仕切る装置として重要な意味をもつ。建具は開け閉めによって内外をつなげたり分けたりすることができる可変装置である。京都

高山寺石水院　蔀の開放による内外の浸透性

厭離庵時雨亭　境界のしつらえ

の栂尾《とがのお》にある高山寺石水院の広縁には突き上げ式の蔀《しとみ》と呼ばれる建具が入っている。蔀は極めて単純な開閉方式であるが、それゆえに引き起こされる空間の変化も大きい。建物の庇部分に当たる広縁は、蔀が閉まっている状態では部屋の「内」である。しかし格子状の蔀は風や光を通し、半ば「外」のようにも感じられる。そして蔀を開け放った途端、広縁は外側にある濡れ縁と一体化し、さらに「外」に近付いていく。広縁や濡れ縁そのものが中間領域であるが、蔀というひとつの仕掛けによって中間領域に内外の段階的な浸透性が生じるのである。

また敷居に二本溝が切られるようになると、それまで開くか閉じるかしか選べなかった建具を引き違うことができるようになった。建具は内外を自在に操作し始め、中間領域はより一層曖昧さを増す。さらに板戸、障子、格子など透過性の異なる建具が幾重にも重ねられ、中間領域そのものが幾通りにも変幻していくと、内外の関係性はより一層複雑さを帯びるのである。

境界のしつらえ

日本建築における「内」「外」の境界は、必ずしも一義的に定められるものではない。一般には壁などの垂直面が、内外を区別する境界と考えられることが多い。しかし、敷居や門・鳥居などは、「またぐ」「くぐる」という行為によって内外の領域を画す象徴的な境界と言える。また開閉自在の建具、人の出入りは拒むが光と風を通す格子、さらには壁面がなく、屋根の有無つまり雨が当たるかどうか、床面のレベル差や仕上げ材の違い、あるいは上下足の区別によって、内外の別が示唆されることも少なくない。

高台寺傘亭　蔀の開放による内外の浸透性

三渓園聴秋閣　境界のしつらえ

住吉山手の家

千里丘の家

中間領域による重層性

日本の空間には、内外の狭間に厚みをもたせた境界空間として中間領域と呼ばれる空間がある。中間領域は内廻廊／外廻廊、あるいは内縁／外縁となって内外を重層させる。その空間は床のレベルや仕上げ、壁・柱・建具の関係によって様々な捉え方ができる。たとえば湿潤な気候の日本において、一般的に内部の床は地面から高くなっているが、レベル差を曖昧にしていくことによって、内外の浸透性を高めていくことができる。また建具を柱や壁からずらし、その内外を自在に開閉することで、その境界を不明瞭にすることもできる。さらにこうした開口部が床や天井とどういう関係を結んで内法を取るかによって、見え方が変化する。垂壁や敷居は空間を切り取り、開口部を意識させるが、天井いっぱいの建具や隠し框は空間を連続させる。この時、人がどの高さ・方向から外を見ているかということが重要になる。地面より沈み込んでいるのか、地面と目線を同じくしているか、または上から見下ろしているのか、人の動きや視線のレベルがその変化をなお一層多様にするのである。こうした中間領域に二重に建具が仕掛けられると、その関係はより複雑になる。

夙川の家

床の連続性

土間を内部へ引き込み、その間で建具を建て込むと、空気は内外で区画されるが、視線はガラスを通して連続し、その領域は多義的になる。この床の連続性をディテールによってより効果的にしたのが隠し框である。床にわずかな段差をもたせ、建具の框をその段差に吸収して隠すことで、建具を開け放った時は溝やレールが完全に隠され、建具を閉めている時も透明なガラスだけを介し、内外の視覚的な連続性を保つことができる。

箱作の家

建具のズレによる重層性

柱や壁といった躯体の外側を建具が自由に動き出したとき、内外を区画するものは建具のみになる。しかし建具が開放されても、柱や壁はその合間に見えない結界を結び、そこにもうひとつの領域が見え隠れする。建具が躯体の外へずらされると、そこは内廻廊になり、躯体の内へずらされると外廻廊になる。しかし建具を開け放つと、躯体が内包する領域によって内廻廊、外廻廊は反転して感じられ、内外は曖昧になる。

比叡平の家

結界を結ぶ

視覚的な効果だけではなく、人の動きによって知覚される内外の関係性がある。それは「またぐ」「くぐる」といった行為である。そうした行為は、心理的にも結界をつくる。内と外の間に建具とはまた別の結界が結ばれる。敷台や垂壁がそれに当たり、内外の境界をフレームで切り取ることで、視覚的にも境界が意識される。さらに建具が結界の内外どちら側にあるかによって、建具の枠や框のラインの見え方が内外で変化する。

断面模式図	分類題	作品名	しつらえ	
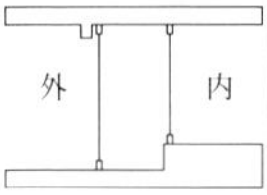	中間領域 外部 ↓ 半外部 ↓ 内部	住吉山手の家	土間の連続･二重の建具 天井と足元の隠し框による視覚の連続 足元の隠し框と内法高 1860mm 床と土間のレベル差 180mm	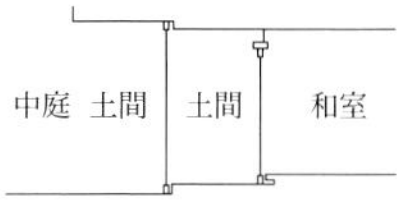
		千里丘の家	土間の連続・二重の建具 隠し框と垂壁により地面へ結ぶ視線 天井までの建具 2100mm･土間の内部化 床と土間のレベル差 180mm	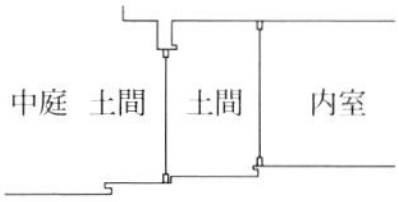
		鷲林寺南町の家	二重の建具・出隅の開放 垂壁に抑え込まれた開口部 内法高1860mmによる領域の意識化 床と土間のレベル差 180mm	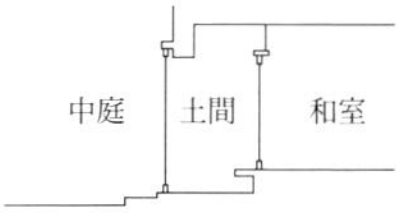
		六番町の家	土間の連続・二重、三重の建具 溝の切り方による障子の移動 下屋と内法高 1820mm 床と土間のレベル差 280mm	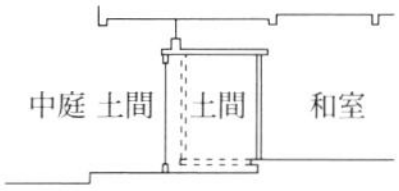
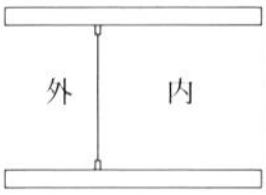	連続	夙川の家	土間と天井の連続 内法高 1880mm レベルの連続 一重建具と壁の自立による内部の外部化	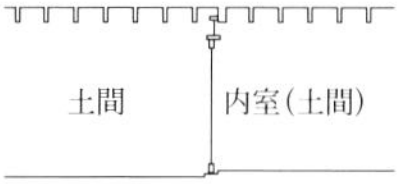
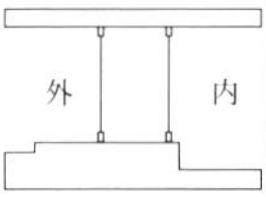	レベル差	東広島の家	レベル差による地面への視線の接近 幅広の間室 1820mm 隠し框と土間による間室の外部化	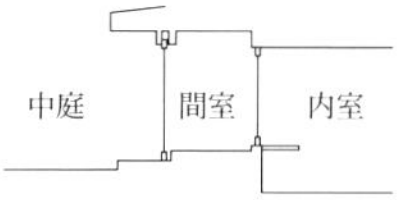
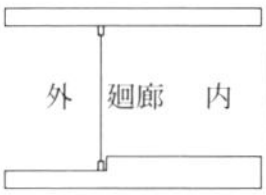	内廻廊 と 外廻廊	箱作の家	外部・木柱・建具・廻廊・RC壁・内部の自立 建具開放時の廻廊の外部化 建具閉鎖時の廻廊の内部化 隠し框と土間による視覚の連続	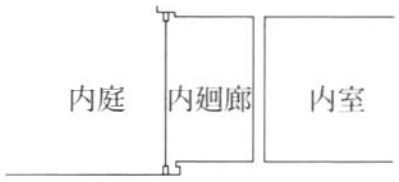
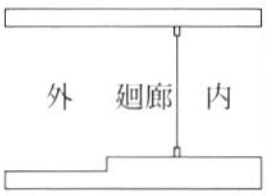			外部・木柱・廻廊・建具・壁・内床の自立 隠し框と土間による視覚の連続 庭と外廻廊のレベル差 540mm 外廻廊と床のレベル差 180mm	
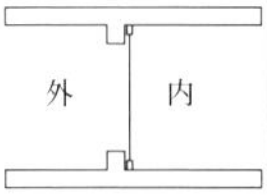	結界	比叡平の家	敷居と垂壁による結界の意識・二重の建具 浅い軒と結界内の建具 敷居の高さ 150mm　内法高 1700mm 天井までの建具 天井の連続による領域	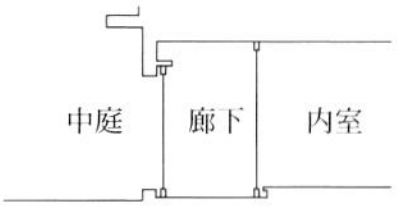
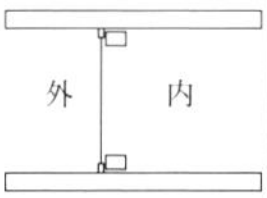		101番目の家	敷居と鴨居による結界の意識 結界の外側の建具 室と外廻廊のレベル差 180mm 幅狭の室 2280mm	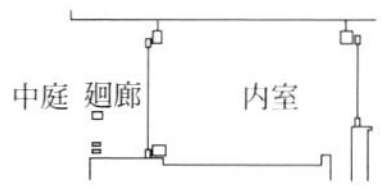

このように境界を幾重にも重ねることによって、曖昧な中間領域がつくり出される。そして厚みのある境界は、空間を多義的で奥行きの深いものへと変えていく。

そこを訪れた人は、内外定かならぬ様相に戸惑い足を止め、どこで靴を脱ぐべきか、あるいはどこまでが自分の家なのかと思いを巡らせるであろう。その瞬間、家というものの意識に変化がもたらされるのである。

曖昧な空間

つなぎの間

日本の空間は境界のしつらえによって自在にその空間の意味の変幻させてきた。上がり框や縁側は他者との出会いの作法を生み出し、格子や障子、あるいは屏風や襖と間仕切りは、気配を感じさせながら、他者に対して遠慮をするという心理的な行動を促した。しつらえと作法が一体になり人間関係を豊かにしてきたのであろう。

しかし現代は、家族という枠組みを越え、個人が独立した存在として社会とダイレクトに接続することが可能な一方で、壁一枚を隔てることで身近な他者との間合いは厚みを増し、互いの気配すら消えつつある。それでもなお、家族が共に生活することの意味を見出そうとしている。

私は、限られた敷地しか手にすることのできない現代の住まいに、内と外、他者との間合いを取り戻すための曖昧な空間を意識的に組み込んでいる。それは、特定の機能をもたないが、ある場所とある場所をつないで距離を調整する「つなぎの間」である。「つ

「住吉山手の家」境界を曖昧にする床のレベル差

「住吉山手の家」曖昧な内外が入隅に入り組む

なぎの間」は単に室と室の間に設けられた部屋ではない。その住宅がもっている平面によって、内部であったり、外部であったり、中間領域であったりと、その姿を変えながら自然との関係を結ぶ。また、室と室の距離・幅・奥行・高さ・レベル・方向性などが巧みに操作され、人の意識を喚起する空間である。「つなぎの間」は主たる空間に従属する空間ではあるが、間と廻遊の起点となり、様々なシーンをつなぎとめる。

「つなぎの間」の挿入によって、空間が伸縮する。それぞれの室の大きさは抑えられるが、時々に応じて互いを取り込み合い、二次元の床や壁で分節するのではなく、三次元の空間によって各々の空間がつなぎとめられることで、住空間に様々な使われ方や拡がりが生まれる。季節や時間ごとに、また家族によって異なった間合いのはかり方が存在するように、「つなぎの間」は曖昧な空間であるからこそ、住まいに無限の可能性を与えるのである。

間室

「つなぎの間」には様々な空間のヴァリエーションがある。室と室、棟と棟、上下階などの間に設けられた「中庭」「吹抜け」、内と外の間に設けられた「縁」「土間」「テラス」、外界と内をつなぐ「アプローチ」「玄関」など、そのしつらえによって多種多様な様相を帯びる空間は、その住宅の「つなぎの間」となり平面の核となる。

こうした曖昧な「つなぎの間」の中でも、特に意識された空間を「間室《かんしつ》」と呼んでいる。「間室」は室とも廊下ともつかない微妙な大きさやしつらえをもち、個々の家族の生活に、より緊張感を与える「つなぎの間」なのである。

室名表記の略（次頁以降のプランで用いる）

F：家族室
R：室
BR：寝室
TR：和室
K：厨房
D：食堂
SR：書斎
LR：ロフト
A：アトリエ
SP：付室
E：玄関
H：ホール
C：中庭・庭
t：テラス・縁
G：ガレージ
S：納戸

間室見上げ。トップライトから光や風、空模様といった自然がもたらされ、様々な感覚を呼び覚ます

間室より家族室方向を見る　緊密な幅をもつ空間に床レベルや天井高が操作され、人の意識をつなぎとめる

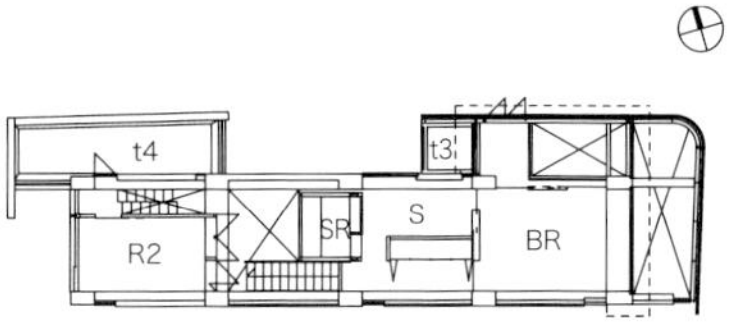

3F PLAN

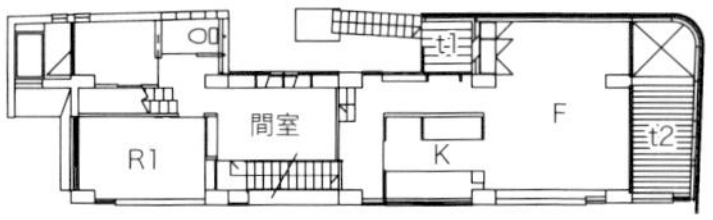

2F PLAN

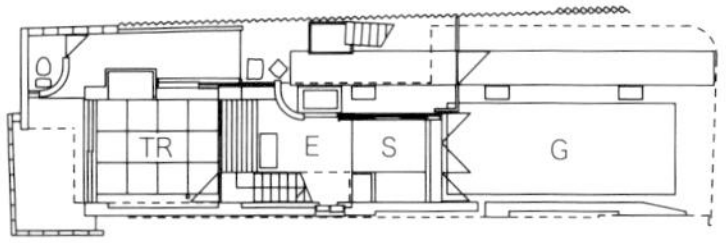

1F PLAN　1/400

✣山坂の家Ⅱ

奥行き方向に長いI字型平面の中央に配された「間室」は二つの空間を水平方向につなぐ。2階の家族室から床が540mm上がり、天井が2層分吹き抜けることで、舞台のように装置された空間は、行き交う人の意識を切り替える。3階では室と室が吹抜けを介して対峙し、間合いが生まれる。間室は階段を取り込むことで、水平・垂直の動線の交点となり、各々の室から視線が交錯する。レベルや天井高、空間の幅などを緻密に操作することにより、空間に多様な可能性を保留する。

動線の交点をつなぐ（I字型）

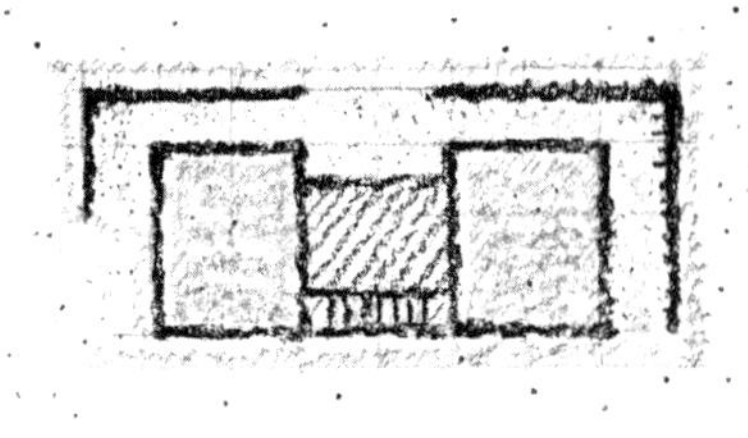

間室見下ろし　立体的なつなぎの間には、水平垂直に視線が交錯する。中庭からの景色さえ影となって滑り込み、内外も交錯する

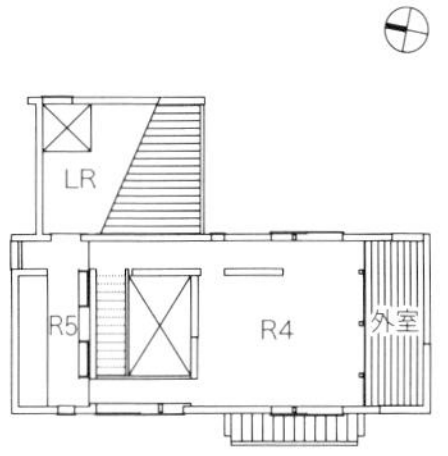

3F PLAN

2F PLAN

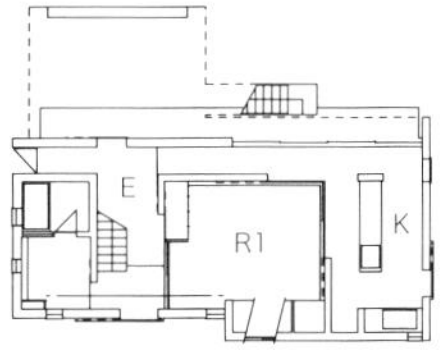

1F PLAN　1/400

❖千里丘の家

L字型平面の交点に各々の空間をつなぐ「間室」がある。二方向に点在する室と室の緩衝帯となり、それぞれの動線の交点にもなる。各室の建具が開放されると、間室は室に取り込まれ、水平方向に空間が拡張する。階段を伴って上部が吹抜けることで、スラブによって分節される上下階を垂直方向にもつなぐ。こうして各々の室が直接つながり合うのではなく、一旦間室を介することで、個々に自立した空間を確立しながら、水平垂直に視線や動線、そして室と室の間合いが立体的に交錯した「つなぎの間」が生まれる。この「つなぎの間」が中庭に面する土間と接することで内外の結び目にもなり、空間はより多角的な拡がりをもつ。

動線の交点をつなぐ(L字型)

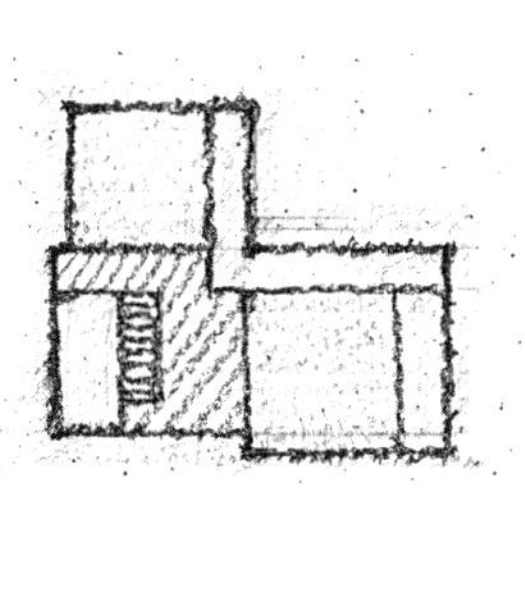

2階吹抜けを囲む子供室・間室を見る　2方向階段の裏側にアルコーブ状に膨らんだ間室はロフトとつながる

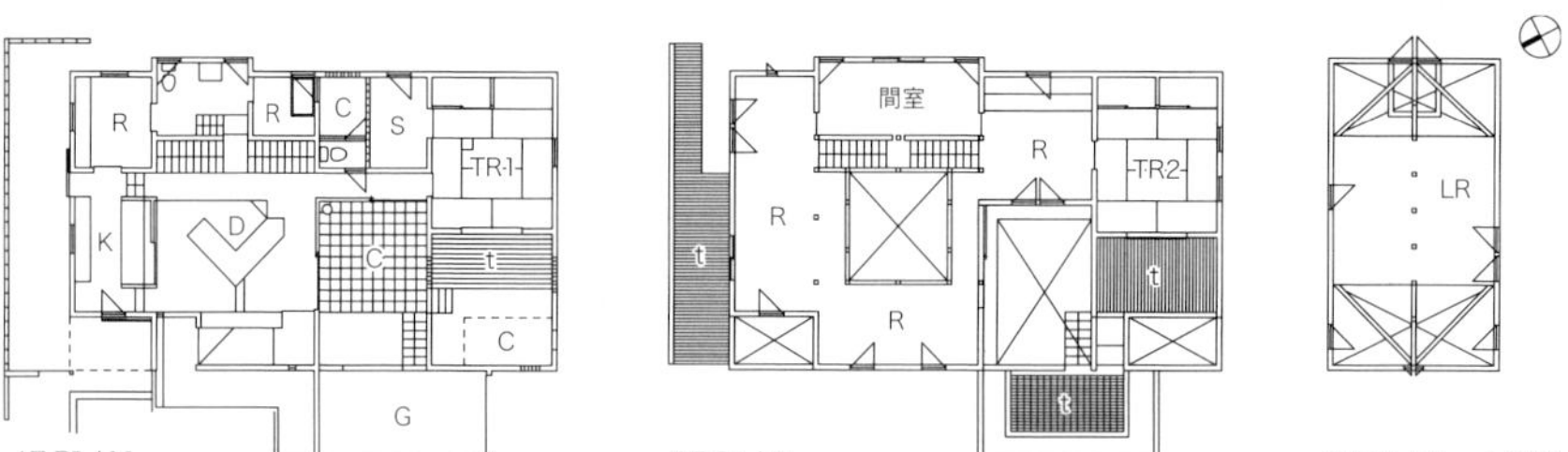

1F PLAN　2F PLAN　3F PLAN　1/400

❖西明石の家

二方向階段の裏側に「間室」が配されている。吹抜けの周囲に未分化の一室空間が廻廊のように一巡し、階段を介して間室がアルコーブ状に取り付くことで、多重動線が生まれる。廻遊空間は4人の子供たちの部屋であり、一室空間の中で自在にテリトリーとつくり出すよう、各所で空間が絞り込まれている。一方その結び目となる間室は、個々が逃げ込める室になり、はしごを伝って屋根裏へと続く。夜は4人の子供たちがひと塊になって眠りに就く、安心感のあるポケットなのである。

裏動線をつなぐ

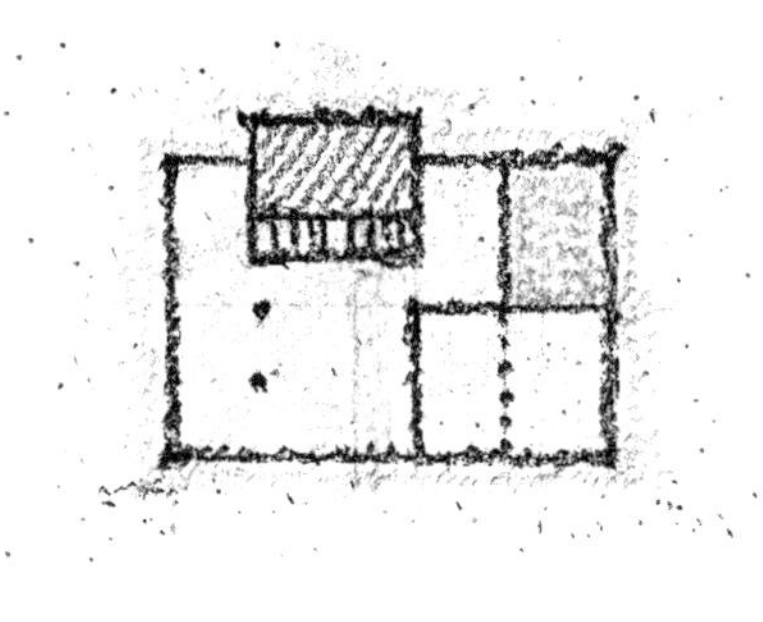

路地空間を形成する中庭と内部空間が寄り添い合い、細長く連続する２層分の空間をつなぎとめる

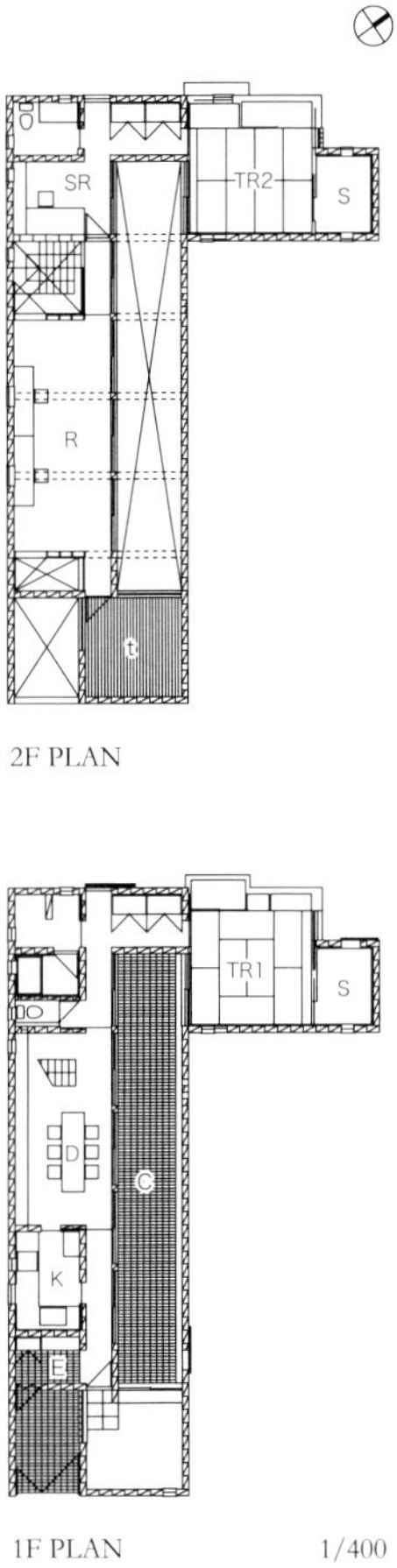

❖寿町の家

東西に細長い敷地に挿入された間口2・2ｍの幅広の路地空間は、２層分吹き抜けた外部空間として、内部空間と１：１の関係を築きながら寄り添っている。一旦都市から守られた外部空間は庭として機能したり、内部空間の延長として使われ、さらには動線としても使われる。１階では水平に並列する内部空間をつなぎとめ、そこから滲み出た生活が路地空間を彩る。上部に架けられた梁は、内外を曖昧にし、コンクリートブロック壁に落ちる帯状の影、バウンドする光が、スラブによって分節された上下階さえも意識の内につなぎとめる。この「つなぎの間」に対し、全開口する内部空間は、視覚的な拡がりをもつことができる。

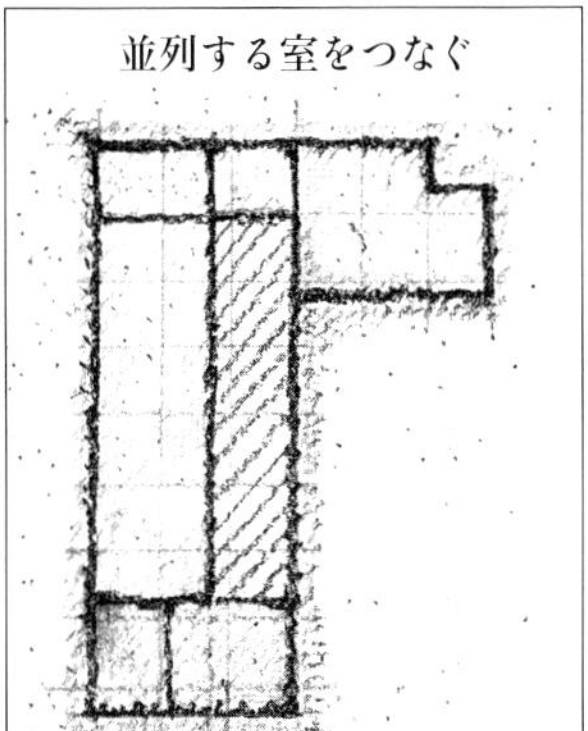

細長い路地空間を形成する土間　間口の狭い敷地に外部空間の様相を引き込み、内部空間を豊かに彩る

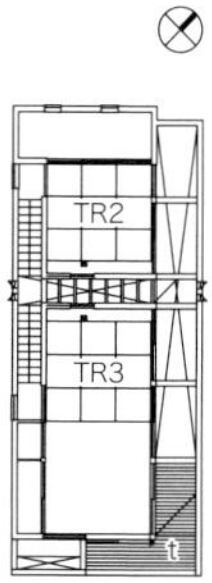

2F PLAN

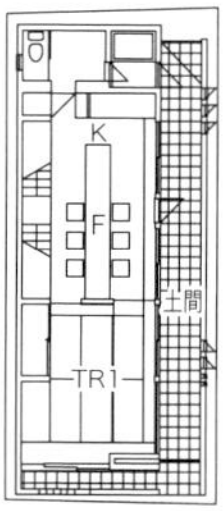

1F PLAN　1/400

❖依羅《よさみ》通りの家

人がやっと通れるほどの幅の狭い路地空間が2層分吹き抜け、間口が狭く、廊下をもたない続き間の平面に独立した動線をつないでいる。室と路地空間は引き違いの建具によって、自在に連結する。路地空間は屋根の架かる内部空間ではあるが、トップライトからの光が絞り込まれた路地空間の質感ある壁面を撫でて移ろい、あたかもそこが外部空間であるかのような錯覚に陥る。わずかな空間ではあるが、建て込んだ都市に対しての緩衝帯として機能し、緊密な内部空間から、外部に見立てられた層を重ねることによって、閉塞する都市空間に拡がりや自然を感じることができる。2階に現しになった架構には、将来的に床を拡張することもできる。

並列する室をつなぐ

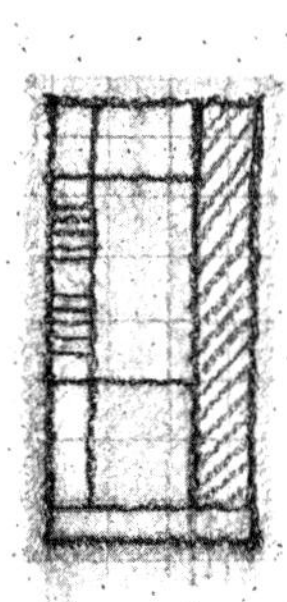

幅広の路地空間を形成する中庭　２階のスラブに抑え込まれた空間から垂直のヴォイドに抜ける空間へと明暗のコントラストが生まれる

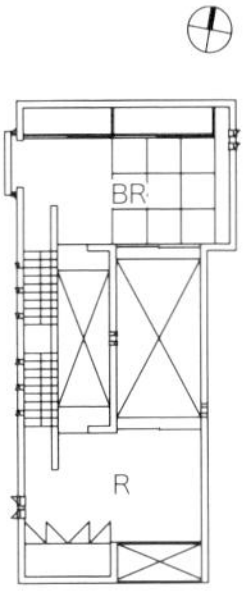

2F PLAN

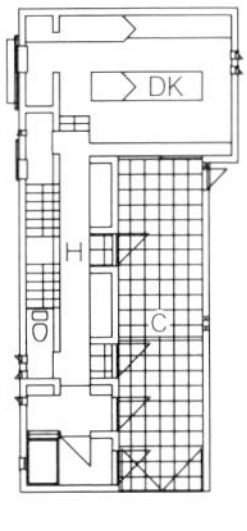

1F PLAN　1/400

❖深井中町の家

南北に細長い敷地に間口２・５ｍの幅広の路地空間が格子戸によって透かされている。２階のスラブに視線を一部抑えられながら、その奥で空まで吹き抜けたこの空間は、立体的な外部空間として様々な用途に使われる。「寿町の家」「依羅通りの家」と同じような平面構成をもちながら、中庭と階段室は壁と扉で分節され、２階では南北の室が中庭を介して対峙する。この路地に接する空間は、南北の空間、上下の空間をつなぐ動線としての廊下である。階段室にはトップライトから帯状の光が落ち、その移ろいを写し込む。路地と階段室は、深度の異なる外部空間が寄り添うように接し合い、曖昧な「つなぎの間」となって住空間に様々なシーンをもたらす。

並列する室をつなぐ

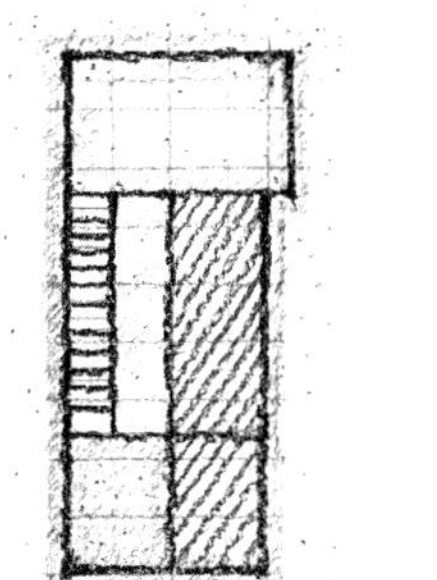

廻遊動線の交点となる家族室。
中庭から暖炉を通して自然の移ろいが映り込む

廻遊よりスリットを介して家族室を見る　廻遊動線から
吹抜け・家族室・中庭へと連続して各室をつなぐ

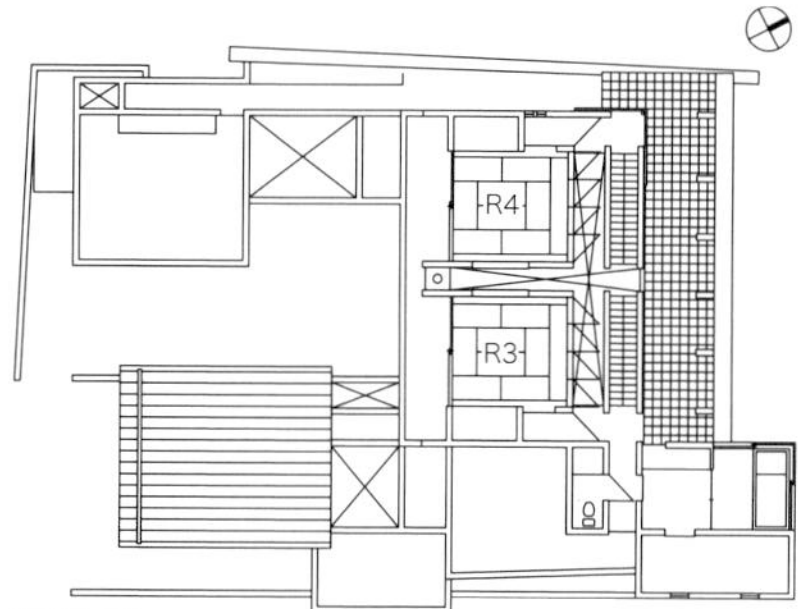

2F PLAN

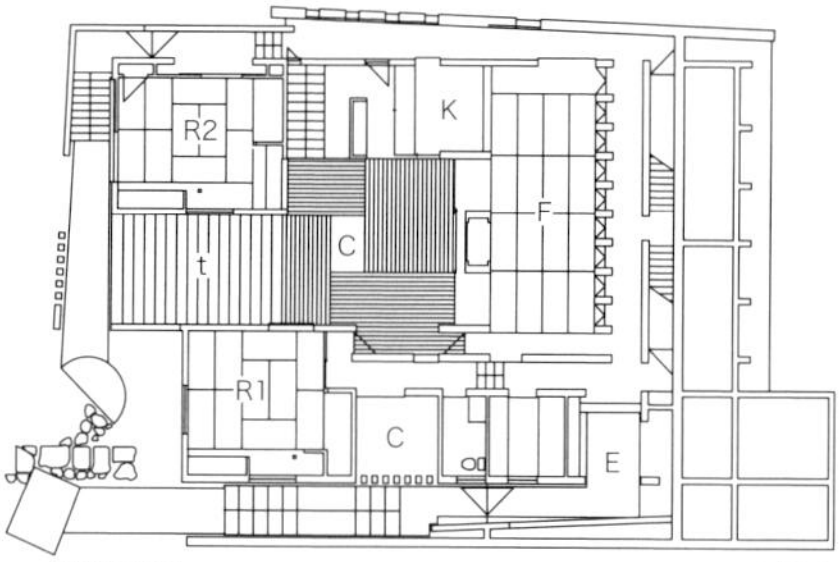

1F PLAN　1/500

✣鴻《とん》ノ《の》巣《す》の家

平面の中心に中庭と家族室が配され、その周囲に廻廊が巡り、個々の室へとつながる。全ての室に接する中庭は視線を交錯させる。家族室は暖炉だけが置かれた、畳敷きの用途の曖昧な空間である。家族室の廻りを巡る廻廊は玄関から厨房、中庭へと続く動線と連鎖している。わずかな吹抜けを介して対峙する2階の室は、二方向階段によって独立した動線を確保する。中庭・家族室・廻廊は三位一体となって「つなぎの間」の役目を果たしている。

廻廊の交点をつなぐ

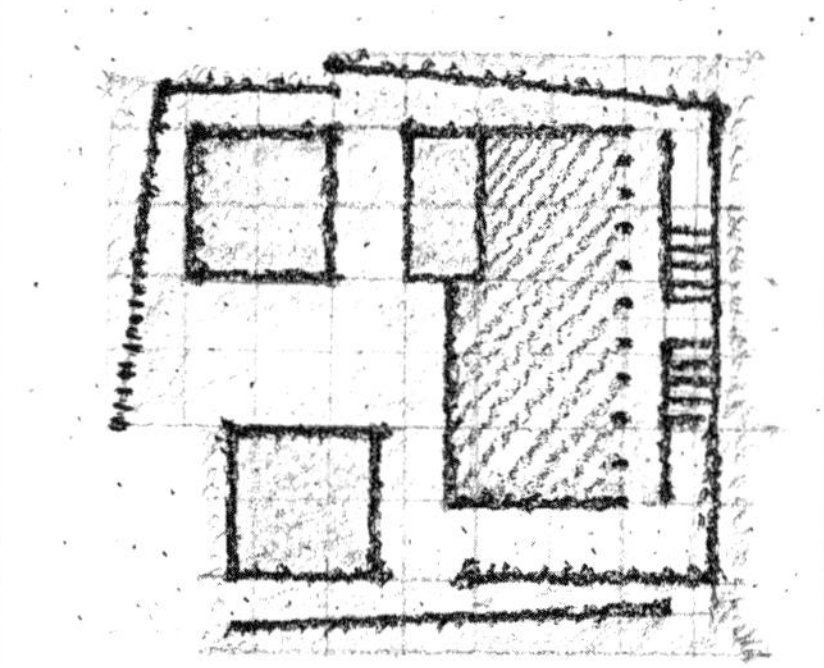

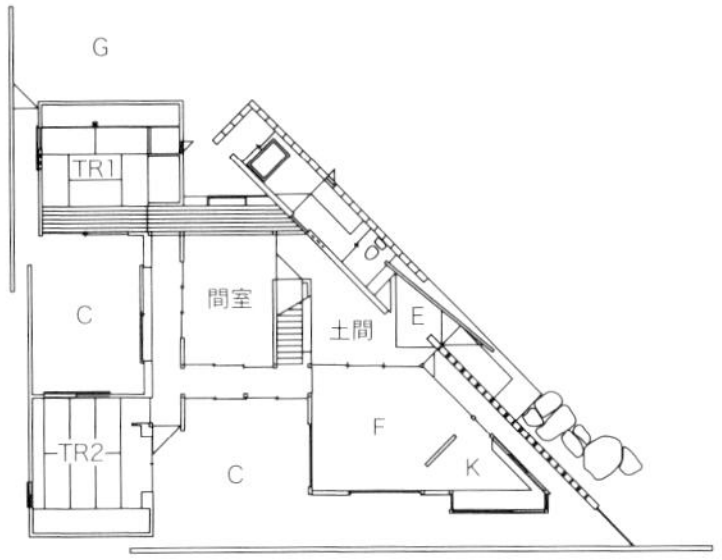

1F PLAN

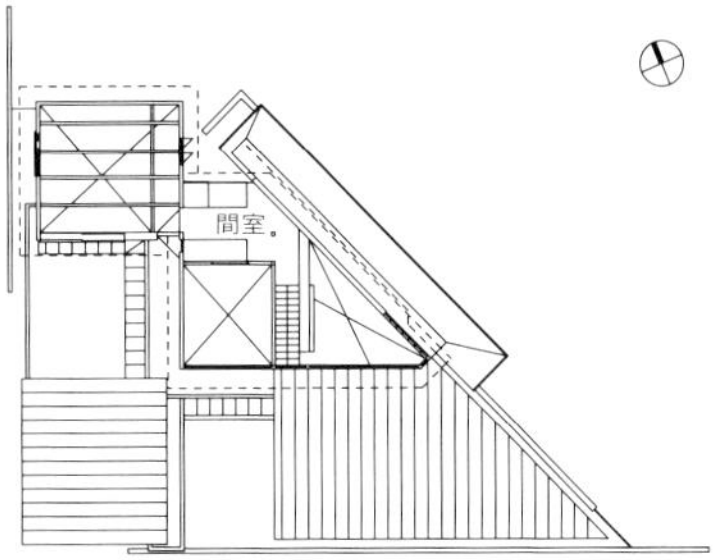

2F PLAN　1/500

北側廊下より間室を見る　廻廊の中心に配された間室を通し、多角的な視線の拡がりが生まれる

間室より中庭を介し家族室を見る　間室と廊下は連続し抑え込まれた開口部より中庭に拡散する

❖玉串川の家

平面の中心に間室があり、周囲に廻廊が巡ることで各々の室の結節点となっている。動線と間室の間の建具を開け放つと大きな一室空間となるが、閉めると小さな空間が囲い取られる。しかし見上げると上階へはそのままつながっており、間室は領域を定めることのできない、伸縮する空間なのである。廊下、低く抑えられた開口部を介して庭とつながる関係性は、重心の低い日本の縁側空間を思わせる。間室と廻廊は扁平敷地に分散した室と室を結んでいる。

廻廊の交点をつなぐ

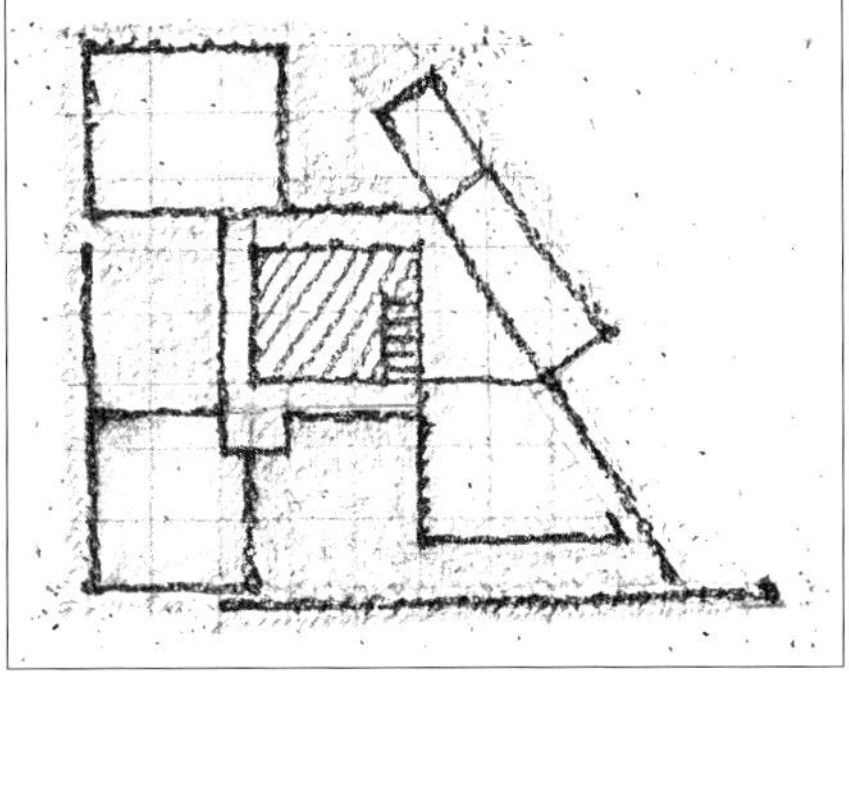

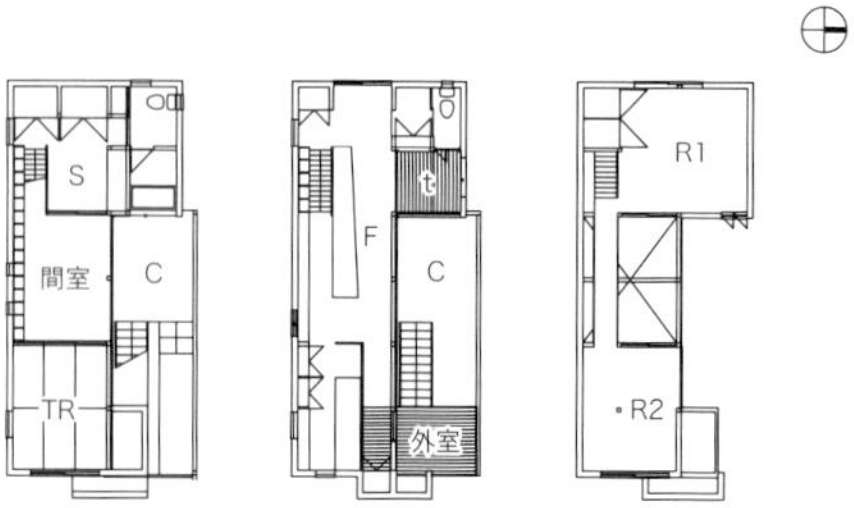

1F PLAN　　2F PLAN　　3F PLAN　1/400

和室より間室を見る　間室が間合いを保つ

間室より中庭を見る　右手に続く主室への動線の途中で中庭と出会い、人はここで立ち止まる。中庭から直接間室へ潜り込むこともできる

✣小路の家

間口の狭い敷地を二分割した一方に中庭からアプローチすると、正面に間室がある。間室は床が一段落ち込み、間合いをはかる溜まりの空間として機能する。一方、中庭から外階段を上がると、外室から直接、居間へ入る。間室・外室は明確な玄関をもたないこの住宅の導入の空間となる。そして内階段を通って間室へ入ると、中庭と出会うことで一旦意識を切り替えられ、主室に対して間合いをはかる。主室はヴォリュームに内包されながら、間室を「つなぎの間」とした離れの空間のように意識されるのである。

意識的な離れをつくる

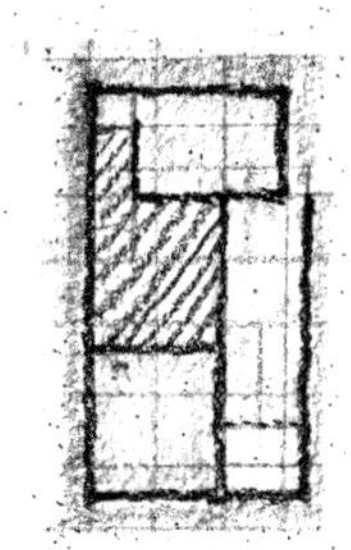

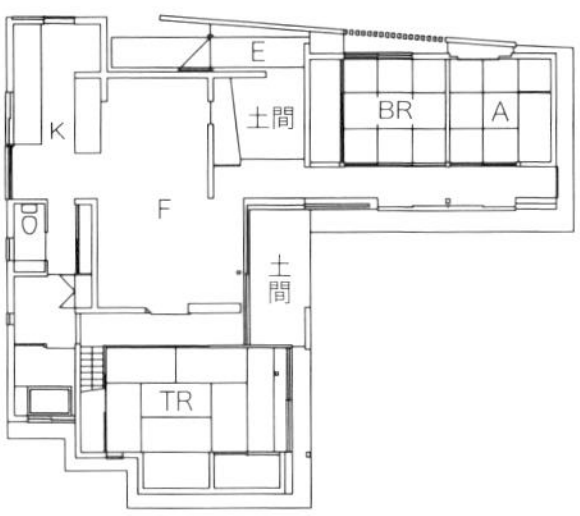

1F PLAN

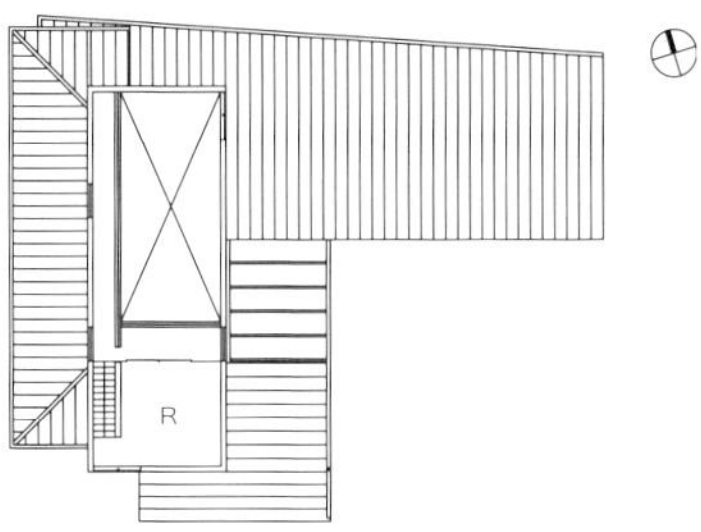

2F PLAN　1/400

土間と玄関が廊下を介して対面する　トップライトの光が点在し、映り込む

玄関から土間を見る　障子によって視線が遮られながら、気配だけが感じられる

❖宝山町の家

ポーチから引き込まれた土間と、庭から引き込まれた土間が、L字型平面を巡る廊下を挟み込む。二つの土間は二つの外部を引き込み、オモテとウラの出入りの空間を対峙させ、主室の一角を縦横に透かし、別々の方向から行き交い、立ち止まる人の視線を交錯させる。二つの土間と介在する廊下は、それぞれわずかな空間であるが、こうして連鎖することにより「つなぎの間」になるのである。そこには求心性と拡散性をもった複雑な出会いの場が生まれる。

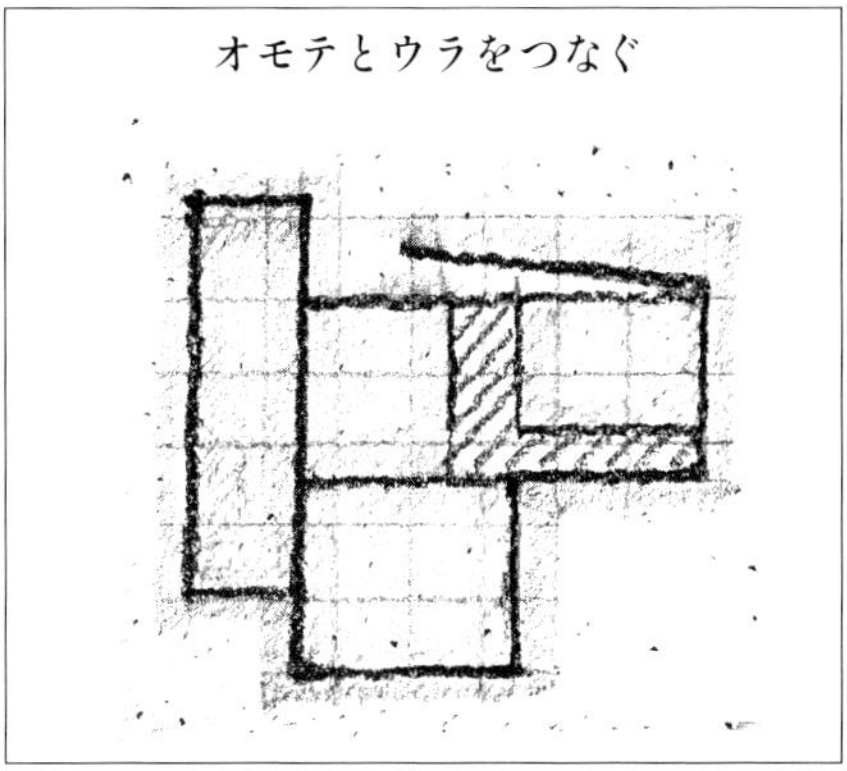

広陵町の家

1997
kouryo cho no - ie

奈良県南西部、大阪へのベッドタウンとして開発された新興住宅地の一角。周辺には古墳やため池が点在し、古くからの集落と開発された住宅地が混在する地域である。曲がり角の入り隅に面する敷地で、道の遠方から敷地の裏側まで抜けていく景色は、畑や雑木林を背景とし、その向こうの大阪との境に連なる山並みをも望む。しかし開発が続くにつれ、住宅が建て込んでくることが予想され、私的な領域を確保しつつ、残された畑や草むらといった土の臭いをどこまで住まいに持ち込めるかが要となった。

一人一人が固定的な用途にとらわれず思い思いに過ごし、さらに家族以外を間借りさせることができるような、自在な器をここに築きたいというクライアントの生活像から、大屋根の下に縁者が集まるような家族像ではなく、母屋や離れが点在し、個々の自立と自由が広い意味での家族関係を成立させていくような構成をイメージした。

大きな一室空間ではない、様々な不確定要素を受け入れる器。それは人を迎え入れる精神をくんだ茶室のようなささやかな空間が、それぞれ独立しながらも完結せず、人がその中を巡って初めて満たされるものである。どこが誰の場所ということもなく、食事を巡る空間、夫婦の独立した寝室、多目的な空間の三つに分棟配置されたヴォリュームは互いにずれ、高さも違えている。

曖昧な生活と曖昧な家族を唯一結んでいるのが、棟と棟の間に生まれた「つなぎの

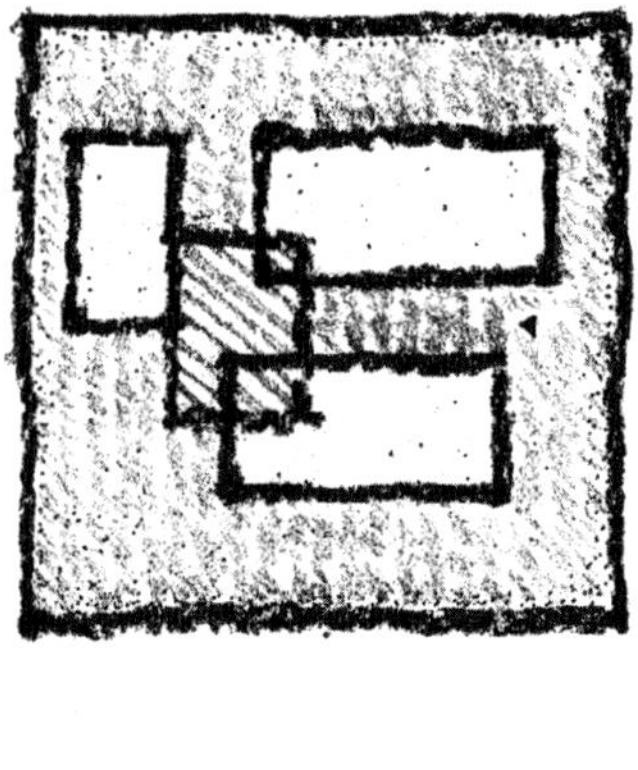

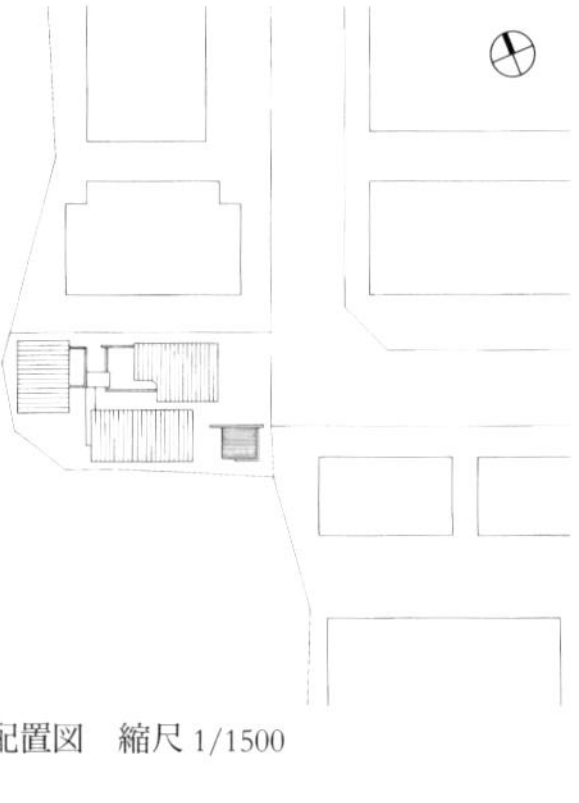

配置図　縮尺 1/1500

間」となる外部空間である。遠くの景色へと抜ける視線に縫い取られるように配された路地やブリッジが交錯し合い、その交点にデッキがある。前庭でも中庭でもない外部空間が点在する棟をつなぐ重要な場となる。

訪れた人は道路に対して立ち上がる一枚の自立壁と棟の間に引き込まれ、少しだけ軸をずらして壁に視線を当てながら順に奥へと進む。棟と棟の間に生じたスキマは、外部から連続するアプローチであると同時に、私的な領域でもある。京都の町家に見る路地や通り庭は、くぐり抜けるようにつくられることで、親しき仲の人だけが通り抜けることを許される目に見えない約束事のような雰囲気を醸し出している。しかし、ここでは幅１８９０㎜、２層分の棟に挟まれた細い路地空間に屋根が切れ込んで空が見えていることで、初めて訪れた人も、玄関を探しているうちに奥のデッキまで辿り着くことができる。

デッキは足元のレベルが上がっており、ようやくここで立ち止まるが、視線はそのまま内へ誘われることもなく外の景色へ抜け出てしまう。靴をどこで脱ぐのか戸惑っているうちに、中から住人が出てきて挨拶を交わす。デッキは玄関にもなれば、裏の畑で採れた野菜を並べて近所の人と話をしながら分け合う集いの場にもなる。天気のいい日はここで食事もするし、人が座り込んだり寝ころんだりして過ごす縁側にもなる。夜になると宴会が始まったりもする。日常の中の大切な時間や季節がいつもこの「つなぎの間」を満たし、生活が無限に拡がっていく。

外観正面　棟と棟のスキマから細い路地が延びる

家族室　低く抑え込まれた開口部から内側に縁がはり出し、視線は足元へ導かれる。ここから路地空間を訪れた人の気配を感じ取る。正面の箱階段はクライアントのコレクションの一部で、この高さから2階の床レベルが決定された

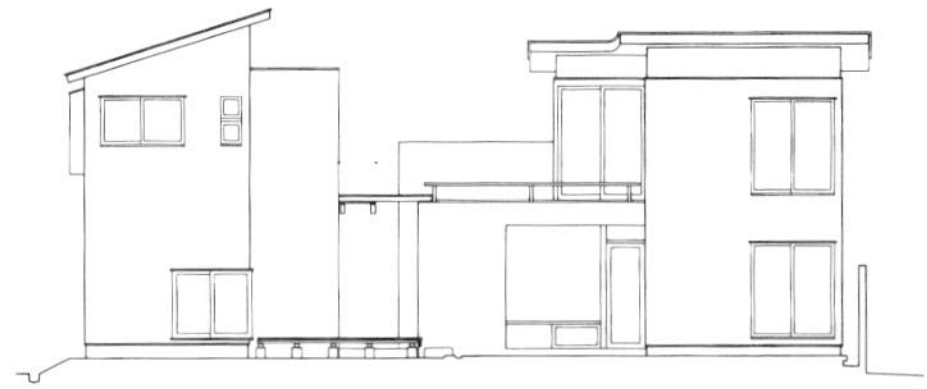

南立面図　縮尺1/300

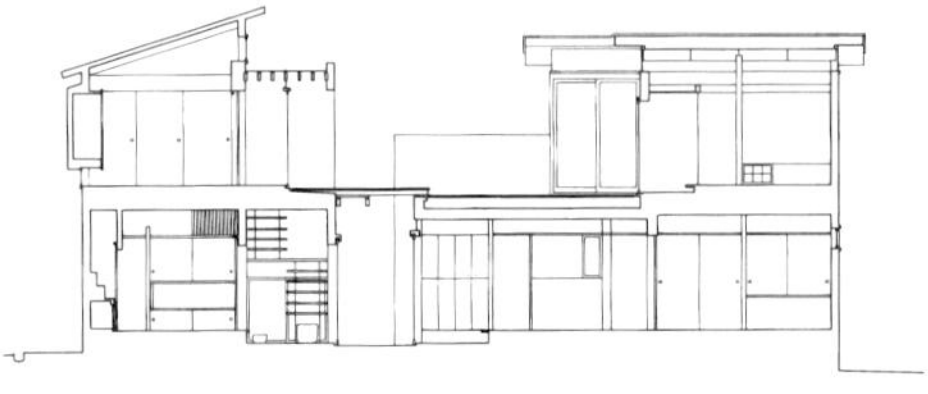

東西断面図　縮尺1/300

室1より階段室、内路地を見る　連続する空間における開口のズレが、棟と棟の距離を調整する

2階ではブリッジやデッキが離れた空間をつなぐ。それらは全て外部空間での出来事である。路地やブリッジといった外部の動線、棟と棟の間に配されたデッキの「つなぎの間」は、単に室と室をつなぐ媒介空間ではなく、接する内部空間の延長としても機能する。路地と平行に配された北側の棟の廊下は内路地となって、室2と階段室を結ぶ。内部でありながら、ガラスを通して外路地と浸透し合う。南側の棟の路地に向けられた家族室の窓は高さを抑えることで、視線を遮り、棟に挟まれた路地空間を成立させる。この窓から、ベンチにもなる広葉樹のタガヤサンの縁が家族室に張り出し、親しい人は躙口のように、潜り込んで家族室へ入ることもできる。

デッキの一部は家族室の中へくい込み、そこから270㎜下がった床は三和土《たたき》となっている。家族室と室1はずれて配され、室1の開口高さは1200㎜に抑えられているので、座り込まなければ家族室の方へ視線を交えることができない。室によって異なる角度からつなぎの間へ接し、開口部も互いにずらされている。それぞれの空間がひとつのところで完結せず、気配を感じて向こうの見えない存在へ意識が働き、人が点在する空間を行き交うことで初めて全体を把握することができる。

こうして「間」を保ちながらつながっていくという微妙な関係が形成される。それは物理的には限られた空間に、いかに拡がりを与えられるかという工夫であり、極めて日本的な感覚である。住まいを分節し、その間を外部空間で結んでいった時、自由度のある住まいが住まい手の意識を鮮烈にし、想像力を掻き立てる。そして人が訪れるたびに異なる出会いが生まれることで、空間に対する奥行きも変化するのである。

三つの棟は、ずれて交錯し、デッキがそれらをつなぎとめる

室1よりアプローチを見返す　開口部が1200㎜まで抑え込まれている

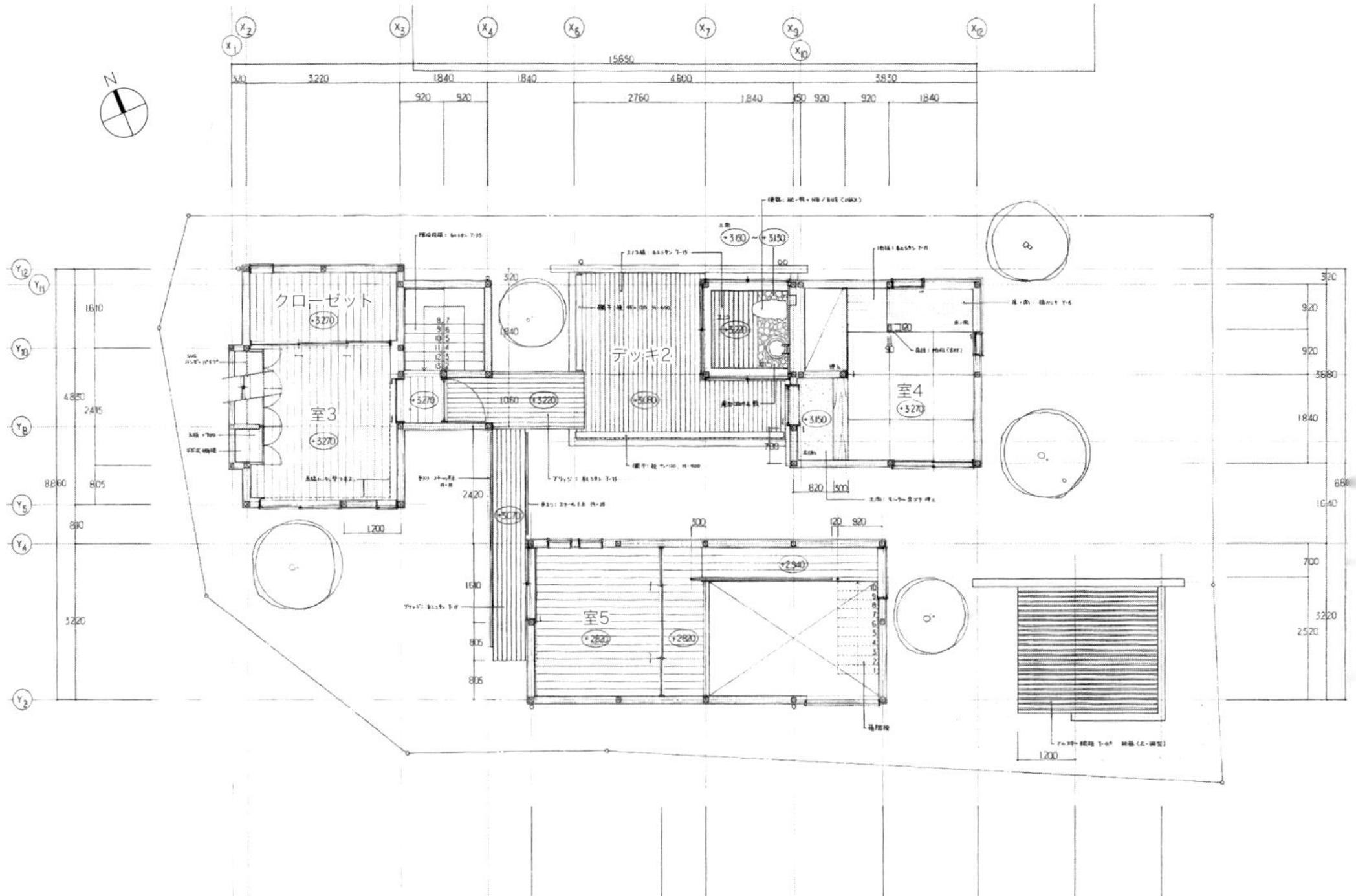

2階

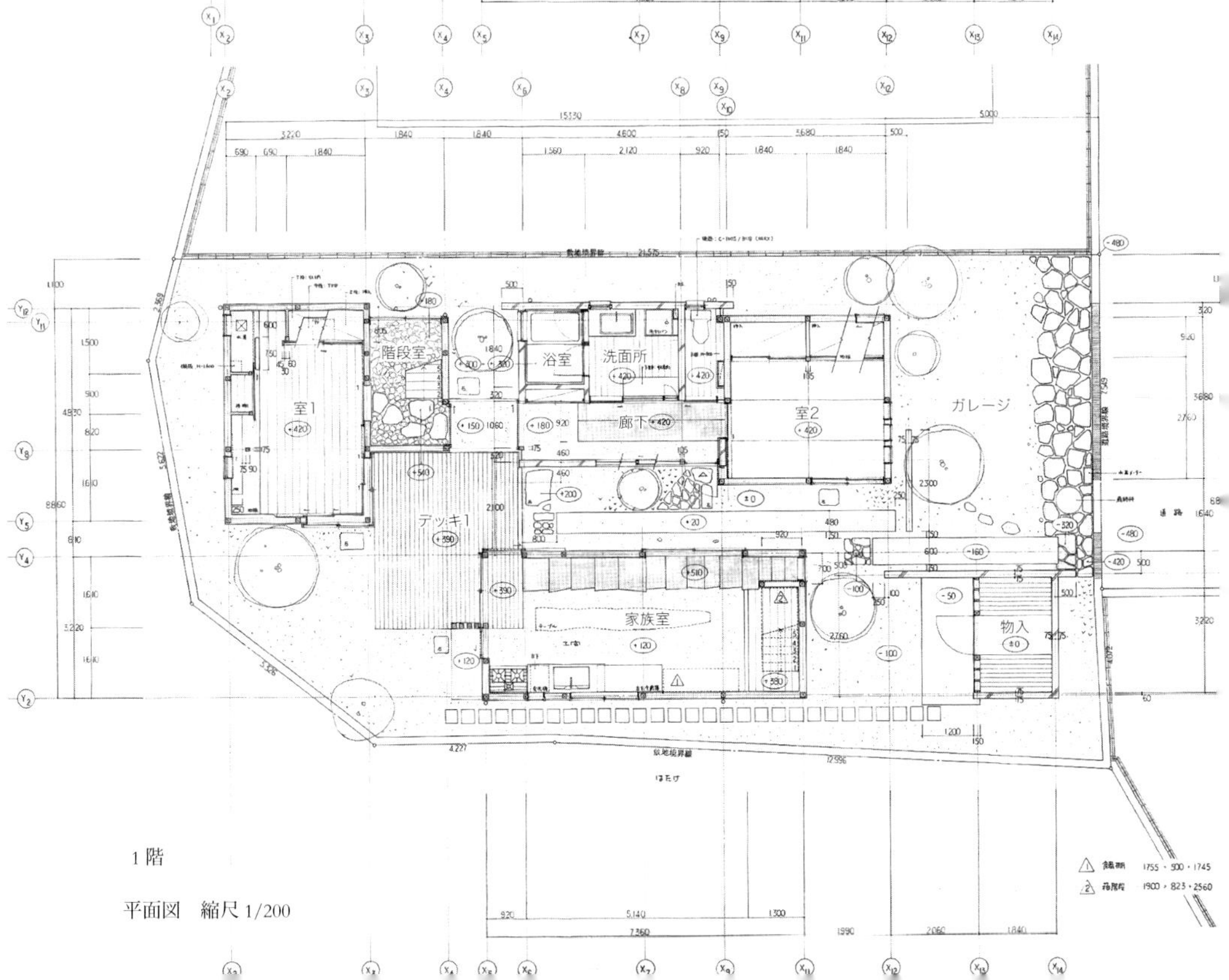

1階

平面図　縮尺 1/200

7

余白と廻遊

桂離宮

空間の廻遊性について考える時、日本の廻遊式庭園を外して考えることはできない。日本の庭園は、中世以降の寺院建築において、極楽浄土をあらわす宗教的なものとして発生する。慈照寺や浄瑠璃寺のような廻遊する形式をもった庭はあったが、廻遊そのものを目的とする庭が生まれたのは、江戸以降、特に茶室の影響からである。中でも、桂離宮の庭は、廻遊式庭園として成立した初期のものであり、かつ最も完成されたもののひとつである。

庭園を散策すると、立体的に配された広大な庭に、切石・自然石が巧みに敷かれ、真・行・草と展開している。ごつごつした奇石の石組みが点景として現れたかと思うと、丸みのある自然石が芝庭に流れるように点在し、時に屈曲しながら、人を導いていく。

廻遊という方向性を伴った運動の中で、庭に散りばめられた灯篭は四角形、六角形と形を変え、その灯りは明滅する。私たちはその灯りを見るのではなく、明滅する灯りを介して、対峙する庭や建築を見つめているのである。こうした明暗の対比、音、素材の

テクスチュアやリズム、随所に散りばめられたシンボルは、対象との間に介在し、見る者に、視座を与える。そして自らが動き対象が静止している時、反対に自らが立ち止まって対象が動く時、あるいはその両方の場面が重なり合っている時、対象との間に異なる焦点が結ばれ、シーンが展開するのである。

伊藤ていじは、こうした「見え隠れ」を「庭園における運動の空間化において、東洋的ともいえる空間演出の技法」と解釈する。それは、「対象に趣きをそえ、対象を大きく見せる手段」であり、また対象の存在をぼかしつつ互いの関係性を和らげる働きがあるという。*1

桂離宮の廻遊性は庭への視座に終始するものではない。庭はその視点と焦点の関係によって多面的な様相を帯びるが、同時にそこに佇む建築も多面的に映るのである。敷地に配された棟と棟の連なり、平面の雁行によって視線や動線に様々な方向性が生まれ、シーンの展開が深まっていく。内部空間を巡っていても、その一歩一歩に風景が移ろい、見え隠れしながら連鎖し、ついには自分が前にいた場所までが全てつながっていく。雁行する平面は人の動きを操作し、視線の変化を促す仕掛けとして解釈することができるだろう。さらにそこには入隅と出隅が生まれ、隣接する空間や庭に対し、多角的な拡がりをもった居場所をつくり出す。立ち止まっていてもその先へ連なる空間に意識が傾いていく。また、そこに仕掛けられた地面と床レベルの関係性は、視線の高さや角度に変化をもたらし、庭と建築が連続する立体的な廻遊空間として認識される。

廻遊式庭園はこのような「動き」に端を発する空間に遭遇する場なのである。

書院全景

*1 伊藤ていじ『日本デザイン論』鹿島出版会、1966年

雁行する新御殿・中書院・古書院

都市に棲む

都市に棲むこと

都市は人、モノ、情報の海である。都市に棲むことはその喧騒の中に身を委ね、浮遊することである。そこにはある種の心地の良さがある。しかし日本の都市は人の集まる場ではあっても、快適に棲む場とは言い難い状況を呈し、人の棲み処は郊外へと分散していった。しかし、緑豊かな環境が成熟するかに思われた郊外も一気に高齢化し、ついには更新されることなく終焉を迎えようとしている。すると今度は都心部の駅前にある利便性の良い土地が再開発され、高層マンションが次々に建ち並び、時代は再び都心回帰へと流動する。しかしそれはかつての都市居住とは様相を変え、住まいは地面から切り離され天空へ積み上げられる箱に置き換えられた。巨大な集合体はその構造や壁を共有しているにもかかわらず、他者との関係を意識的に切断することによって集落から解放される。場を形成せず、住まいは無限に接続可能な情報の端末として捉えられる。仮想現実ももはや現実でしかない。足元にある町には目もくれず、遠くの空ばかりを眺めている。

闇雲に建てられた建築は、いずれ物理的な耐久性よりも前に、機能的な耐久性を失ってしまうだろう。それは遠い先の話ではない。終焉を迎えることができずに、死殻のまま都市に建ち尽くすのであろうか。しかし空に向かって物凄い勢いで積み上げられたものの足元には、まだ地面に這い蹲った建築が生きている。

とりわけ関西の都心部には、戦前からの間口が狭く奥行きの深い長屋形式の家が数多

「山坂の家II」都市の棲み家

く残されている。同じ一枚の壁を隣同士が共有し、職住がひとつの町に混在して一体の共同体を形成しながら、何世代にもわたり棲み継がれてきた。それは都心部における人の棲み処、集落とも言えるだろう。

こうした場所で、地に足をつけ都市に棲み続けることを決意した人のために、住宅という最後の砦を築き上げることが重要なのではないだろうか。都市という劣悪な環境の中でも、あるいはそうだからこそ享受できる自然がある。場のもつ力を再解読し、「棲む」という最も根源的な行為を改めて意識し、私たちは社会や自然に根差した住まいを築いていかなければならないのである。

余白と廻遊

かつての都市や集落には家と家の間に様々な「余白」が存在しており、その余白を住みこなすことが都市での生活であった。「余白」とはそれ自体意味をもたない空間であるが、それだけに様々な出来事が始まる可能性に満ちた空間である。たとえば、長屋に囲われた井戸のある袋小路や家々の間を縫う裏路地、それぞれの家にある小さな庭先のような場所の全てが大切な生活空間の一部であった。睡眠や食事は家の中であるが、それ以外の生活の多くはこれらの外部空間に滲み出す。家と家の隙間を、時には他者の家の庭先を横切り、隣人と声を掛け合いながら、自在に徘徊することのできる都市空間。そこに他者と密接な関係をもった生活が営まれていたのである。子供たちも、通学時にどの時間にどの道を通るとどんな場面が待っていて、誰に出くわすかを実によく知っていた。季節ごとに色付く道端の草花や変わった形の石ころ、雨上がりの水たまりや泥んこ、

真法院町の家

外観正面　都市に立ち上がる自立壁

アプローチ　道路と平行にヴォリュームと自立壁のスキマに導かれる

動物や虫けらと戯れ、長い長い道草の中からたくさんの宝物を持ち帰ってきた。都市に棲むことの本質は、小さな自然や身近な他者との関係性の中で生きるということであった。

けれども、一本の敷地境界線で、他者と線引きしている町には余白の空間を見出すこともできない。安全や距離を考慮した指定の通学路からは脱線も道草も許されず、知らない人と話をするのもままならない。同じことが住宅においても起きてくる。個々の独立性を重要視するあまりに、他者との関係を考慮しない、あるいは意図的に切ろうとしている住宅が多く見受けられる。大きな屋敷の跡地を小割にし、そこへ建売住宅が境界いっぱいにずらりと並べられるミニ開発。家と家の間にはブロック塀が立ちはだかり、ひとつの住宅はその敷地の中で完結してしまっている。私たちの圧倒的な物量の変化は、都市の密度の臨界点に達し、適度に外部に開かれていた生活が全て内へと閉じ込められて膨満する。互いの境界を明確にすることで個の独立性が高まる一方、隣近所と関係性を取りもっていた余白の空間は失われつつある。

もちろん防犯上の問題などもあり、開かれた住まい方を万人にあてはめることは難しい。しかし個々の住宅や生活を他者と切り離して乱立・集合させているだけでは、都市空間も人間関係も希薄になるばかりである。自分の家の中も大切であるが、自分の家の外をどのようにしつらえ、内と外をいかにつないでいくことができるか。それはつくり手にとっては、敷地に対する建物の建ち方、アプローチや路地、玄関やガレージのつくり方、庭や塀のつくり方、緑の植え方ひとつにも配慮するべきことであろう。また住まい手にとっては、敷地の一歩外まで出て、掃き掃除をしたり、落ち葉を拾ったり、水を

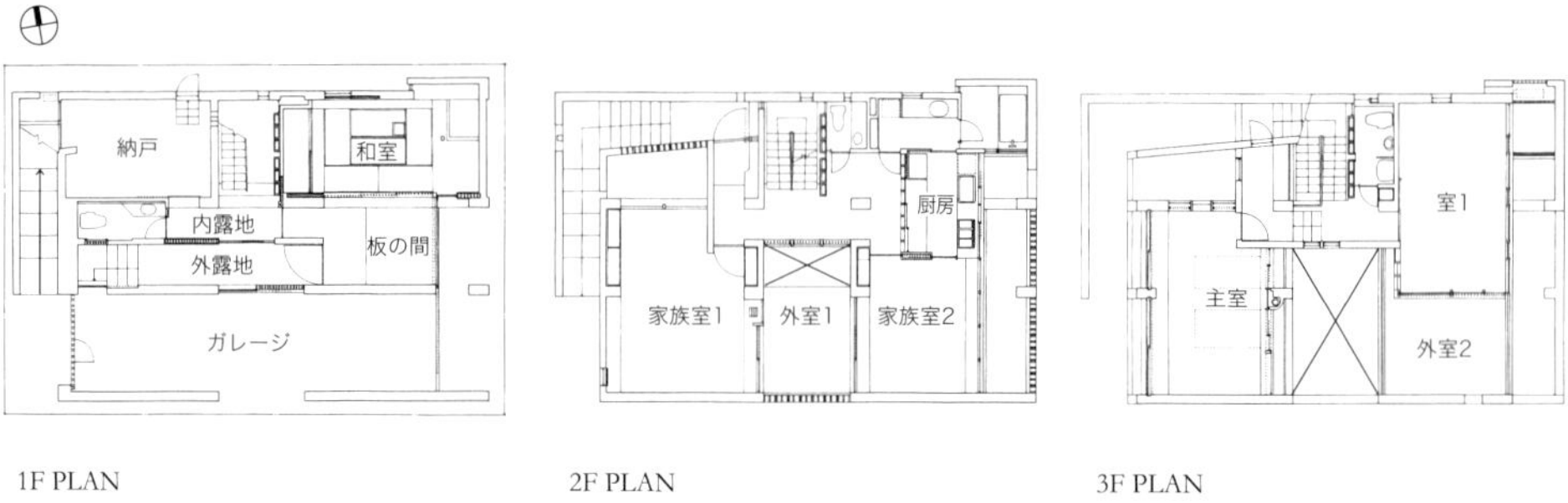

「真法院町の家」平面図　縮尺 1/400

緩やかな階段が折れ曲がるアプローチ　2層分の壁に切り取られた空が人を誘う

❖真法院町の家

変わりゆく都市空間に、建ちはだかる壁。その内側に3層に重層する住空間がある。一旦外界から領域を囲い取り、ヴォユームの内に外部（余白）を立体的に配し、廻遊動線の中に組み込んでいる。

前面に建つ自立壁とヴォリュームの空隙に設けられた外階段は、玄関へのアプローチである。2層分の高さの壁によって空が鋭く切り取られ、青の天幕に導かれるように自然と階段を上がって行ける。先の見えない折れ曲がり階段は待ち受ける空間を期待させる。

ヴォリュームを東西に3分割した中央の余白は外室として対峙する二つの空間の緩衝帯の役割を果たすと共に、吹抜けと階段と廊下が周りに取り付くことで、動線と視線を立体的に結んでいる。

半地階の和室へは、吹抜けによって外室と連続し、空から3層分絞り込まれた光が注ぐ「外露地」を抜け、低く抑えられた縁からアプローチする。住人は内部に設けられた土間「内露地」を通って来訪客と対面する。またガレージから回り込み、緑を躙口にすることもでき、あらゆる場所からアプローチできる。

こうして随所に挿入された余白が多重動線をもたらし、重層する空間を廻遊することによって訪れた人に意識の変化を要求し、囲われた内外が浸透性をもつ。

打ったりするという心遣いである。

ひとつひとつの住宅、一人一人の人間がほんの少し余白をもつことによって、他者との関係性が連鎖し、町が形成されていく。都市に廻遊性を取り戻すには、余白をいかにつくり、いかに生かすかということから考えなければならないであろう。

廻遊式住居

余白が紡ぐ廻遊性

戦後の日本の住宅は市場原理に組み込まれ、狭小の敷地に機能を１００％詰め込んで、余白を無駄な空間として切り捨ててしまった。それと同時に住宅の平面そのものも希薄になっているように思えてならない。狭小住宅では、廊下や階段といった動線空間をできるだけ排除し、全体を大きなワンルームの空間にするというものが多い。しかし安易にその答えを導くことはできないであろう。住宅は自分の身を委ねる空間であって、膨大なモノの集積を押し込めるだけの容器ではない。

たとえ狭小住宅であっても、私はまず都市の「余白」を住宅の内に埋め込むことから始める。路地や家と家の隙間の空間など、本来の町というスケールにあった要素を住宅に内包し、内と外が感応し合う住空間をつくることが重要になる。小さな空間・大きな空間、開放的な空間・閉鎖的な空間、空に近い空間・地面に近い空間、光に満ちた空間・闇に包まれた空間、内なる空間・外なる空間、そしてそれらの狭間で揺らぐ空間……。こうした様々な性格の空間をつくることで、時間や季節の変化、家族の移り変わ

内露地と外露地

家族室１　質感のある漆喰壁を撫でる光と影

内露地より　雪見障子によって開口部を抑えられた板の間は和室へのつなぎの間となる

余白となった外室を挟んで対峙する二つの家族室

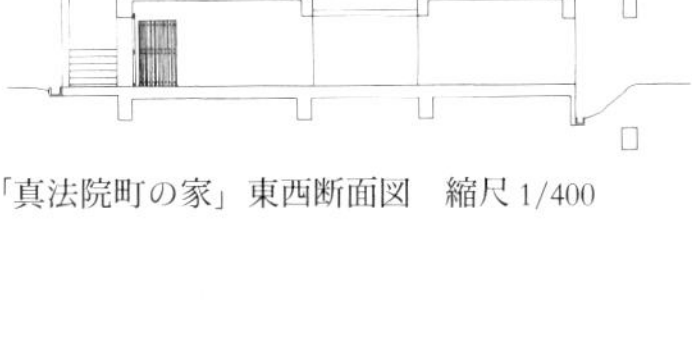

「真法院町の家」東西断面図　縮尺1/400

りに応じた多様な住まい方が可能になる。そうして「余白」を紡いでいくことによって住まいに廻遊性が生まれてくる。

ここで「廻遊」という言葉を、ある定められたルートを一巡して元の位置に戻ってくる循環運動と捉えてはならない。なぜならそれは完結した、閉じた廻遊の形式であり、日々の生活には変化をもたらさないからである。

都市における廻遊式住居とは、その回路が幾通りにも結ばれ、ひとつながりになり、無限の拡がりをもった平面。前章までに述べた素材の力・内へといざなうアプローチ・ズレと間合い・つなぎの間、こうしたものが空間の中で紡がれて連鎖する廻遊性。そこには立体的な動きが生まれ、多様なシーンが展開する。それは幾通りにも接続可能な動線の自由度をもち、次の空間へどのように向かっていこうかと思いを馳せながら、緊張感のある日常生活を巡らせることなのである。また人が動き、止まり、その度ごとに自然の移り変わりを感じ取り、他者との関係、内と外の領域について意識する契機をつくることである。人の動きによって周りの空気も動き、様々な気配が湧き起こってくる。その気配のさざ波がさらなる人の動きを促す。こうして小さな家の中にも無限の拡がりが生まれていく。

重層する廻遊式住居

日本の伝統的な住空間は平屋を基本とし、平面的な拡がりの中に外部空間を取り入れ、様々な仕掛けを施すことで、空間の奥行きや開放性、そして平面の廻遊性を獲得してきた。古くから中高層の都市型住居を発達させ、内部空間を構成する要素のひとつとして

山坂の家I

前面道路より

外観正面　道路から直交してヴォリュームと自立壁のスキマに導かれる

階段の連続するアプローチ　2層分の壁に切り取られた空間は途中の扉によって曖昧に区切られる

山坂の家Ⅰ

3層に重層する空間を一旦壁で囲い取り、平面を4分割した一角に外室（余白）を挿入し、外室に建つ壁だけを中空のコンクリートブロックの平積みで透ける壁にして、外部を浸透させている。

ヴォリュームと自立壁の空隙に生まれた外階段に曖昧に区切る扉を設け、玄関を不明瞭にしている。ここから家族室へ直接入り、各室へアプローチする構成で、家族のつながりをもたせている。家族室は廻遊動線の起点となりながら、外室を通して対角の室や上下階の各室へと視線が交錯する。

3階の室1は前面のテラスと一体になって一室空間を形成する。廊下がないため、奥の方へは手前の領域を通るか、外を通るか、家族同士のルールによって選択性をもってアプローチする。外室は家族室の吹抜けの上に設けられた独立した室2へつながっている。

1階の和室へは、家族室を起点とした内動線とは別に、ガレージから回り込む外動線がある。この時雪見障子によって低く抑えられた開口部は、躙口に見立てられる。

こうしてレベルの異なる各々の空間は、外室を介して視覚的に見え隠れし、内部動線のほかに様々な外部の余白からアプローチすることで、異なる空間を意識させ、重層する空間に立体的な廻遊性が生まれるのである。

階段がつくられてきた西洋の建築とは対照的である。しかし現代の日本の都市では、敷地に余裕がなく、必然的に2層、3層と上下に空間が積まれ、重層性を帯びていくが、それと同時に、かつて日本の建築がもっていた廻遊性、内外の空間の豊かな交錯もまた失われていったのである。

それゆえ現代の都市住宅においては、平面と同じように断面的な関係性の中にいかに外部空間を取り込むかが重要なのである。たとえば中庭やヴォイドによって外部そのものを取り込むこと、または光や風といった外部環境を引き込むこと、さらには素材やテクスチュアによって外部表現を与えることができるであろう。また逆に廊下や階段などを外部に晒し、内外が交錯する廻遊動線をつくり出すこともできるであろう。

そうした空間のズレやスキマ、動線や視線、意識の交錯するつなぎの間、そこを起点に廻遊していくと、見え隠れするシークエンスが平面から立体へ三次元に転換される。そこでは連続的な視覚だけに止まらず、呼び戻された自然、時間と共に生まれゆく現象を見ることができるであろう。わずかな変化があらゆる感覚を呼び起こし、立体的に巡る廻遊空間に、人は身を委ねることができるのである。

都市に装置された階段

重層する廻遊式住居において、スラブによって上下階に分かれた住空間を、ひとつの敷地の中で分棟になったものに置き換えてみると、上下階をつなぐ階段は、棟と棟をつなぐ路地、庭、あるいは渡り廊下に見立てることができる。階段はレベルの異なった床と床を連結するという点で、最も重要な要素のひとつである。上下階を行き来する機能

家族室西面を見る

家族室より　ヴォリュームに囲い取られた余白の外部空間を見る

1 階和室　重層する空間に地面より半層沈み込んだ和室。雪見障子が庭の足元に視線を導く

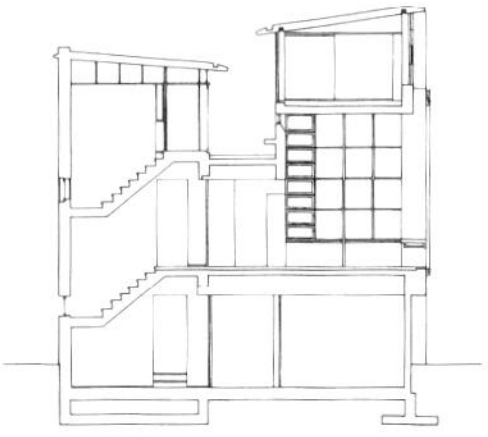

東西断面図　縮尺 1/400

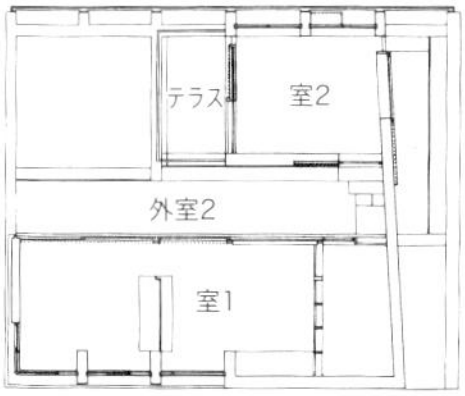

3F PLAN

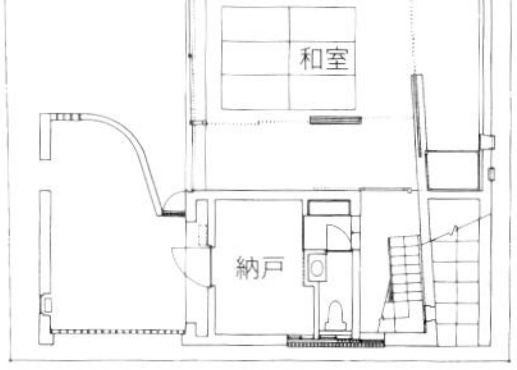

1F PLAN

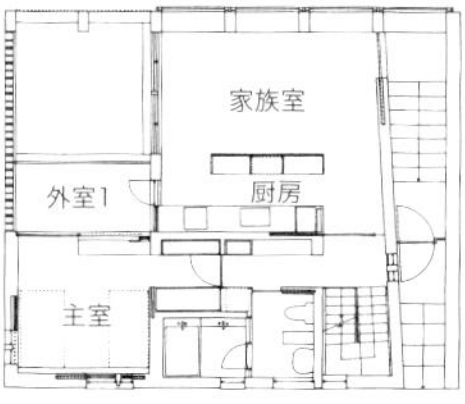

2F PLAN

「山坂の家 I」平面図　縮尺 1/400

的な側面だけではなく、段状の床が変形した形で、空間を視覚的につなぐ役割も果たしている。段状のリズムは身体から空間に至るまでに生き生きとした立体感を与え、そのしつらえによって上下階の関係性も異なって感じられるであろう。つまり階段は、空間を創造する装置として組み込まれるのである。そうしてかつての都市・集落や日本庭園の中にあった廻遊性を、住宅の中により立体的なかたちで回復することができるであろう。

都市に挿入された装置として、これまで様々な階段をつくり、空間に立体的な動きを与えてきた。１００の住宅には１００の階段のデザインがある。階段の昇降の方向性、構造、意匠、またその階段を取り巻く空間の在り方によって、そのディテールは無数に生まれるであろう。193〜195頁にその一例を示している。

二方向階段

対峙する室を両翼に連絡することを可能にした二方向階段は、上下階のつながりをダイナミックに表現し、都市の住まいに装置された劇場のような空間を生み出す。舞台に見立てられた階段が住戸内に開放されることにより、垂直動線は下階と上階の中間領域となる。1段目を360㎜と少し高めにしつらえ、床を切り離して舞台性を強調する。2階の各室はこの舞台を介して対峙する。

西明石の家：家族室から吹き抜ける空間に二方向に分岐する階段がシンメトリーにしつらえられている。RC打放しの壁を背景に、板張りの二方向の箱型階段から子供たちが次々に下りてくる様は、まるで劇場のようである。	深井中町の家：RCの自立壁に無垢板を埋め込み、段鼻を蹴込面で納めることで量塊感が生まれ、壁面を意識させる。上部の垂壁は一枚のRCの壁を強調し、階段に緊張感を与え、より舞台性を感じさせる。	依羅通りの家：二方向に上昇する階段の吹抜けと、2階の室と室の間の吹抜けが交錯し、小空間に拡がりを生み出している。段鼻の見込みを深くし、段板の小口を太めの巾木で押えることによって二重の段状のラインが強調される。

対桁階段

アプローチの方向から一旦奥まで引き込み、折り返して上がる対桁階段は、龍が雲間から昇天する様にも見える。斜めに上がり迫ってくる階段は、空間のパースペクティブを強調し、1段目に至るまでの階段の意匠がシーンの変化を呼ぶため、その後ろ姿が最も意識される。そのため接合部が見えない、緊張感のあるディテールが求められる。

阿弥の家：住戸内に階段を開放し、上下の空間を直接的につないでいく装置として意識されている。大空間を二分する廊下から対角に階段が取りつき、方向性によって距離感と遠近感が生まれ、多層空間を同時に捉えることができる。	久御山の家：壁から自立する階段は、2本の長方形断面のササラ桁の上に段板が跳ね出す。桁のスリットと浮いた段板のリズムが人を奥まで導き、一本の柱が床から浮かぶ縁のような1段目を意識させ、自然と折り返すことができる。	石丸の家：一本の台形ササラ桁によって段板が跳ね出す。階段の裏側からのアプローチを意識し、跳ね出しに対しササラの見付けを細く見せることで、緊張感を生む。床から浮かぶ1段目が一直線に延び、強いテクスチュアの壁によって折り返す。

段違い階段

箱階段が右と左で半段ずつずれることで、両手両足をつきながら上がる。はしごのような感覚で上がるので、上階は特別な空間になる。

片持ち階段

壁から直接段板を片持ちで支える階段は、繊細な線材で構成された階段とはまた異なる緊張感がある。無垢材の量塊感をもった段が壁から連続し、わずかなスリットから視線が抜け、光のストライプがもたらされる。上部のヴォイドが絞り込まれることで、上昇感が生まれる。

山坂の家Ⅱ：両手がつけるほどの壁の間に段違い階段が挟み込まれている。蹴上の高さを 2 段分にすることで、両手両足をついて上がるか、左右に身体を振りながら昇降し、遊具のようにしつらえられている。

比叡平の家：RC の壁面から突き出てきたような段板は、無垢の地松の塊で構成されている。H 鋼が支持材として入っているが、貼モノではない無垢の木の量塊感は RC に負けない。階段の幅だけ刳り貫かれた天井が上昇感を強調する。

千里丘の家：玄関からは対向階段となり、RC の塊が壁から片持ちで突き出しているようなササラで構成されている。階段が後付の造作ではなく、躯体との一体感を帯びることで、張り詰めた空気が漂ってくる。

スケルトン階段

段板・桁・手摺が壁から自立し、階段の骨格と壁の存在が際立ち合うスケルトン階段は、透かされることによって光の陰影をもたらし、上階へと誘う。透明感のある階段が自立し、ヴォイドが抜けていくことで、上下階の関係はより意識される。空間の中に開放され浮かび上がる階段は、立体的な動きに伴った多角的な視線の拡がりが生まれる。

塗屋造の家：中庭に立ち上がるガラスのボックスに自立したスケルトンの階段を内包する。手摺やササラ桁のリズムがヴォイド空間に浮遊し、家の核となる。

寿町の家：ブロック壁に囲まれた空間にスケルトンで構成され、9 ㎜× 23 ㎜のスチールの FB で手摺とササラを構成した繊細な階段。30 ㎜厚の檜の段板が FB に載り、蹴込を透かすことで浮遊感を生み、上下の空間を切り分ける。

住吉山手の家：H 型鋼 2 本のササラ桁と段板で構成されたスケルトン階段が両壁より自立する。角度を振られた壁によって、上下の階段がずれ、緊密になっていくヴォイド空間に浮かび上がる階段は陰影を生み、視角に変化をもたらす。

折れ曲がり階段

コの字型に折れ曲がる階段は内包する空間と共にシーンを転換する。数段ずつ方向を切り替えるたび、リズムが生まれる。全方向から見られる階段は構成材のヴォキャブラリーを極力抑えるように意識してデザインされる。

目神山の家：段状に折り曲げたスチールプレートを25㎜×50㎜の2本の細いFBが支え、その上に段板が載る。スチールプレートの幅が段ごとに変化し、リズムが生まれる。トップライトの光はムラのある壁をなめていく。

千里山の家：段状に折り曲げたスチールプレートと蹴込・段板で構成しササラ桁を消している。段鼻をつけず、段板がプレートを飲み込むことで、版を折り曲げた構成に見せる。手摺も要素を極力排し、軽やかな緊張感が生まれている。

トップライト

鉄砲階段に垂壁を下ろすことによって、空間を包み込む。トップライトの光は壁に導かれ、下階まで引き込まれる。

浜松の家：台形断面のササラがスリット状に跳ね出している。側面はマッシブなササラであるが、正面から見ると軽やかな木の段板のリズムを感じる。筒状の壁は光を下階まで導き、1段目にスポットを当て、舞台のように演出している。

トップライト

住宅にとって階段とは垂直動線であるとともに、その身体に受ける上昇感と相まってシークエンスのクライマックスを迎える舞台装置でもある。トップライトの光と影はそこに時を刻み、人の意識を呼び込み、歩みを導いていく仕掛けになる。見附、見込、ピッチを調整したルーバーを取り付けることによって光と影の関係を操作し、それを受ける壁面の仕上げによって空間に一層の彩りを与えるのである。

帝塚山の家：2枚のプレートに見附とピッチの細かい繊細な木のルーバーがついたトップライトから、ムラのある漆喰の壁に影が落ちる。手摺壁と漆喰壁に包み込まれた空間を満たす複雑な影模様は、垂直の視線を促す。

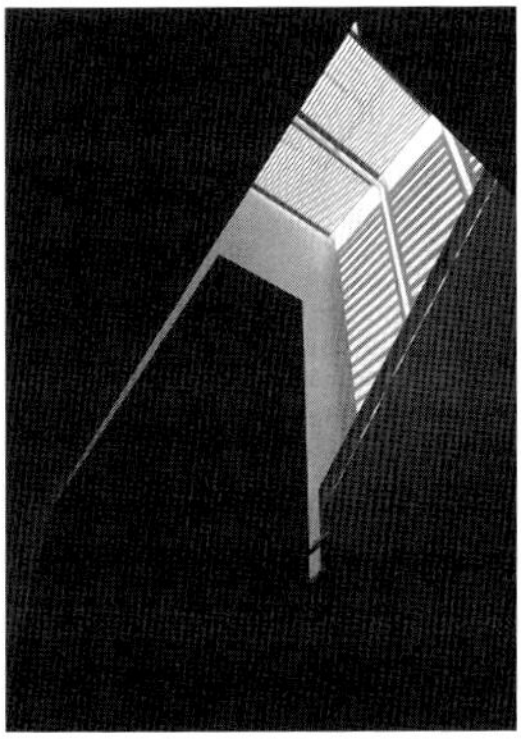

吉見ノ里の家：段状に連続する2本の角パイプに支えられた段板が中空に浮かぶように壁に沿って上がっていく。ルーバー状のトップライトから繊細な光が段板越しに下階まで延び、ブロック壁に質感を与えている。

東広島の家：トップライトに見附の大きいルーバーが取り付くことで、絞り込まれた光のストライプが落ちる。ササラが壁から自立することでスキマから光が漏れ、影が生まれる。

住吉山手の家

神戸市北東部の山手、閑静な住宅街の一角に位置する。連続する御影石の玉石積みの古い塀が山手の坂を特徴付けている。前面道路の坂は敷地と高低差があり、北側では2m上がっている。このレベル差と坂との関係を積極的に生かし、断面的に変化に富んだ空間の層を構成し、重層する都市の住まいを形成した。

建物は北側を地下1階・地上2階の3層で構成し、南側を地上2階で構成している。平面を南北に3分割（4160㎜、4160㎜、3200㎜）し、中央に外部空間を余白として残し、道路レベルから1層分掘り込んでドライエリアをつくっている。この外室を建物がコの字型に囲い込むようにして構成し、立体的な庭が生まれた。建物と外室が内外のヴォリュームを適度に分割しながら、さらにその外側に自立壁を立て、ヴォリュームとのスキマに生まれた余白の空間は、都市と住まいの緩衝帯となり、立体的な路地空間を形成している。これらの余白を生かして重層する都市の住まいに廻遊性を埋め込むこととした。

道路と平行に立ち上がった壁を回り込むと、突然、舞台のような段状の庭、外室へ誘われる。外室には大小の床が立体的に配され、地階の土間と和室へと続く。外室はコの字型に囲い込まれ、各階のほとんどの室に面している。外室へはあらゆる場所から辿り着くことができ、ここへ人が現れるたび、ひとつの演劇が始まったかのように場面が展

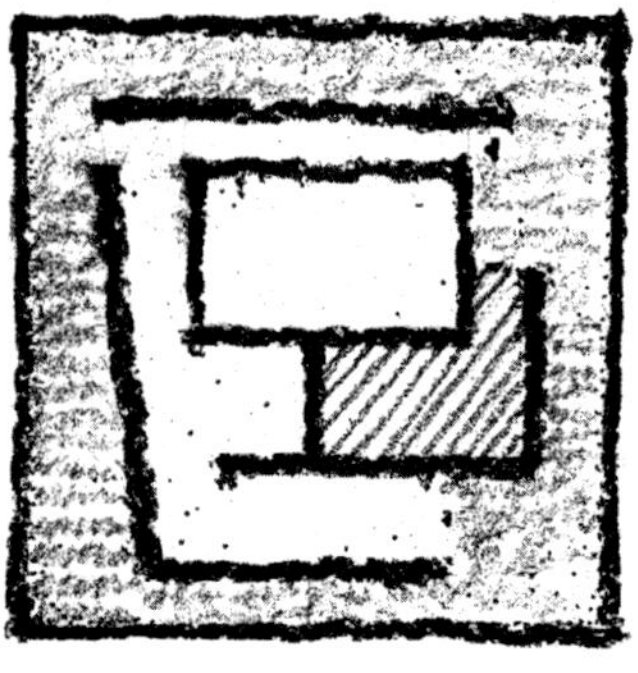

配置図　縮尺1/1500

開する。そこで静かに手を広げる一本の樹木は季節ごとに色付き、立体的に交錯する視線を天と地に結ぶ。

一方、道路に対し垂直に延びる北側の自立壁に沿ってアプローチすると、石敷きの路地空間が扉を介して玄関まで連続する。細長く続く路地空間は、玄関としては不明瞭であるが、人を迎え入れるためのしつらえが仕掛けられている。壁に覆われた路地空間は３・７ｍの天井高をもつ薄闇の空間であるが、外路地に沿う自立壁と、内にずれた垂壁の間に設けられたトップライトの光が射し込み、また路地の先に高さ１・４ｍに抑えられた開口部から絞り込まれた光が浮かび上がる。その途中に扉が一枚取りつき、そこから内室へ入る。内室は路地と同じレベルで由良石が敷かれた玄関のような空間でありながら、暖炉がしつらえられた家族室の一画でもあり、曖昧な空間になっている。そしてそこから３２０㎜の段差をもって食堂や廊下に上がり、外室と対面する。内室は各々の室へ至るひとつ手前の歩留まりの空間であるが、他者を迎え入れたり家族が集まったりして、出会いの場になっている。

内室から廊下へ上がると、地階へ続く階段がある。階段を下りて折り返し、三和土に由良石が敷き込まれた土間を介して和室へ至る。そこは内部空間でありながら床仕上げによって外部のような錯覚を覚え、意識が切り替えられる。建具を開け放すとさらに外部性を増し、軒下から連続する土間は、外室からのアプローチ空間にもなり、内外の動線の交差点になるのである。また畳敷きの和室に座り込んで見返すと、わずかなレベル差で連続する土間空間は、内外の中間領域にも感じられる。

西側の敷地に沿って斜めに振られた自立壁と南北に直交する壁に挟まれた階段室には

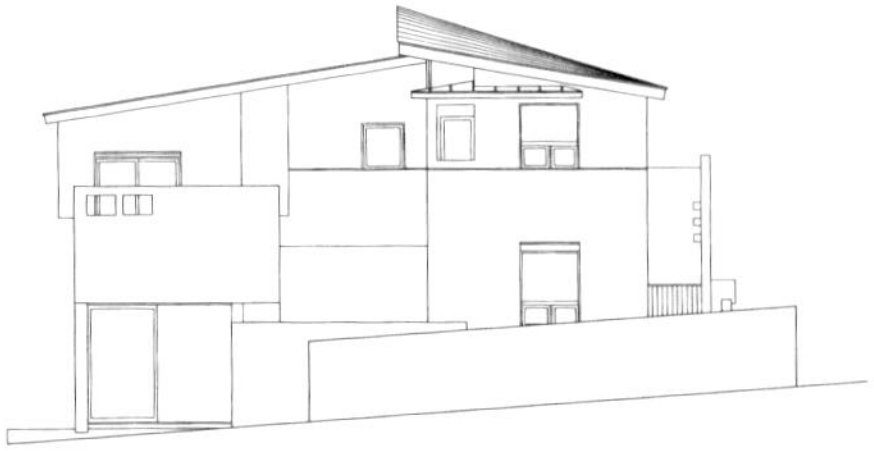
東立面図　縮尺1/300

自立壁に沿って連続するアプローチ

地階　中庭・由良石敷の土間を見る。床仕上げとわずかなレベル差、自在に動く建具によって内外が複雑に重層する

土間コーナーより中庭を見る　床に敷き込まれた三和土と由良石

庭の見返し　立体的な中庭は重層する空間をつなぐ

天空からの光が注ぎ、下階に向かってその幅が絞り込まれる。光に満ちた吹抜けの階段はそれぞれ軸線をずらし、複雑に交錯するように架けられている。2階へ上がる階段は斜めに角度を振った自立壁に沿って半地階のアトリエへ続く階段と、一直線に連続する。しかし地階の土間・和室へ続く階段とはねじれの関係にあり、壁を介して廊下を回り込まなければ接続できない。

アトリエから1FLまでの数段と廊下1から廊下2への数段は重厚な階段であるが、地階・1階・2階をつなぐ階段は軽快なスケルトン階段にして対比させている。スケルトン階段は自立壁と縁が切れて中空に浮かび、光を透過し、陰影が生まれ、緊張感が漂う。

路地・土間・内室は仕上げやレベル差、建具の取り付き方によって内外の別、機能を曖昧にしながら水平に空間をつなぎ、階段・外室は内外を入り組ませながら、交錯する視線と動線をつなぐ。ヴォリュームの中央に抜き取られた立体的な庭と、ヴォリュームの外側に立てられた自立壁、そのスキマを縫い取る立体的な路地空間、循環することのできない複雑な動線。これらをもって「廻遊式住居」が構成されている。

ここでの廻遊とは、日常生活の中にある一連のストーリー、断片的な出来事があらゆる場所から始まり、自由自在・縦横無尽に展開され、様々なレベル差の中に浮き沈みしながら幾通りものシーンを描いていくことなのである。

アトリエより階段見上げ　壁に挟まれた階段の奥にスケルトン階段が続く

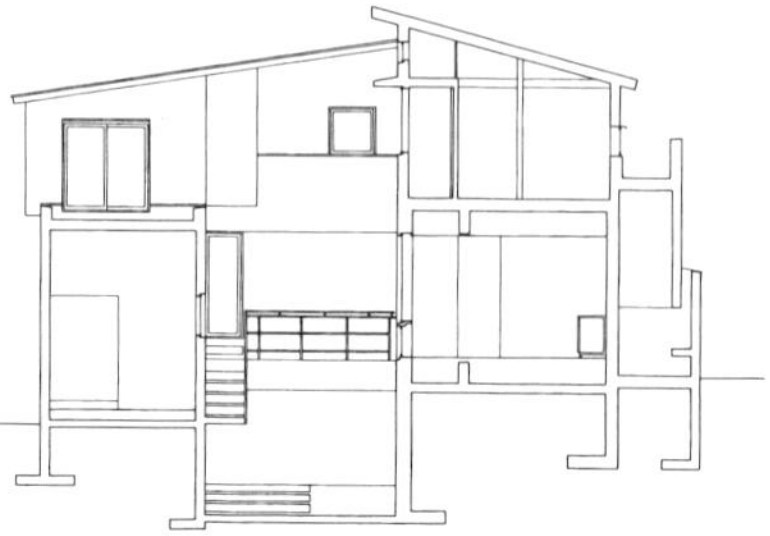

南北断面図　縮尺 1/300

内室から玄関を見る　内室は玄関と同じレベルで由良石の敷かれた曖昧な空間

平面図　縮尺 1/200

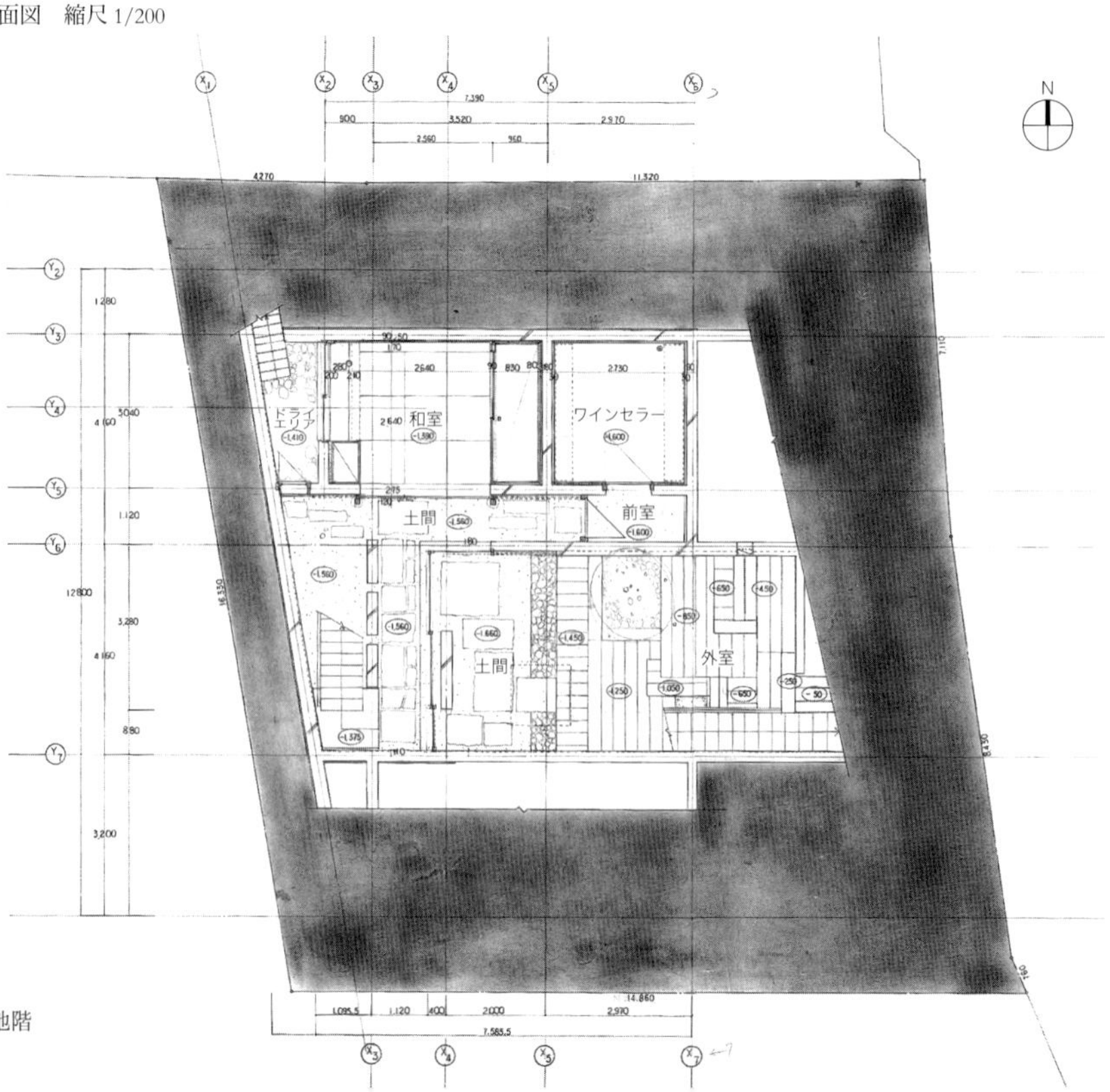

地階

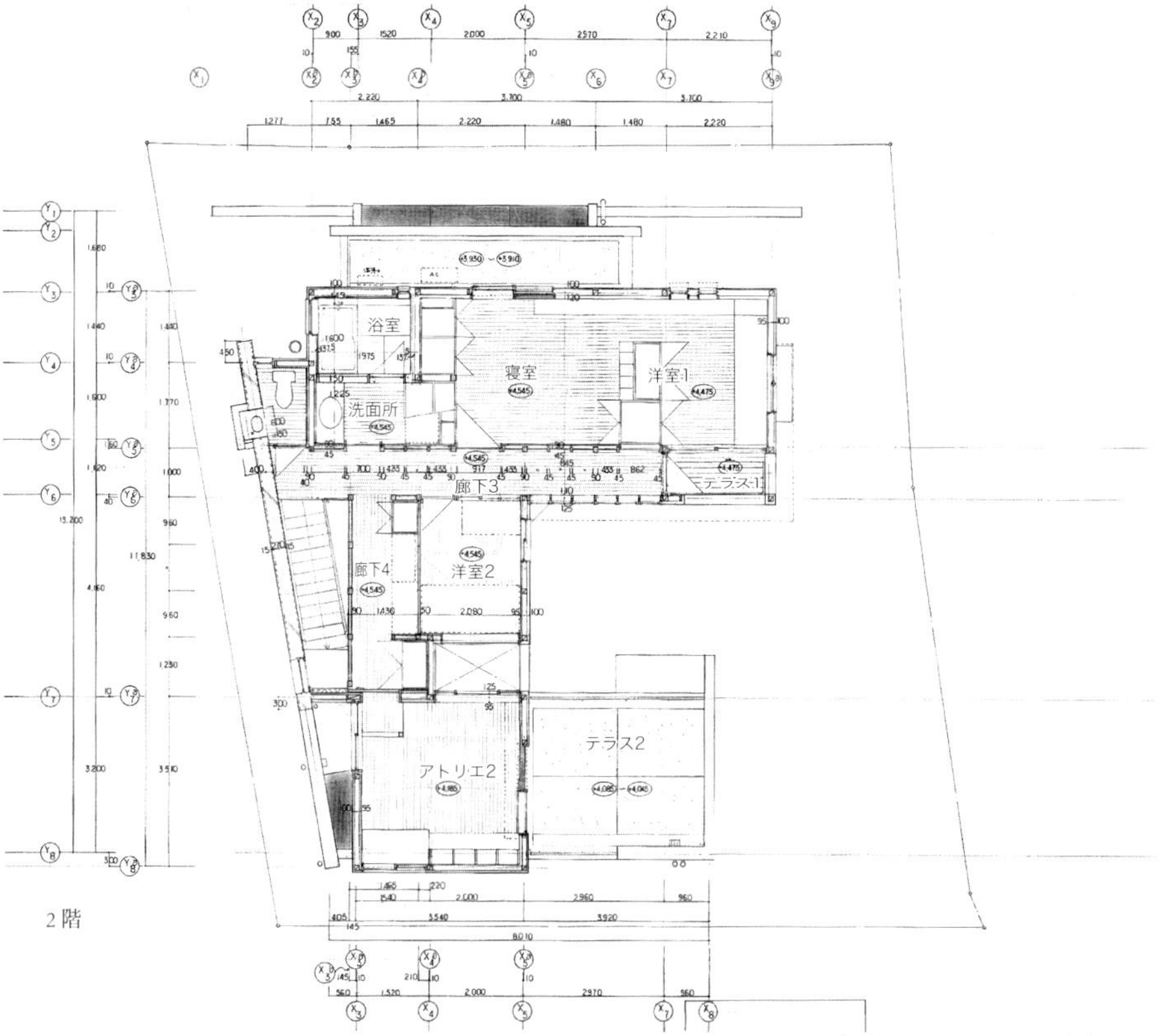
浴室
寝室
洋室1
洗面所
廊下3
テラス-1
廊下4
洋室2
アトリエ2
テラス2
2階

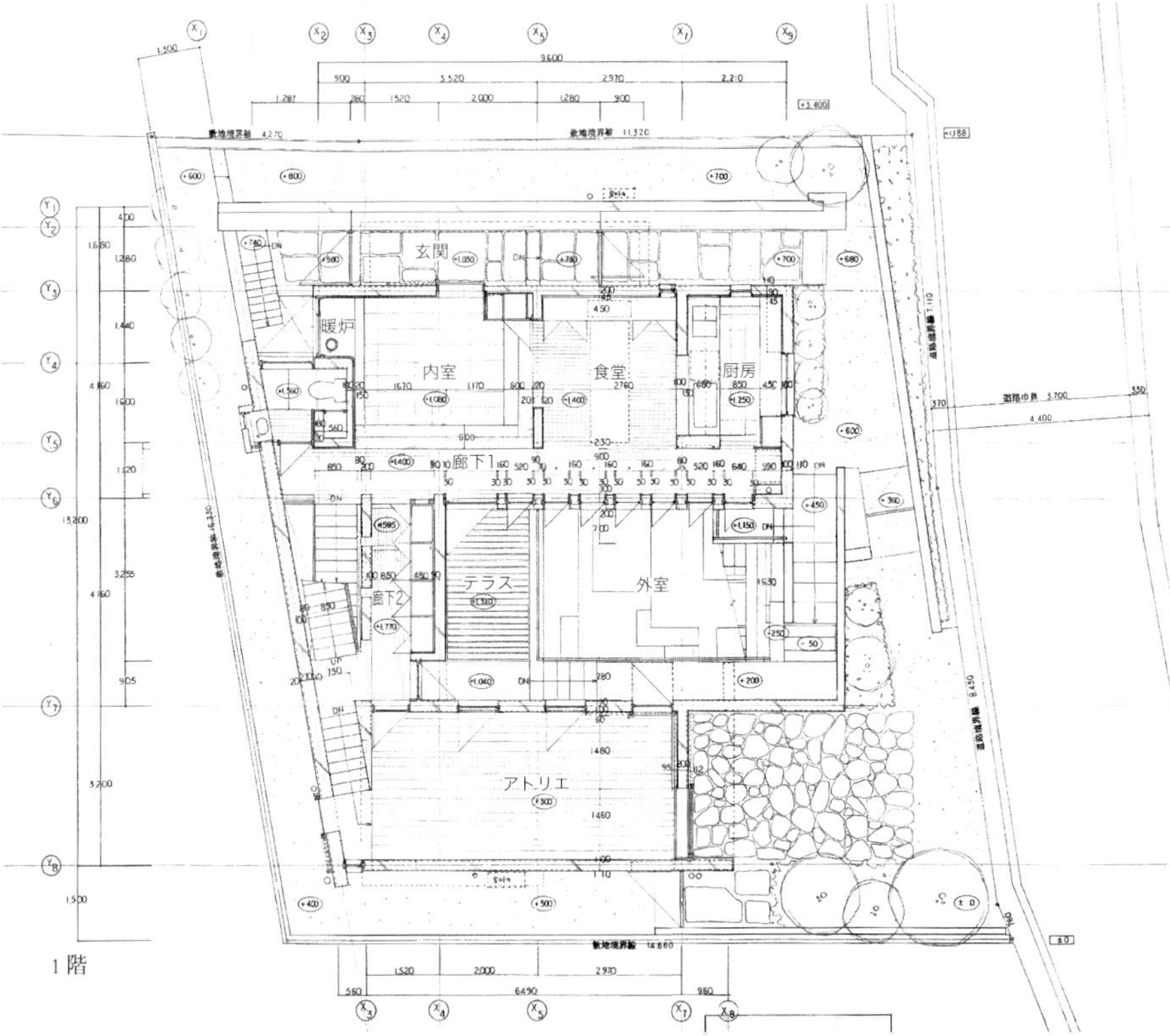
玄関
暖炉
内室
食堂
厨房
廊下1
テラス
外室
廊下2
アトリエ
1階

8

「101番目の家」へ

101番目の家——原点に還る

自邸へ至るまでの100作品におよぶ設計活動の中で、私は多くの人、様々な家族と出会ってきた。家づくりにおいて、家族にはそれぞれに抱えきれない思いがあり、思いは時にすれ違い、時に交わり合う。肉薄せざるを得ない交錯の狭間に立ち、私は常に問い続ける。時代と共に希薄になる場の力、平面、空間、寸法、構造、素材、技術、家族、そして人。私たちにとって、住宅とは一体何なのであろうか。私はひと度振り返る。

1976年、石井修先生は54歳にして自邸をつくり上げた。事務所を開いて四半世紀以上もの歳月の末に生まれた「目神山の家Ⅰ・回帰草庵」。そこには人間の住まいの本質に差し迫る建築の力が潜んでいた。私はその時に巡り合わせ、様々な思いを学んだ。あれから同じく四半世紀の時が流れ、気が付けば私も100の建築をつくっていた。当時の石井先生と同じ年齢を迎え、建築家として新たな旅立ちとなる住宅を突き詰める決意をする。——自邸。それは私にとって「住まいの原点」となるのである。

そしてもうひとつ、私には果たすべき約束があった。1985年に共につくり上げた棟梁・中谷禎次の自邸「粉浜の家Ⅱ」から20年近くもの歳月が流れ、私たちは数々の作

左頁　内2より外3を見返す　道路より連続する土間により、建具を開け放すと内外が一体になる

品を残してきた。「粉浜の家Ⅱ」をつくり終えたとき、私と棟梁はひとつの約束をした。私が棟梁と同じ年齢を迎えたら、もう一度互いの出発となる建築をつくろうと。——二つの自邸。それは二人にとって「手仕事の原点」となるのである。

時は巡り、２０００年という時代を契機に、自邸「１０１番目の家」で私は再び原点に立ち還る。自邸をつくるということは他者からの要望がないことを意味する。ただ徹底的に建築と向き合う意志だけがある。設計する過程で他者の存在によって曖昧になっていくもの、たくさんの人の思いの渦の中に埋没してしまうものを、常に自分の手中に捕まえておくことができる。しかし他者からの自由はあるが、自分というものから逃がれることができないのである。逃げのない建築とは、生きるということを剥き出しにしながら、人間の生活を根本に置いて、思いを突き詰めていくことである。

１対１——逃げのない建築

逃げのない建築。それは、建築に纏わるあらゆる要素を剥き出しにしていくことから始まる。可能な限り純化した建築の要素は、生々しくぶつかり合い、建築に緊張感が生まれる。力と力、意志と意志の正面からのぶつかり合いには、「1対1」の関係が結ばれ、そこには逃げが許されない。1対1の関係を結んでいるのは、場と建築、ヴォリュームと余白、内と外、ズレとスキマ、柱と建具、構造と空間、木とコンクリート、光と闇……。そして職人と建築家である。

それぞれのもつ力を「1対1」でぶつけ合った時、そのコントラストが明晰になる。しかしそれらが一対となって空間を築き上げる時、モノとモノのぶつかり合いの中には、

外観正面　T字路の突き当たりに、2層分の高さに抑え込まれたファサード。RCと木が1：1・5の仮分数のプロポーションをもち、広葉樹の大断面列柱、格子、RCの型枠割付の垂直ラインが町に表情をつくる

配置図　縮尺1/500

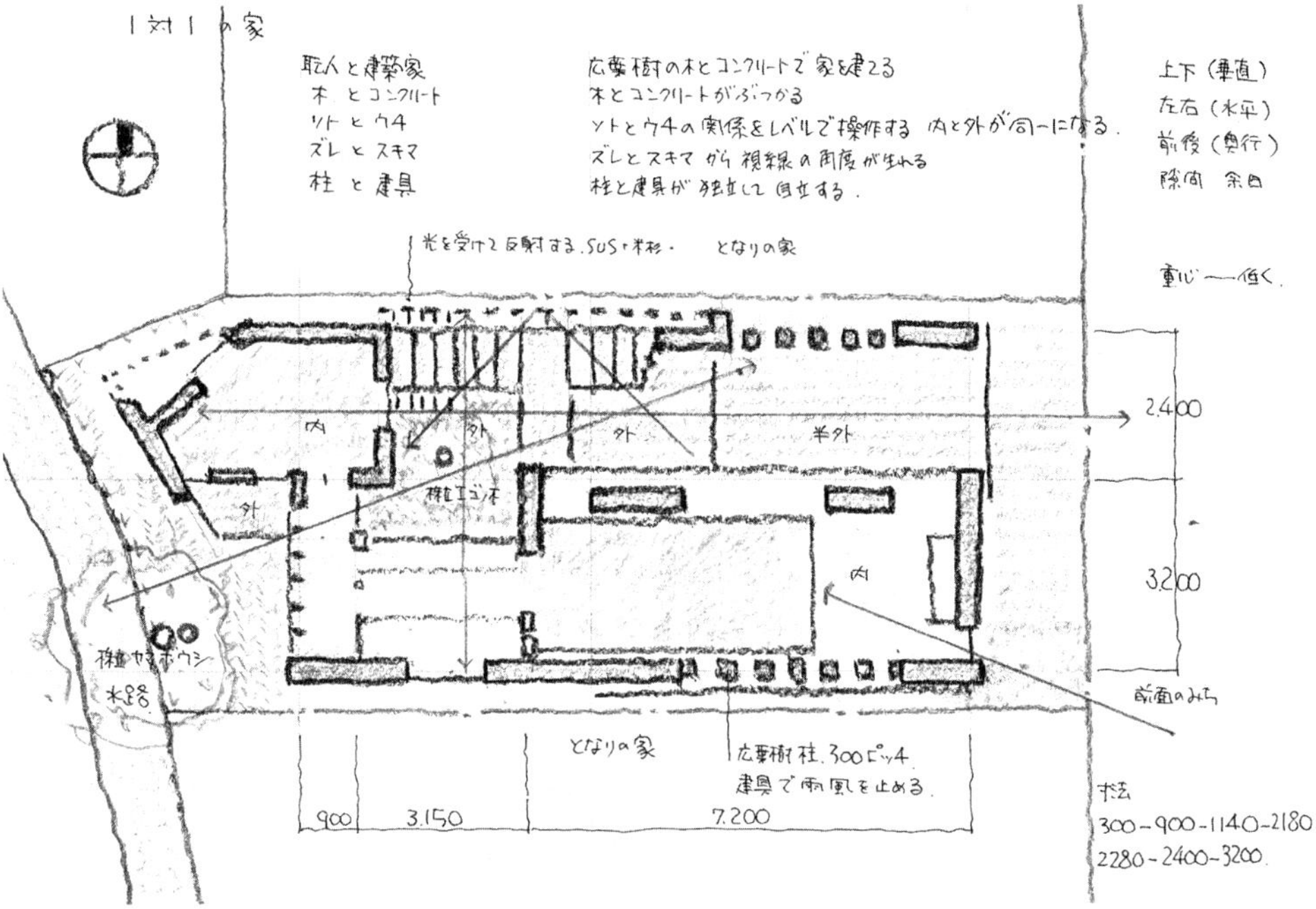
1対1の家
職人と建築家
木とコンクリート
ソトとウチ
ズレとスキマ
柱と建具
広葉樹の木とコンクリートで家を建てる
木とコンクリートがぶつかる
ソトとウチの関係をレベルで操作する 内と外が同一になる。
ズレとスキマから視線の角度が生まれる
柱と建具が独立して自立する。
上下（垂直）
左右（水平）
前後（奥行）
隙間 余白
光を受けて反射する SUS+木材。
となりの家
重心——低く。
内
外
外
半外
外
内
植エゴノキ
植ヤマボウシ
水路
2400
3200
前面のみち
となりの家
広葉樹柱 300ピッチ
建具で雨風を止める。
900
3150
7200
寸法
300-900-1140-2180
2280-2400-3200.

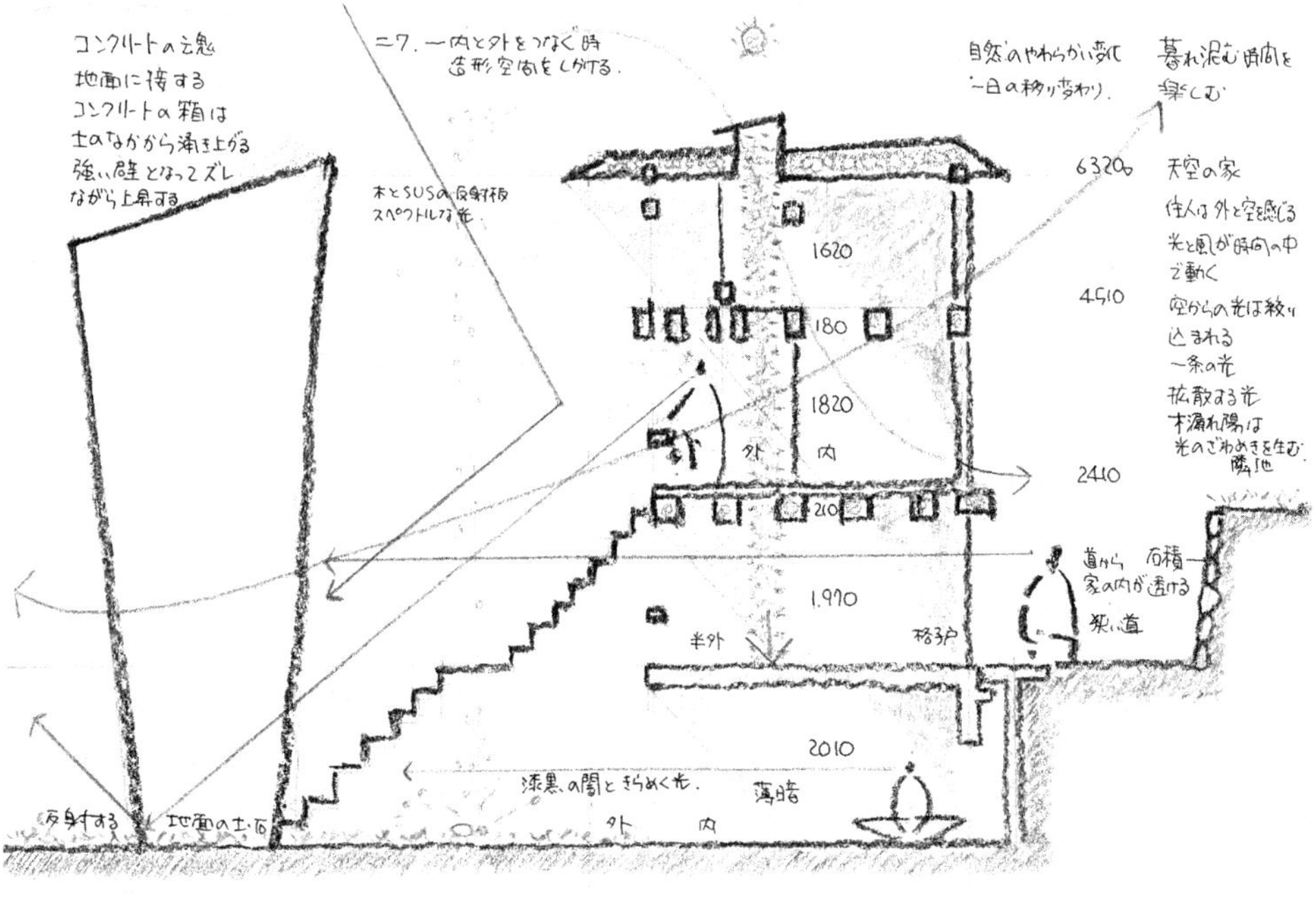
コンクリートの気配
地面に接する
コンクリートの箱は
土のなかから湧き上がる
強い壁となってズレ
ながら上昇する
ニワ。内と外をつなぐ時
造形空間をしかける。
木とSUSの反射板
スペクトルな光。
自然のやわらかい変化
一日の移り変わり。
暮れ泥む時間を
楽しむ
6320
天空の家
住人は外と空を感じる
光と風が時間の中で動く
空からの光は絞り込まれる
一条の光
拡散する光
木漏れ陽は
光のざわめきを生む。
隣地
1620
4510
180
1820
外
内
2410
210
1990
道から
家の内が透ける
石積
狭い道
半外
格子戸
2010
漆黒の闇ときらめく光。
薄暗
外
内
反射する
地面の土・石

緊密なズレやスキマ、反転や重層などが見えてくる。そこには単体では現れてこない力が互いに引き出されているのである。潜在的な力までもが露わになって掛け合わされ、新たな関係性さえ生まれる。「1対1」という概念は、単純な合成、対比、分割構造を意味するものではなく、そこから新たな次元へと昇華されるものなのである。

場×建築——脈絡

場の脈絡を紡ぎ出す。そこから建築が出発し、場の力が再現される。何も無いところから有るものが生まれ、場の力は建築の力となって還っていく。

緩やかな下り坂の終着点。離発着する飛行機、空を跨ぐ高速道路、遠くの景色から徐々に焦点を絞り込んでいくと、T字路の突き当たりに「101番目の家」が建つ。周辺は歴史を有する古い屋敷が残り、緑豊かで閑静な環境を形成しているが、阪神・淡路大震災の被害を少なからず受けたこの地域は、年々建て変わりつつあり、新旧の家々が混在する都市の様相を帯びている。

敷地の前面には車がやっとすれ違えるほどの狭い道路がある。人の背丈の高さで積まれた向かいの家の石垣が、緩やかな曲線を描きながら視線の先に消えていく。間口7m、奥行き15m、周囲に家々の建て込んだ東西に細長い敷地は、前面道路から1層分沈み込み、周囲の家々のウラ側がひしめき合う水路までつながっている。閑静な町並みや緩やかな地形、人々の生活の根幹はこのウラ側に結ばれている。こうしたオモテとウラの様相のコントラストは、「場と建築」の1対1の関係を想起させる。

前面道路より　石垣の連なる緩やかなカーブは視線の先で消失する。断面の異なる大断面の柱壁には陰影が生まれ、町に表情をつくる

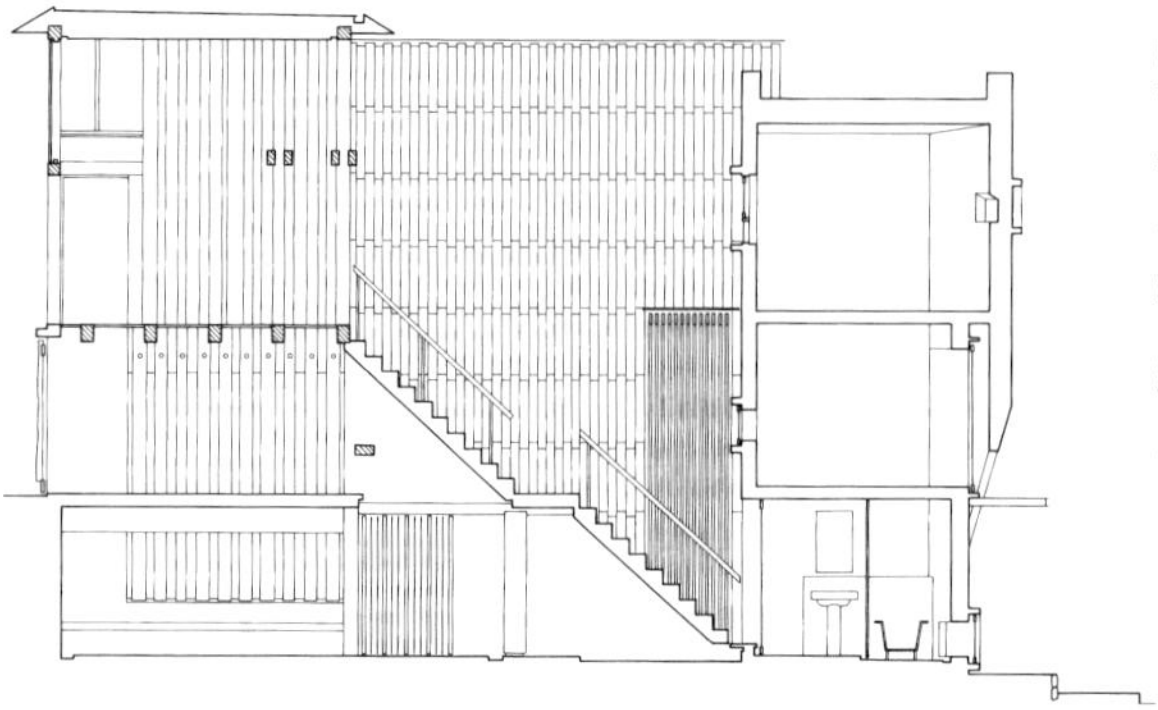

東西断面図　縮尺1/200

ヴォリューム×余白――都市に展開する住まい

都市の中の完結しない住まい。住空間が内部空間で満たされず、「余白」が存在することで都市に展開する。都市の「余白」とは、物音や風、光、人の意識までもが自在に行き交う空間である。そしてそこは他者との間合いをはかる空間なのである。

「101番目の家」は約100㎡の敷地に建つ。100㎡という面積は4人家族が適度に住みこなすのに必要な敷地面積であり、日本の都市の住まいにおいて重要な意味をもつ。100㎡の狭小敷地に「ヴォリューム」と「余白」が1対1の関係を結ぶとき、それらはギリギリの寸法でせめぎ合い、緊密な平面が決定される。

100㎡というと、木造であれば地上3階建てくらいが標準的であろう。ここでは沈み込んだ地形を生かして、地下1階、地上2階で構成している。建築を沈ませ、階高を極限まで抑え、道路から2層分の高さにとどめることで、坂の上から見える向こうの景色を町に残したのである。

地下へ沈み込ませた「ヴォリューム」に対し、「余白」を残す。都市に重層する住空間の「余白」から、光や風がもたらされる。東西に細長い敷地には風が西から東へ通り抜け、太陽は東から西へと長い円弧を描いていく。

住まいの「余白」として挿入された中庭は地階から天空まで突き抜け、深度をもった光や雨が降り注ぎ、風が抜けていく。その光の庭のスケールはギリギリまで抑え込まれ、南の光を求めながらも、あえて北側に配されている。そこは自然によって導かれた光の力と、建築によってもたらされた光の力が交錯する。隣地との境に建てられたステンレス板と米杉板を編み込んだ目隠し塀は、北の庭から重層する空間に光を届けるための反

外4より中庭を見る　狭小の敷地にヴォリュームと余白がせめぎ合い、透かされた木軸の空間と、重厚なRCのボックスが拮抗する

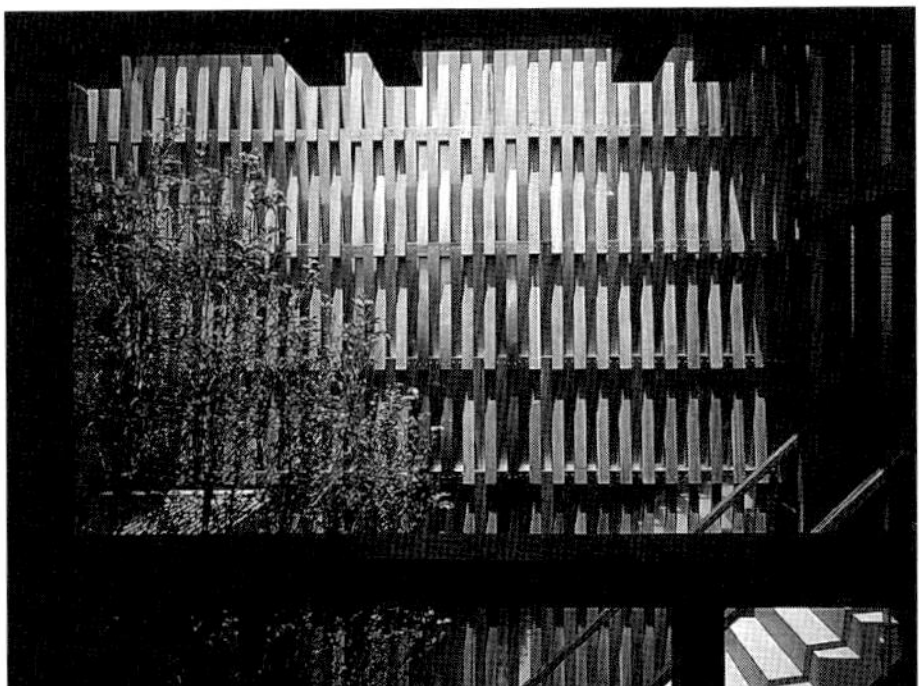

内5より中庭を見る　半艶仕上げのステンレス板と粗い杉板を編み込んだ目隠し塀は、光を鈍く反射し、内部に導く

射板である。半艶仕上げのステンレスは面全体が淡く鈍い光を放ち、粗く仕上げた米杉板は光を吸い込み陰影をつくる。過密化した都市の深い闇には、一条の光さえも鮮明に映る。ヴォイドやスリットに絞り込まれた光は地階へ届いた瞬間に闇に溶け合う。光は操作されながら天空から地の奥底まで導かれるのである。その小さなヴォイドに植えられた一本のエゴノキは光を求めて枝葉を広げ、季節ごとに鮮やかに色付きながら、人の意識を自然の中に還していく。

ヤマボウシの木が植え込まれた敷地の西側の「余白」は裏庭となり、水路側にひしめき合う家々の裏側と適度な間合いをはかる。そして「余白」から奥行方向に延びた空間に最も待ち受けられた光、西陽を引き込むのである。

内×外――緊密な平面

住宅を住宅たらしめている要素は、実は外部空間にあるのではないだろうか。都市における内と外の緊密な関係。その臨界点は安藤忠雄氏の「住吉の長屋」に見ることができるだろう。極小の敷地にもかかわらず、平面を3分割した上で、そのひとつに外部空間を挿入し、室と室を中央の中庭を介して対峙させる。内と外は2対1の関係をもち、外階段によってつながれた緊張感のある住まいになる。

一方「１０１番目の家」では１００㎡の敷地に内と外が1対1の関係を築く。内と外のせめぎ合いは、敷地を南北に2分割するたった一本の線によって決定付けられる。地階と1階平面を分割する軸線は、間口３２００㎜の内部空間（南側）と、間口２４００㎜の外部空間（北側）を対峙させる。３２００㎜という寸法は、4畳半を基準にして、

外5より外4方向を見返す　ダブルの梁が跳ね出し、内外が1：1の関係をもつ。透かされた骨格に視線や光、風が縦横無尽に行き交う

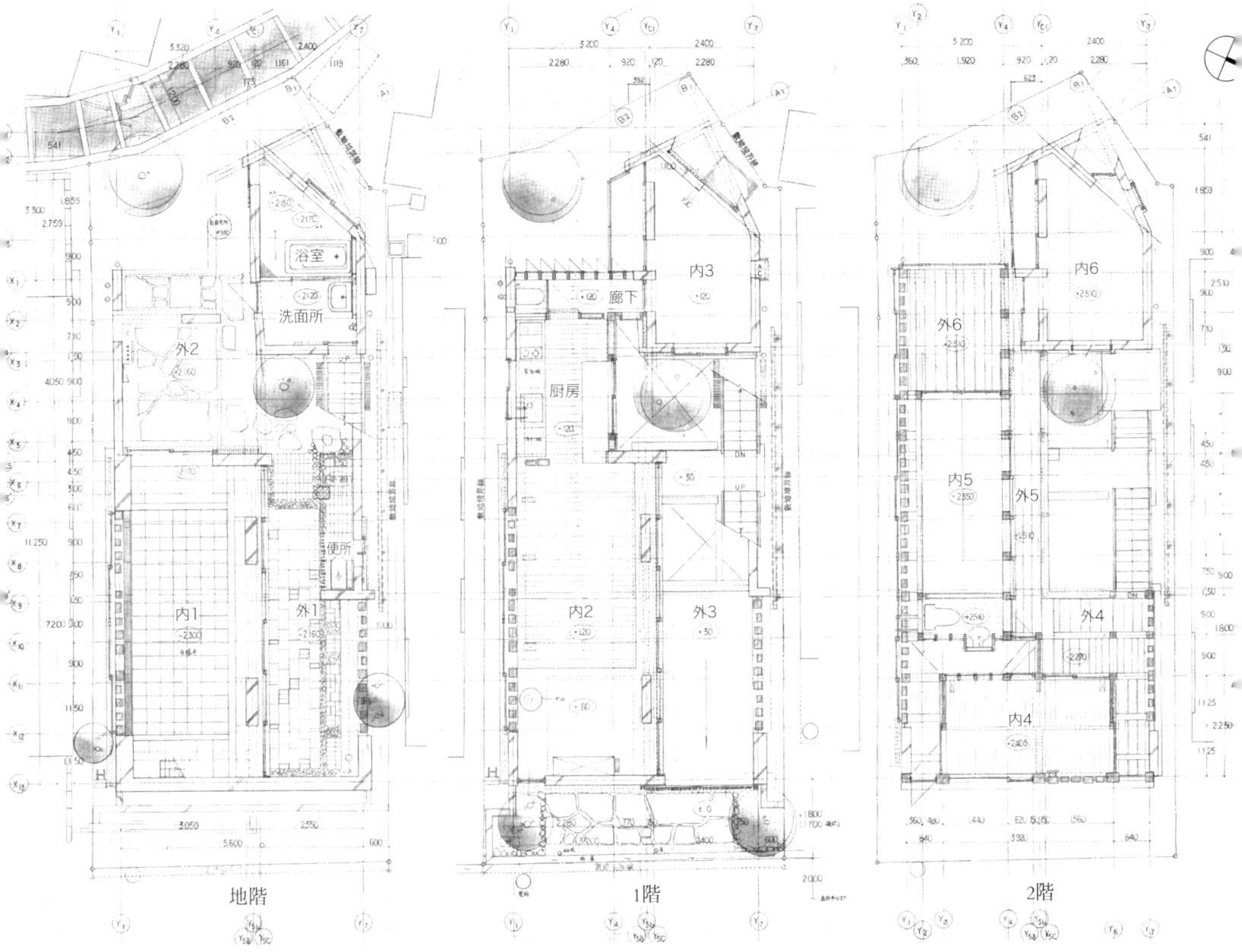

平面図　縮尺 1/200

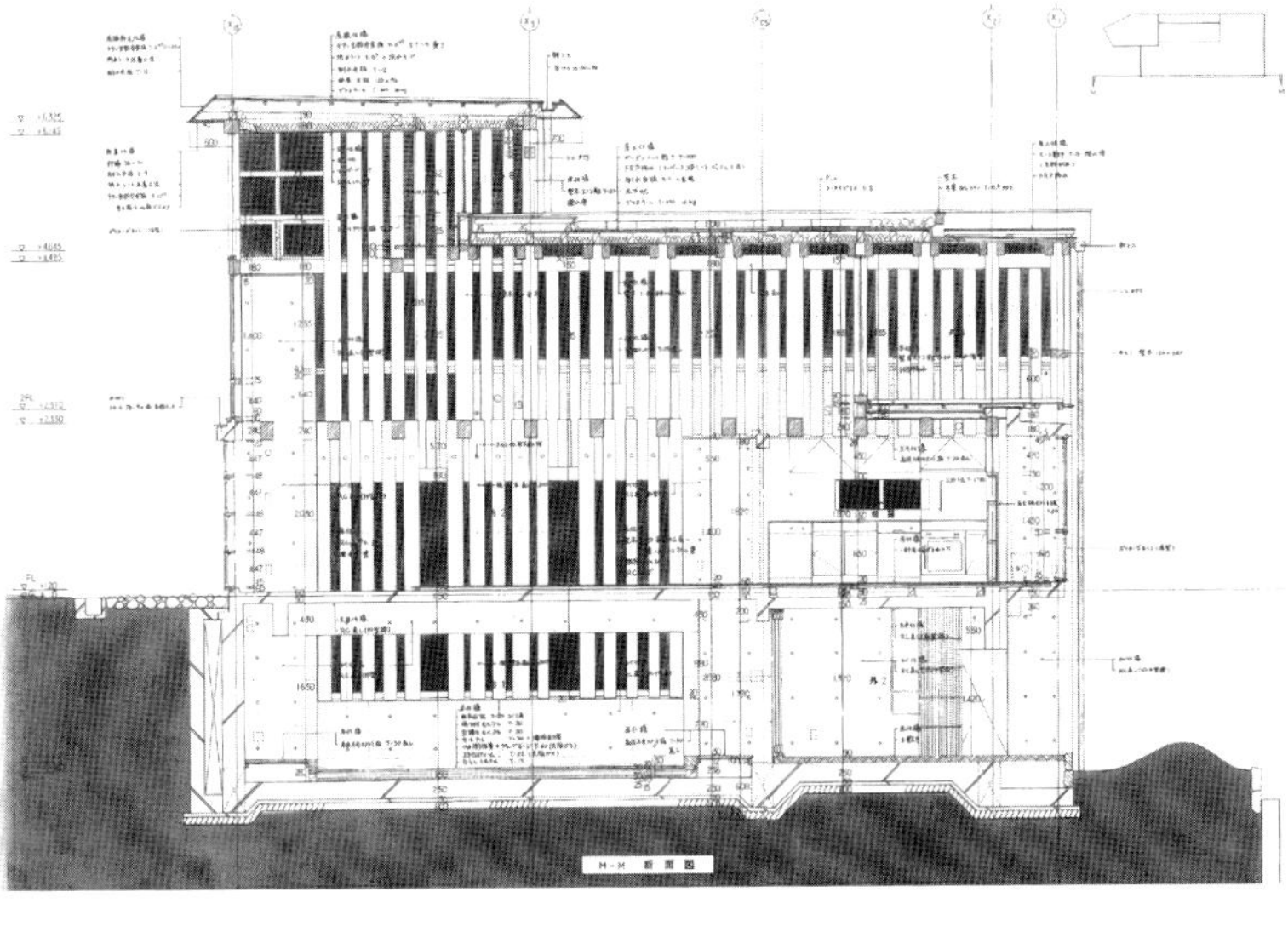
東西断面図
縮尺 1/200

人が動いたりモノを置いたりできる寸法を加えた幅である。

2階平面では3200㎜という寸法をさらに分割して外廻廊をつくることによって、内と外の比率が反転する。この時の内部空間の寸法が2280㎜であり、この寸法はまさに茶室がもっていた4畳半を切る室の最小限寸法である。

寸法を抑え込まれた内部空間は、軒下に生まれた外廻廊、すなわち中間領域と抱き合わされることで成立する。「内」「外」と名付けられた空間はシンメトリーを崩しながら、その関係がずれたり反転したり方向転換することで、相対的に1対1の関係を結び、複雑に重層する内と外の関係性が生まれる。物理的には内外が未分化のまま、いつでも外気や雨に晒される緊張感のある住まい。その室名には、機能や上下足さえ問わずに、居場所を自在に見つけ出していく住まいへの意志が込められているのである。そしてズレを伴い点在する「内」と、スキマを縫う「外」によって生活の様々なシーンがつなぎとめられている。

アプローチと境界

3層に重層する空間のシークエンスは、1階からアプローチし、そこから垂直の動線を天と地に二分することから始まる。通りから町並みに対して余白をとり、建物は道路より1700㎜控えて建つ。足元に庵治の自然石を敷き、その空白を彩る緑が人を迎え入れ、格子戸まで誘う。通りから町並みに対し取られた余白は、庇のない空間ではあるが、行き交う人々が立ち止まる路地のポケットとなる。格子のスキマからその内に見え隠れする光と緑、手が届くほどの高さに空けられた開口部を介して見える空は、都市空

外3より中庭を見る　格子戸を開けると土間の先にヴォイドが天と地に抜け、中庭と対峙する。ここで一旦立ち止まり、左手の内2へ回り込まなければ上下階へ進めない

外1より中庭を見る　地階の外1の薄暗い路地空間に突如突き抜けるヴォイドによって光が降り注ぐ。外1、中庭、外2、裏庭へと外部空間が雁行し、そこから1段分床が落ち込んだ内1と、光と闇のコントラストが生まれている

間に装置されたもうひとつの自然（中庭）を予感させる。格子戸を開けると、突如としてその中庭と対面する。ヴォリュームの内側でありながら、そこはまだ外部の様相をもった曖昧な空間である。そして道路と同じレベルのまま土間へと引き込まれる。玄関らしい玄関はもはや存在しない。土間の先では中庭が地階へと落ち込み、奥へは進めない。ここで立ち止まり、連続する土間に従い左へずれ込むと、直接家族室となる「内2」へと入る。「内2」には途中から床板が敷かれているが、そこには境界がほとんどなく、床はわずか60㎜しか上がっていない。曖昧な境界は靴の脱ぎ場も迷わせる。

人を中まで一旦引き込み、内外を曖昧に連続させながら、見えない境界線によって立ち止まらせる。来訪者はいきなり家族室へと招かれ、一瞬戸惑うであろう。しかしそれは杞憂に過ぎない。その戸惑いと同時に、家族との挨拶と会話が始まり、その空間にもてなされ、身を委ねることができるであろう。路地のようなスケールをもった通りと余白、土間は敷地境界線という曖昧な境界を自在に伸縮させ、駅からの道すがらさえアプローチの空間として意識の内に取り込んでしまう。

その空間に身を委ね、「内2」から「外3」を見返すと、コンクリートの壁を介し、土間、緑、路地、石垣へと連続する、内外が寄り添いあった浸透性のある空間が意識される。間合いをとり、そして詰める。曖昧な境界は、こうした作法が込められた他者へのはからいなのである。

天×地——廻遊

「内2」を通って中庭へ出ると、吹抜けに浮かぶブリッジから階段が上下へ分岐する。

左頁　ブリッジより外3・4方向を見返す　中庭を介して格子戸の奥に通りの石垣が見え隠れする。廻廊がここから上下階を巡り、ずれながら重層する大断面の木組みが迫力をもって佇む

地階から2階をつなぐ階段は、各棟からずれ、11段ずつで階を1層上がる。鉄砲階段によって棟と棟の間に距離をつくるが、階高と段数を抑えることで、スラブによって分かれた空間が密接な関係をもつ。地階から見上げると、視線は木のトンネルから浮遊感の漂う階段を経て、欄干の巡る中庭を介して道路側の棟の吹抜け上部まで連続し、空へと抜けていく。ここから見上げる月夜はまるで「千と千尋の神隠し」の世界である。

階段の先にある吹き晒しの「外4」は、内と外の中間領域である。ここは外路地と中庭への視線が交錯するとともに、動線が折返す「つなぎの間」となる。外廻廊は雁行しながら、「内6」のコンクリートのボックスまで回り込む。外廻廊は二重の梁と深い庇、低めの欄干がしつらえられ、廻遊性と同時に舞台性が仕掛けられた縁側空間になっている。

１・５層分吹抜けた「内4」には大断面木造のフレームが交錯する。フレームは１８２０㎜の内法高をつくり空間の重心を下げている。通りに面するＦＩＸガラスのピクチュアウィンドウは都市空間を引き込み、「内4」の周囲に取りつくヴォイドやテラスは家族と町をつなぎ、生活が都市に浮遊するような感覚である。

地階へ潜り込むと、一旦「外2」へ出る。そこから続く「外1」は幅２４００㎜の深い闇の路地空間であり、ヴォイドから朧気な光に照らされた中庭を介してあらゆる空間が結ばれる。「内1」は地面より掘り下げられた空間である。洞窟のような薄闇に包まれたこの空間には、西陽の満ちる裏庭から、庵治石敷の「外2」の土間にバウンドする光が鮮烈に映る。光と闇のコントラストが地下空間を濃密に満たしている。

重層する空間を廻遊するにつれ、光と影の関係は反転していく。地階では地の闇に浮かんだ光の移ろいを、上階では天空の光によって移ろう影を見るのである。

内4より前面道路を見る　様々な風景を取り込むマド。外側に外4が控え、空間に奥行きが生まれる

内2見上げ　家族室に設けられたわずかなヴォイドが、低く抑えられた天井に抜けをつくる

ズレ×スキマ――間合いをつくる

分棟になった棟と棟、そして点在する室と室は、互いにその軸線をずらし、土間、中庭、テラス、外階段、外廻廊といった様々な質をもった余白の外部空間が、そのスキマを縫い取ることで、立体的にひとつながりの住空間を形成する。ズレとスキマによってもたらされた外部空間は均質な一室空間を解体し、多様な「間合い」を生み出す。ズレとスキマは内と外を反転させながら連続し、視線や光、風を流動化させていくのである。

道路側の木とコンクリートの混構造のフレームと、裏の水路側につきささるコンクリートのボックスは平面的にずれ、その間を中庭、階段、廻廊がつないでいる。混構造はフレームの中にさらなる平面のズレをつくり出し、点在する室と室のスキマは雁行する。コンクリートのボックスは天空に向かってすり鉢状に壁がせり上がり、棟と棟とのズレとスキマが上にいくに従い緊密に迫っていく。地階から3層分の中庭を見上げると、あたかも深い森の底にいるような錯覚にとらわれる。

ズレによって生まれたスキマやスリットは、昼間は薄暗い内部空間に光と影の劇的な変化をもたらす。「内5」では列柱が生む光と影のストライプが刻々と移ろい、時の過ぎゆく様を感じさせる。夜になれば反対に都市空間に灯りを漏らし、建築が提灯のようにぼんやりと浮かび上がる。こうしてズレとスキマに混じり溶ける住まいの変容は、都市空間を浮遊するのである。

境界のしつらえ

「101番目の家」において内と外は建具一枚を隔てて接しているが、建具そのもの

厨房と内3の間より下階の外1を見る　混構造の棟とRCボックスの棟のズレとスキマに視線が抜ける

外観正面夕景　夜になるとスキマから灯りが都市に漏れ、提灯のように浮かび上がる

はあくまで雨風を凌ぐ装置でしかない。むしろ建具が取り付く柱・梁・床に境界のしつらえが仕掛けられ、曖昧な内外に緊張感が生まれている。

地階の「内１」と「外１」「外２」の境界は、床のレベルと開口部の内法高によってつくられる。「内１」の石貼床は地面より１４０㎜沈み込む。「内１」は垂壁によって包み込まれ、開口部は低く抑えられている。「外１」は内法高１４９０㎜に抑え込まれ、視線は足元に導かれる。「外２」は天井高１９５０㎜を支える一枚の壁柱によって絞り込まれ、視線は水路の向こうまで導かれる。薄暗く静寂な「内１」に座り込むと、視線は地を這い、水路、裏庭の地面、「外２」の庵治石敷きと土間にバウンドする強い光を感じずにはいられない。

２階の「内５」と「外５」「外６」の境界では、梁と床の関係が反転しており、大断面の梁が敷居として横たわる。床は外廻廊より沈み込み、建具を柱の外にずらして隠し框としている。畳から１５０㎜上がる敷居は「またぐ」ことによって視覚的に連続する内外に結界を結ぶ。「外６」への開口部の内法幅と内法高は共に１９２０㎜で、敷居を枕に寝転がると正円を描き、程よく景色を絞り込む。抑えられた天井高、内法幅と内法高、足元の結界は、座り込んだ人の視線や空間の重心を下げ、視線の先の空が鋭く庇に切り取られる。

構造×空間――混構造の表現

「１０１番目の家」では構造・下地・仕上げといった要素の階層性を削ぎ落とし、構造表現と空間表現をひとつにするため、構造が内外共に現しにされている。都市の様相から見えてくる場の力を再現するには、かつての民家がもっていた剥き出しの骨格の力

外２より裏庭を見る　抑え込まれた開口部により絞り込まれた光が庵治石にバウンドし、薄暗い空間へ引き込まれる

内５と外５（廻廊）の間の敷居が、曖昧な内外に結界を結ぶ

強さと荒々しさを、現代の都市の住宅に読み替え、構造と空間を構成する素材の力を引き出すことが重要になる。

都市に重層する力強い空間と骨格は、「木」と「コンクリート」が絡み合う混構造によって表現している。混構造というと、一般的には大スパンを構成するコンクリートの下層部分に、小割りの空間を構成する軽やかな木の軸組みが載るといった、対比的な扱いがほとんどであろう。構造を分節して、大きさ、機能、意匠、明度の異なる空間を構成する際に、混構造は有効な手段となる。

ただし、このような場合の木とコンクリートは１＋１＝２に過ぎず、構造的に分離し、階層性が生まれてしまう。私にとって混構造の魅力とは、単体では引き出せない素材の力を、異素材をぶつけ合うことによって引き出し、都市空間に緊張感を取り戻すことにあるのである。そこで「１０１番目の家」では、混構造のもつ階層性から脱却し、木とコンクリートについても「1対1の関係」をもたせ、どちらも譲らないくらい力を主張し合って絡み合うような新たな混構造の表現を試みている。

木とコンクリートの素材の力を「1対1の関係」の中で捉え直す時、そこには新たな木造の表現が求められる。コンクリートに負けない無垢の木の表現ということになると、針葉樹の大断面ではコンクリートの重厚感には及ばない。そこで堅くて色艶のある広葉樹を使うことにしたのである。広葉樹は木の肌合い、色合い、艶、そこから醸し出される雰囲気にも一本一本強い個性があり、圧倒的な存在感がある。比重が鉄に近く、水に沈むほど重い広葉樹を、大断面で使うことで新たな木の力を引き出すことができたのである。

大断面広葉樹の木挽き

材木場に並べられた製材される前の広葉樹

木×コンクリート――絡み合う構造

コンクリートと大断面木造を入れ子にして混構造を組み上げているため、大断面木造とコンクリートの柱・梁・壁・床の関係は、平面的にも断面的にもずれ、自立している。地階からコンクリートが立ち上がり、北面と南面では腰壁から大断面の列柱が立ち上がる。列柱はコンクリートの垂壁と床スラブの外へずれて上階へ連続するため、木とコンクリートの間に奥行きと陰影が生まれる。中央の軸線をつくる地階の壁柱（長方形断面のコンクリートの柱）は、梁幅に対して柱型を勝たせて垂直ラインを強調し、コンクリートのフレームも地上へ連続することを予感させている。1階では壁柱に二重の梁が架かるように見せて梁型を勝たせることで、コンクリートのフレームがここで終わり、地階から連続する大断面木造の架構が覆い始める。木とコンクリートは層をずらしながら、上階へ行くに従い、徐々に互いの密度、関係が反転する。

　大断面の木の柱は300㎜ピッチに連続し、断面的にスラブから半層ずれたところで柱を継いでいる。継ぎ手は柱芯を150㎜ずつずらした柱と柱のスキマに、次の柱がボルトで緊結され上階へつながる。そこには3層に重層する大断面木造における通し柱の考え方がある。細い路地において大断面の木をトラックで運搬し、鉄の塊のように重い広葉樹を2人の大工が両手で持ち上げるには、1・5層分の材寸が限界であった。3層分の通し柱は不可能であったため、スキマを空けて短い柱を並べ、そのスキマに次の柱を抱き合わせる「合わせ柱」構法で重層する木造空間を組み上げることにした。柱と柱はボルトによって水平方向に連結され、塊になって梁のような役割を果たす。コンクリートの梁は木の列柱の継ぎ手に外付けになり、アンカーで緊結されている。このような

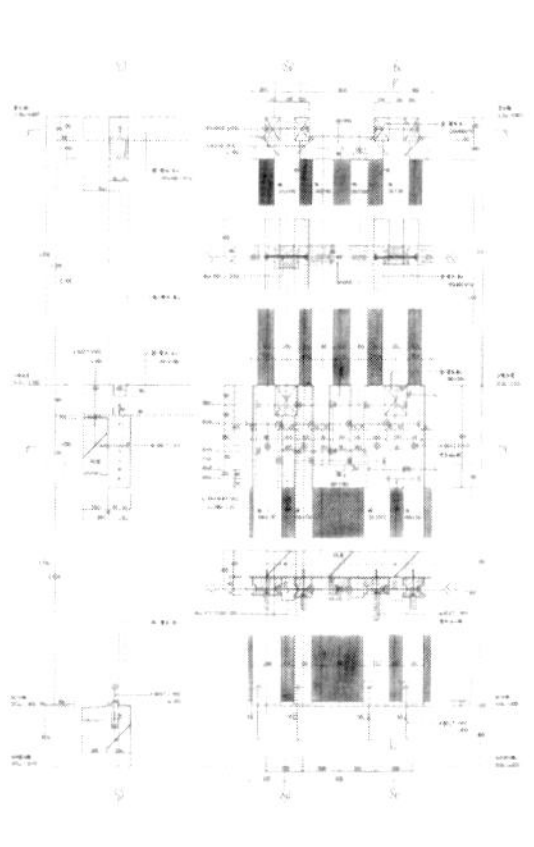

木組み詳細図

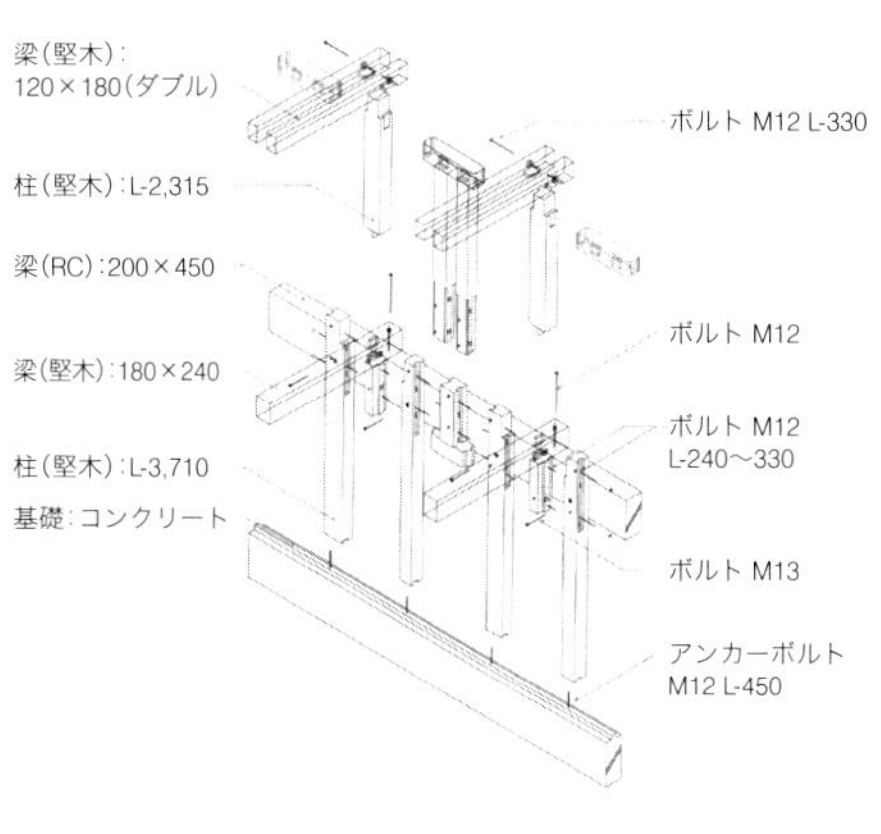

木組みアクソメ図

柱と床・梁の平面的・断面的なズレによる入れ子構造、柱と柱のズレによる合わせ柱構造によって生まれた列柱のスキマは、上下の空間をつないでいく。

柱と柱のスキマは全て開口部として捉えられ、大きな開口部には上の柱の下端にまぐさが入る。内外を仕切り、雨風を凌ぐのは、大断面の列柱の外側を走る建具のみである。建具は外付けのコンクリートの梁に取り付き、木の柱の外側を自在に動く。骨格と建具のズレにより、構造表現が空間の中でより明晰になる。

こうして柱、梁、壁、床、建具といった要素を自立させることで、それぞれの接点に1対1のぶつかりが生まれ、木、コンクリートといった無垢の素材が構造的に絡みながら、互いに存在感を発揮し、緊張感が生まれるのである。

内2　1・5層分の大断面の列柱はずれながら抱き合わされ、3層の空間を構成する。その継手はスラブと層をずらしながら梁の役割を果たし、裏側のRCの梁に緊結される

ネガ×ポジ——素材の表情

広葉樹の柱梁は、色艶の異なる13種類の広葉樹をランダムに使い分け、あえて製材所に置いてあったままの不揃いの断面寸法で使い、一本一本の木の個性や存在感を見せている。無垢の木の柱によって壁面を構成する外観正面では、断面寸法の異なるタガヤサンの独立柱のスキマにベニシタンの面戸を入れ、陰影と色の変化を伴う複雑な表情をつくり出す。つなぎ梁を柱の内側へずらして緊結し、柱を1・5層分通すことで、一本一本の木の存在感が際立つのである。

かつての民家がそうであったように、素材の良さを生かしながら、広葉樹の大断面を空間にくまなく使い切りたかった。そこで「内4」と「外4」を仕切る板壁は、広葉樹の柱を加工した時に出た端材を利用し、厚さ60㎜の短冊の無垢板を室生寺にみられる板壁構法のように柱間に落とし込んでいる。床板や天井板も端材を厚さ30㎜にスライスし、900㎜ピッチで架けられた梁面に直接載せ、短尺材を転用している。棟梁が現場で端材を選び出し、杢や色目、艶をもうまく生かしながら、ランダムに組み合わせている。こうして一本一本の木がもつ個性が、空間の密度をより一層高めているのである。

一方のコンクリートの型枠には鉋削りをしない粗野な杉板を乱幅で使い、ベニヤの上に二重に張って時間を置きながら水を打ち、わざと暴れさせ不揃いにしてコンクリートを打っている。こうすることで表面は荒々しく、木の灰汁や木目といった風合いを色濃く映し出し、強さと優しさを兼ね備えた表情を見せている。

こうして木とコンクリートは互いにネガとポジのような関係になる。廃墟になる手前の建築のように、あえて製材する一歩手前の不揃いの材料にすることで、表現を反転させながら互いの素材の持ち味が引き出される。そして素材の粗さは、日々の移ろいの中でもまた違った表情を見せてくれるのである。

建築家×職人――逃げのない建築

広葉樹の大断面木造とＲＣ造の混構造、荒々しい素材のぶつかり合いという構造表現をそのまま空間に表現にすることは容易ではない。仕上げをせず、全てが剥き出しになるということは、逃げが全く許されないということである。「101番目の家」は職人泣かせの家であった。

クセが強く堅い広葉樹は仕口の加工ですら大変な苦労であった。のみの歯がこぼれてしまうだけでは済まされなかった。のみの柄に対して広葉樹があまりにも堅いため、叩

内4　1.5層分の吹抜けに壁面を構成する大断面の列柱は内法ラインで梁で連結する。手前の一本柱は交錯するフレームを止揚する見せかけの柱

内6　杉板乱幅型枠の粗い表情を写し込んだＲＣは、極小の空間に馴染んでいく

くとのみの柄の方が負けて折れてしまう。道具を欠く苛立ちの中、職人たちは手持ちの使い古したのみをかき集め、それを叩いて力任せにただぶち切っていった。歯の鋭さではなく鉄の硬さだけが頼りなのであった。ドリルを使うと物凄い悲鳴を上げ、時に火花を散らしながら木の焦げる匂いと煙が立ち籠め、木片ではなく色鮮やかな木の粉が舞い上がる。雨の降る日には木の粉の積もった床が真っ赤な血の色に染まる。それは凄まじい光景であった。

現しの木造では、大工は継ぎ手やディテールに技を注ぎ込むものであるが、ここでは材と材が直接ぶつかり合うため、ディテールは存在しない。しかし構法そのものに隠された技がそこにはある。コンクリートの上に木を組むとき、普通は土台を敷き込むのであるが、あまりに重い広葉樹では土台にめり込みが生じてしまう。ここではコンクリートの基礎に直接柱を載せ、アンカーボルトで緊結した。継ぎ手のズレもボルトで緊結するので、仕口には一切逃げが許されない。1本300kgもある広葉樹はクレーンで吊り上げられ、寸分の逃げもない木と木は、若い大工が大きな木槌で渾身の力を込めて叩き込んだ。建て方当初は1日でたったの3本しか柱が立たなかった。職人たちは、ただひたすら広葉樹と格闘し続けたのである。

西側のコンクリートのボックスは、五角錘という難しい形状をしているが、指矩で寸法を割り出せるように45度を基本形とした。しかし全ての角を45度にしたために型枠制作に苦労した。型枠は図面を反転して見るため、型枠大工は同じ大工でもモノの考え方から異なる。ここでは型枠から全ての仕事を棟梁中谷に任せたのである。まず製材所で板図を起こし、仮組みしながら型枠を製作し、現場でもう一度型枠を組んだのである。

素材の粗さにこだわり、コンクリートの打設は、硬いコンクリートをバイブレータなしで人力で打ちたいともちかけた。学生たちを集め、大工と一緒にひたすら竹の棒でつつき、鋼管を叩き続け、手間暇かけて打ったコンクリートは、非常に堅く荒々しい表情と優しい表情を併せ持った仕上がりになった。

こうして様々な苦闘の末、この家には数え切れないほどの手仕事の痕跡が刻まれた。重要なのは道具や材料に欠いた時代への意識をもちながら、試行錯誤して生み出した構法によってしか現れない空間の緊張感なのである。構法は全て棟梁・中谷禎次と共に考えている。そして、コンクリートの型枠、打設、木組み、造作に至るまで、一人の棟梁と、彼の率いる熟練の職人たちによって成し遂げている。3年以上の工期に渡り、逃げのない納まりと格闘した現場の職人たちの背中には迫力があった。

未完の美

コンクリートの建築の寿命は100年、それに対し日本の木造住宅の寿命は20年～30年と極端に短い。しかしここで使われた広葉樹は荒々しい気候や過酷な環境の中で何十年、何百年と生きてきた木である。木は大地の上で100年生きれば、死んでなお100年生き続けるという。こうした素材の力に触れ、そこから生まれる新たな構法と手仕事の痕跡が建築の力として築き上げられたとき、場の力が再現される。

「101番目の家」は建築家と職人が勝負を賭け、それぞれの構想と技の結晶によって構造表現と空間表現の1対1の関係を見出した。荒々しく力強い建築は都市に根を下ろし、何十年、何百年と生き続けるであろう。点在しながらもひとつながりとなった完

結しない平面、せめぎ合う寸法、剥き出しの骨格、不均質な素材、人の手によって築き上げられた構法、変わり続ける家族。私は「1対1の関係」の中に年月を経るほどに深みや味わいの増す「未完の美」を見出している。未完の住まいはこれからもたくさんの手仕事と手入れによって磨かれていく。それはまさに都市に再解読された民家なのである。竣工から数年、「101番目の家」はその緊張感を保ったまま日々美しさを増し、住まいの原点を私に教えてくれるのである。

還る場所を求めて

全ては無に始まり有に還る。

私の建築の原点となった閑谷学校は、建築への思索を深める上で、折に触れ、還る場所である。私は同じ場所に立ち尽くし、そして考える。この美しい建築を生かし続けているものは何だろうかと。

こうして繰り返される旅、そこに込められた建築の作法と手の痕跡、場に刻み込まれた様々な思いに心を傾け、建築と静かに向かい合う。そして様々な出会いを経て「101番目の家」に還り着く。そこでは自邸、建築家としての職能、自らの生き様を超え、建築とは何か、住まいとは何か、日々の生活から建築の本質を探り出す。徹底的に突き詰めた住まいから、紐解かれつつあるその答えを、次なる建築へと結んでいく。

そして私は再び還る場所を求め、新たなる建築への旅に出るのである。

100＋1の家——無有建築工房 作品一覧 001—101

001 勢野の家

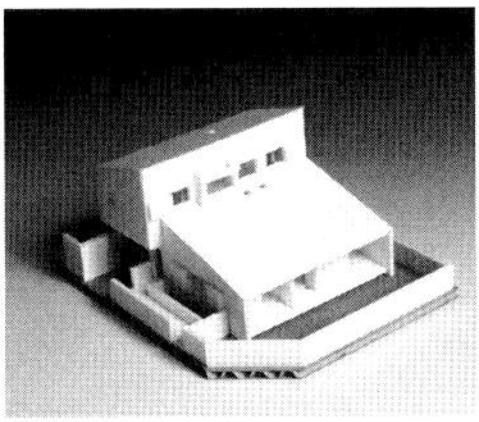

所在地 奈良県生駒郡
主要用途 専用住宅
構造規模 木造／地上2階
敷地面積 186.71m²
延床面積 107.82m²
竣工年月 1978.02

002 伊庭字台の家

所在地 滋賀県神崎郡
主要用途 専用住宅
構造規模 木造／地上2階
敷地面積 32.43m²
延床面積 88.56m²
竣工年月 1979.09

003 帝塚山中町の家

所在地 大阪市住吉区
主要用途 専用住宅
構造規模 木造／地上2階
敷地面積 68.77m2
延床面積 191.82m2
竣工年月 1979.12

004 忍海の家

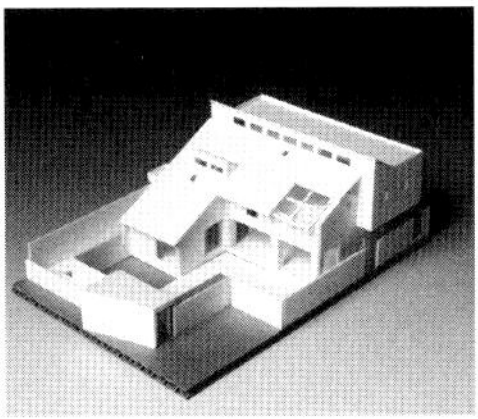

所在地 奈良県北葛城郡
主要用途 専用住宅
構造規模 RC造＋木造／地上2階
敷地面積 327.35m²
延床面積 131.18m²
竣工年月 1980.05

005 岸和田の家

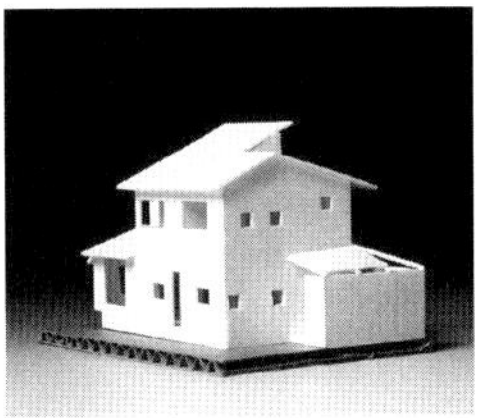

所在地 大阪府岸和田市
主要用途 専用住宅
構造規模 木造／地上2階
敷地面積 116.59m²
延床面積 92.92m²
竣工年月 1980.10

006 港晴の家

所在地 大阪市港区
主要用途 専用住宅
構造規模 木造／地上2階
敷地面積 67.35m²
延床面積 121.52m²
竣工年月 1980.11

007 和泉砂川の家

所在地 大阪府泉南市
主要用途 専用住宅
構造規模 RC造＋木造／地上2階
敷地面積 118.43m²
延床面積 116.43m²
竣工年月 1980.12

008 三木の家

所在地 兵庫県三木市
主要用途 専用住宅
構造規模 木造／地上2階
敷地面積 265.32m²
延床面積 47.19m²
竣工年月 1981.04

009 当麻の家

所在地　奈良県北葛城郡
主要用途　専用住宅＋店舗
構造規模　木造／地上 2 階
敷地面積　133.89m²
延床面積　120.41m²
竣工年月　1981.09

010 北楠葉の家

所在地　大阪府枚方市
主要用途　専用住宅
構造規模　木造／地上 2 階
敷地面積　102.71m²
延床面積　82.37m²
竣工年月　1982.04

011 有里の家

所在地　奈良県生駒市
主要用途　専用住宅
構造規模　木造／地上 2 階
敷地面積　114.60m²
延床面積　101.59m²
竣工年月　1982.09

012 粉浜の家 I

所在地　大阪市住之江区
主要用途　専用住宅
構造規模　木造／地上 2 階
敷地面積　82.99m²
延床面積　112.03m²
竣工年月　1983.04

013 西明石の家

所在地　兵庫県明石市
主要用途　専用住宅
構造規模　RC 造＋木造／地上 2 階
敷地面積　198.37m²
延床面積　173.97m²
竣工年月　1983.03

014 延命湯

所在地　大阪市福島区
主要用途　銭湯＋住宅
構造規模　RC 造／地上 3 階
敷地面積　271.17m²
延床面積　374.26m²
竣工年月　1983.09

015 長岡京の家

所在地　京都府長岡京市
主要用途　専用住宅
構造規模　RC 造（一部木造）／地下 1 階・地上 2 階
敷地面積　213.36m²
延床面積　143.99m²
竣工年月　1983.11

016 STEP HOUSE SUMINODO

所在地　大阪府大東市
主要用途　専用住宅（長屋 5 戸）
構造規模　木造／地上 2 階
敷地面積　285.99m²
延床面積　153.49m²
竣工年月　1984.08

017 STEP HOUSE II

所在地　大阪府東大阪市
主要用途　専用住宅
構造規模　木造／地上 2 階
敷地面積　98.70m²
延床面積　114.45m²
竣工年月　1985.01

018 粉浜の家 II

所在地　大阪市住之江区
主要用途　専用住宅
構造規模　木造＋ RC 造／地上 2 階
敷地面積　36.30m²
延床面積　69.77m²
竣工年月　1985.02

019 深井中町の家

所在地　大阪府堺市
主要用途　専用住宅
構造規模　RC 造／地上 2 階
敷地面積　96.92m²
延床面積　89.16m²
竣工年月　1985.12

020 本田外科・胃腸科

所在地　兵庫県芦屋市
主要用途　医院
構造規模　RC 壁式構造／地上 2 階
敷地面積　202.73m²
延床面積　207.69m²
竣工年月　1986.09

021 阿弥の家

所在地　大阪府南河内郡
主要用途　専用住宅
構造規模　木造（一部S造）／地上2階
敷地面積　144.98m^2
延床面積　78.81m^2
竣工年月　1986.12

022 ドムス北長狭

所在地　神戸市中央区
主要用途　賃貸共同住宅＋住宅
構造規模　S造／地下1階・地上5階
敷地面積　83.22m^2
延床面積　319.51m^2
竣工年月　1987.07

023 依羅通りの家

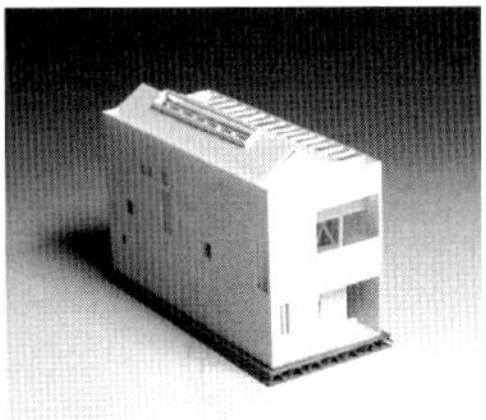

所在地　大阪市住吉区
主要用途　専用住宅
構造規模　木造／地上2階
敷地面積　98.04m^2
延床面積　97.31m^2
竣工年月　1987.09

024 塗屋造の家

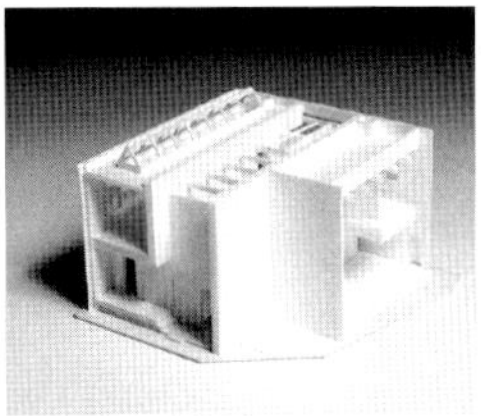

所在地　大阪府東大阪市
主要用途　専用住宅
構造規模　木造在来工法／地上2階
敷地面積　123.76m^2
延床面積　117.25m^2
竣工年月　1987.09

025 石丸の家

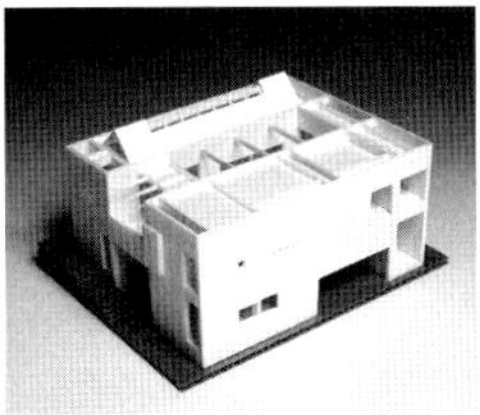

所在地　大阪府箕面市
主要用途　専用住宅
構造規模　RC壁式構造／地下1階・地上2階
敷地面積　252.90m^2
延床面積　286.72m^2
竣工年月　1987.04

026 南山栗平の山荘

所在地　長野県茅野市
主要用途　別荘
構造規模　木造／地下1階・地上1階
敷地面積　11026.96m^2
延床面積　135.73m^2
竣工年月　1988.09

027 西中島の家

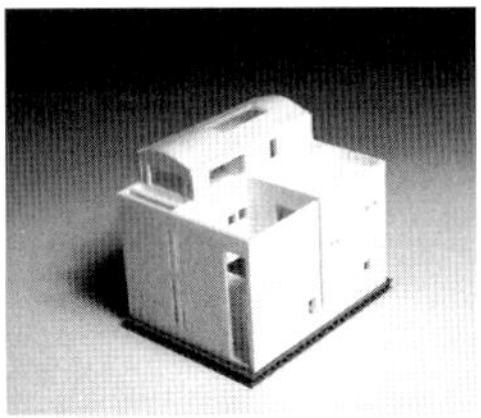

所在地　大阪市淀川区
主要用途　専用住宅
構造規模　木造＋ブロック造／地上2階
敷地面積　90.31m^2
延床面積　101.40m^2
竣工年月　1988.09

028 マニフェスト楠町

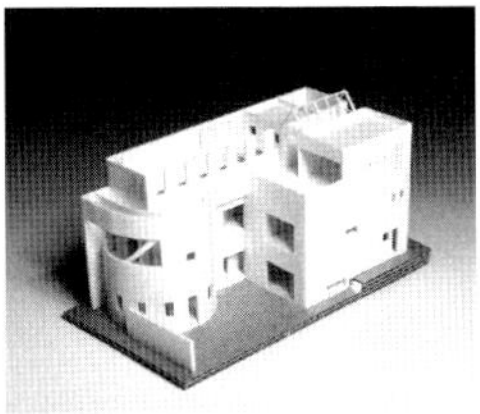

所在地　兵庫県芦屋市
主要用途　住宅
構造規模　RC壁式構造／地上3階
敷地面積　271.87m^2
延床面積　281.72m^2
竣工年月　1988.12

029 千里山の家

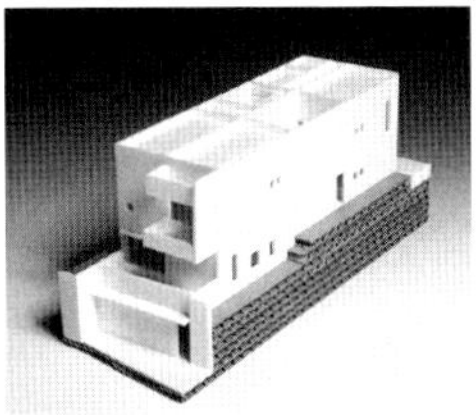

所在地　大阪府吹田市
主要用途　専用住宅
構造規模　RC壁式構造／地下1階・地上2階
敷地面積　272.45m^2
延床面積　257.57m^2
竣工年月　1989.03

030 寿町の家

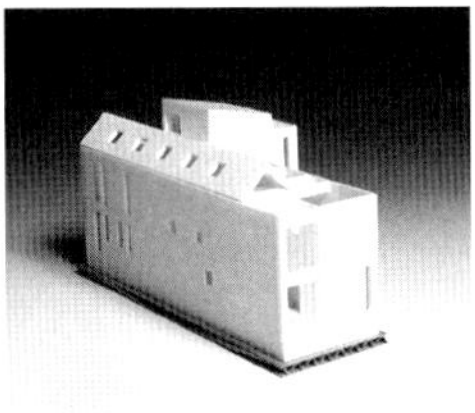

所在地　大阪府吹田市
主要用途　専用住宅
構造規模　コンクリートブロック造（一部RC造）／地上2階
敷地面積　155.06m^2
延床面積　180.42m^2
竣工年月　1989.05

031 本庄町の家

所在地　兵庫県西宮市
主要用途　専用住宅
構造規模　RC造／地下1階・地上2階
敷地面積　212.55m^2
延床面積　198.77m^2
竣工年月　1989.07

032 吉見ノ里の家

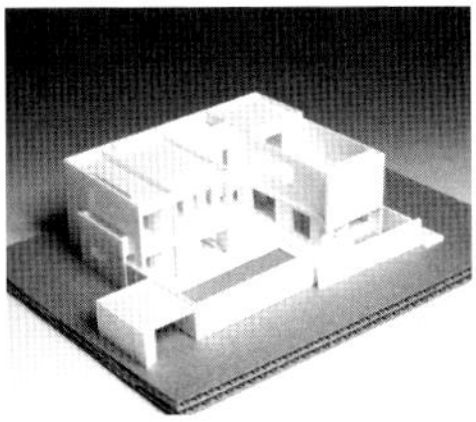

所在地　大阪府泉南郡
主要用途　専用住宅
構造規模　RC造／地上2階
敷地面積　577.59m^2
延床面積　249.95m^2
竣工年月　1991.01

033

石壁の家

所在地　兵庫県神戸市
主要用途　共同住宅（3戸）
構造規模　RCラーメン構造／地下1階・地上2階
敷地面積　997.53m^2
延床面積　1114.68m^2
竣工年月　1991.02

034

ノースタワービル

所在地　大阪市北区
主要用途　賃貸共同住宅＋オフィス
構造規模　SRC造(一部RC造)／地下1階・地上10階
敷地面積　263.85m^2
延床面積　1517.61m^2
竣工年月　1991.03

035

ドムス壱分

所在地　奈良県生駒市
主要用途　賃貸共同住宅＋住宅
構造規模　RC造／地上3階
敷地面積　1116.14m^2
延床面積　585.76m^2
竣工年月　1991.03

036

御崎の家I

所在地　大阪市住之江区
主要用途　専用住宅
構造規模　S造／地上3階
敷地面積　64.44m^2
延床面積　108.08m^2
竣工年月　1991.11

037

御園の家

所在地　兵庫県尼崎市
主要用途　専用住宅
構造規模　木造／地上3階
敷地面積　103.93m^2
延床面積　92.17m^2
竣工年月　1991.12

038

大矢医療機器ビル

所在地　大阪市東成区
主要用途　オフィスビル
構造規模　S造／地上4階
敷地面積　83.88m^2
延床面積　286.38m^2
竣工年月　1991.12

039

真法院町の家

所在地　大阪市天王寺区
主要用途　専用住宅
構造規模　RC造（一部S造）／地上3階
敷地面積　181.42m^2
延床面積　282.35m^2
竣工年月　1992.05

040

山坂の家I

所在地　大阪市東住吉区
主要用途　専用住宅
構造規模　RC造（一部S造）／地上3階
敷地面積　148.92m^2
延床面積　225.08m^2
竣工年月　1992.06

041

玉串川の家

所在地　大阪府八尾市
主要用途　専用住宅
構造規模　木造／地上2階
敷地面積　267.52m^2
延床面積　162.48m^2
竣工年月　1992.10

042

ドムス桜ヶ丘

所在地　大阪府箕面市
主要用途　賃貸共同住宅
構造規模　RC壁式構造／地上2階
敷地面積　405.68m^2
延床面積　328.08m^2
竣工年月　1993.03

043

印田の家

所在地　大阪府枚方市
主要用途　専用住宅
構造規模　木造／地上2階
敷地面積　375.17m^2
延床面積　156.45m^2
竣工年月　1993.03

044

千里園の家

所在地　大阪府豊中市
主要用途　専用住宅
構造規模　RC造（一部木造）／地上2階
敷地面積　473.47m^2
延床面積　323.37m^2
竣工年月　1993.04

045 小路の家

所在地　大阪市生野区
主要用途　専用住宅
構造規模　木造／地上3階
敷地面積　62.94m²
延床面積　95.18m²
竣工年月　1993.08

046 久御山の家

所在地　京都府久世郡
主要用途　専用住宅
構造規模　RC造（一部木造）／地上2階
敷地面積　509.09m²
延床面積　376.42m²
竣工年月　1993.12

047 鴻ノ巣の家

所在地　和歌山県西牟婁郡
主要用途　別荘
構造規模　RC壁式構造／地下1階・地上2階
敷地面積　983.49m²
延床面積　383.55m²
竣工年月　1993.12

048 住吉山手の家

所在地　神戸市東灘区
主要用途　専用住宅
構造規模　RC壁式構造＋木造／地下1階・地上2階
敷地面積　241.28m²
延床面積　188.27m²
竣工年月　1993.12

049 御崎の家Ⅱ

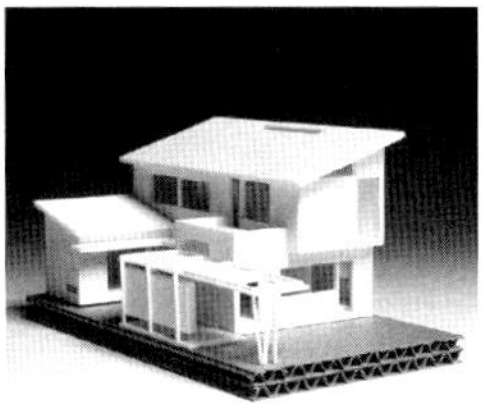

所在地　大阪市住之江区
主要用途　専用住宅
構造規模　RC造＋木造（一部S造）／地上2階
敷地面積　176.27m²
延床面積　133.75m²
竣工年月　1994.04

050 朱雀の家

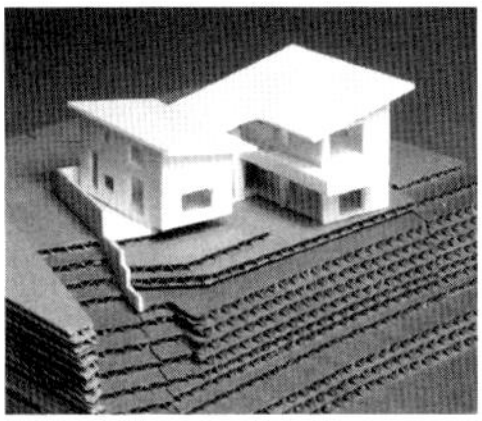

所在地　奈良県奈良市
主要用途　専用住宅
構造規模　RC造（一部S造）／地上2階
敷地面積　327.46m²
延床面積　157.62m²
竣工年月　1994.10

051 鶴ヶ丘の家

所在地　大阪市東住吉区
主要用途　専用住宅
構造規模　木造／地上2階
敷地面積　369.52m²
延床面積　247.82m²
竣工年月　1995.01

052 ドムス柿木Ⅰ

所在地　大阪府大東市
主要用途　賃貸共同住宅
構造規模　RC造／地上2階
敷地面積　106.96m²
延床面積　213.38m²
竣工年月　1995.02

053 ドムス羽衣

所在地　大阪府高石市
主要用途　共同住宅
構造規模　RC造／地上3階
敷地面積　701.01m²
延床面積　673.47m²
竣工年月　1995.03

054 真弓の家

所在地　奈良県生駒市
主要用途　専用住宅
構造規模　S造（一部RC造）／地下1階・地上3階
敷地面積　186.86m²
延床面積　166.86m²
竣工年月　1995.02

055 城山町の家

所在地　大阪府豊中市
主要用途　専用住宅
構造規模　RC壁式構造／地上3階
敷地面積　135.45m²
延床面積　121.62m²
竣工年月　1995.03

056 粉浜の家Ⅲ

所在地　大阪市住之江区
主要用途　長屋住宅
構造規模　S造／地上4階
敷地面積　167.99m²
延床面積　244.85m²
竣工年月　1995.04

057 帝塚山の家

所在地　大阪市阿倍野区
主要用途　専用住宅
構造規模　RC 壁式構造／地上 3 階
敷地面積　327.76m^2
延床面積　267.86m^2
竣工年月　1995.05

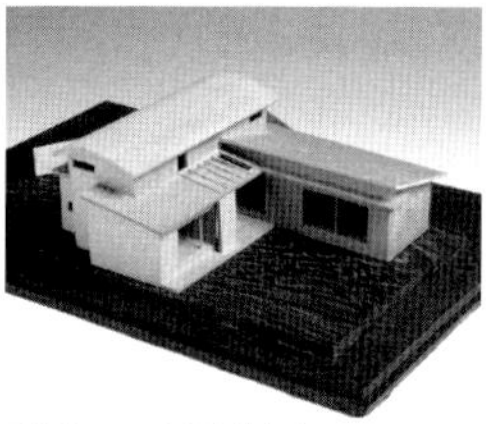

058 宝山町の家

所在地　大阪府豊中市
主要用途　専用住宅
構造規模　木造（一部 RC 造）／地上 2 階
敷地面積　316.77m^2
延床面積　128.25m^2
竣工年月　1995.05

059 田辺の家

所在地　大阪市東住吉区
主要用途　専用住宅
構造規模　S 造／地上 3 階
敷地面積　114.44m^2
延床面積　231.14m^2
竣工年月　1995.08

060 アルディア巨椋

所在地　京都府宇治市
主要用途　賃貸共同住宅
構造規模　RC 壁式ラーメン構造／地上 6 階
敷地面積　1868.00m^2
延床面積　2551.07m^2
竣工年月　1995.10

061 恵我之荘の家

所在地　大阪府羽曳野市
主要用途　専用住宅
構造規模　木造／地上 2 階
敷地面積　159.63m^2
延床面積　136.04m^2
竣工年月　1996.01

062 向陵中町の家

所在地　大阪府堺市
主要用途　専用住宅
構造規模　木造＋ RC 造／地上 3 階
敷地面積　65.70m^2
延床面積　92.38m^2
竣工年月　1996.01

063 魚崎北町の家

所在地　兵庫県神戸市
主要用途　住宅
構造規模　RC 造／地上 2 階
敷地面積　132.51m^2
延床面積　147.77m^2
竣工年月　1996.01

064 山坂の家II

所在地　大阪市東住吉区
主要用途　専用住宅
構造規模　RC 造（一部 S 造）／地上 3 階
敷地面積　116.41m^2
延床面積　165.29m^2
竣工年月　1996.11

065 浜松の家

所在地　静岡県浜松市
主要用途　専用住宅
構造規模　RC 造／地上 3 階
敷地面積　380.16m^2
延床面積　422.29m^2
竣工年月　1997.01

066 南河内の家

所在地　大阪府富田林市
主要用途　専用住宅
構造規模　木造／地上 2 階
敷地面積　300.66m^2
延床面積　139.43m^2
竣工年月　1997.01

067 緑丘の家

所在地　大阪府豊中市
主要用途　専用住宅
構造規模　RC造(一部S造)／地下 1 階・地上 2 階
敷地面積　255.01m^2
延床面積　259.03m^2
竣工年月　1997.02

068 ハルナ保育園

所在地　奈良県香芝市
主要用途　保育所
構造規模　S 造／地上 2 階
敷地面積　1026.11m^2
延床面積　641.16m^2
竣工年月　1997.03

069 目神山の家

所在地　兵庫県西宮市
主要用途　専用住宅
構造規模　RC 造／地下 1 階・地上 2 階
敷地面積　1501.00m^2
延床面積　500.97m^2
竣工年月　1997.02

070 東広島の家

所在地　広島県東広島市
主要用途　専用住宅
構造規模　木造／地上 2 階
敷地面積　525.31m^2
延床面積　232.72m^2
竣工年月　1997.03

071 ドムス柿木II

所在地　大阪府大東市
主要用途　賃貸共同住宅＋住宅
構造規模　RC 造／地上 3 階
敷地面積　1087.09m^2
延床面積　497.57m^2
竣工年月　1997.03

072 法園寺

所在地　大阪府池田市
主要用途　客殿＋庫裡
構造規模　S 造＋RC 造＋木造／地下 1 階・地上 2 階
敷地面積　1832.11m^2
延床面積　951.72m^2
竣工年月　1997.03

073 広陵町の家

所在地　奈良県北葛城郡
主要用途　専用住宅
構造規模　木造（一部 RC 壁式構造）／地上 2 階
敷地面積　235.88m^2
延床面積　133.60m^2
竣工年月　1997.06

074 大阪府住宅供給公社リフォーム事業

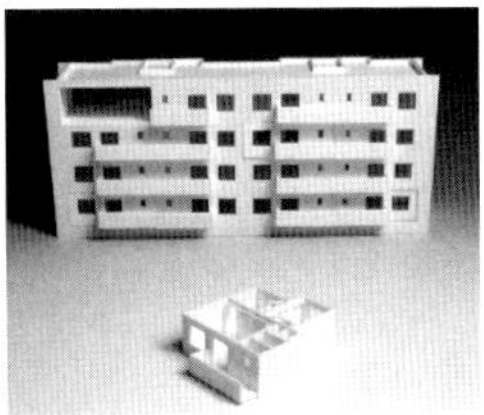

所在地　大阪府豊中市／堺市
主要用途　公社賃貸共同住宅（改装）
構造規模　RC 造／地上 5 階
敷地面積　—
延床面積　44.57m^2（B タイプ）
竣工年月　1997.07

075 東園田の家

所在地　兵庫県尼崎市
主要用途　専用住宅
構造規模　S 造 ＋ 木造／地上 3 階
敷地面積　73.54m^2
延床面積　109.43m^2
竣工年月　1997.09

076 地域農業総合管理センター

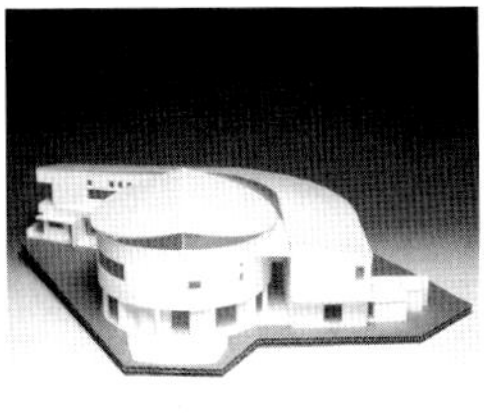

所在地　和歌山県和歌山市
主要用途　事務所＋研修室
構造規模　RC 造（一部 S 造）／地上 2 階
敷地面積　1449.80m^2
延床面積　1225.71m^2
竣工年月　1997.11

077 城崎の家

所在地　兵庫県城崎郡
主要用途　専用住宅
構造規模　S 造＋木造／地上 3 階
敷地面積　110.89m^2
延床面積　255.43m^2
竣工年月　1997.12

078 法円坂の家

所在地　大阪市中央区
主要用途　専用住宅
構造規模　RC 造（一部木造）／地上 3 階
敷地面積　78.02m^2
延床面積　170.00m^2
竣工年月　1997.11

079 新千里南町の家

所在地　大阪府豊中市
主要用途　専用住宅
構造規模　RC 造／地下 1 階・地上 2 階
敷地面積　355.37m^2
延床面積　333.17m^2
竣工年月　1998.12

080 日ノ下商店高井田倉庫

所在地　大阪府東大阪市
主要用途　事務所＋倉庫＋アトリエ
構造規模　S 造＋ RC 造／地上 1 階
敷地面積　913.24m^2
延床面積　697.45m^2
竣工年月　1998.03

081 マツ勘社屋

所在地　福井県小浜市
主要用途　事務所＋倉庫＋アトリエ
構造規模　S造＋RC造／地上2階
敷地面積　1306.05m²
延床面積　989.96m²
竣工年月　1998.02

082 一宮の家

所在地　兵庫県津名郡
主要用途　店舗＋住宅
構造規模　RC造＋木造／地上2階
敷地面積　183.05m²
延床面積　166.71m²
竣工年月　1998.04

083 日ノ下商店事務所・社宅

所在地　大阪府東大阪市
主要用途　事務所＋社宅
構造規模　RC造＋木造／地上3階
敷地面積　139.04m²
延床面積　214.92m²
竣工年月　1998.04

084 千里丘の家

所在地　大阪府吹田市
主要用途　専用住宅
構造規模　RC造＋木造／地上3階
敷地面積　174.33m²
延床面積　157.92m²
竣工年月　1998.04

085 沢之町の家

所在地　大阪市住吉区
主要用途　専用住宅
構造規模　RC造＋木造／地上3階
敷地面積　61.24m²
延床面積　100.50m²
竣工年月　1998.04

086 天神橋の家

所在地　大阪市北区
主要用途　専用住宅
構造規模　RC造／地上6階
敷地面積　84.29m²
延床面積　351.62m²
竣工年月　1998.07

087 夙川の家

所在地　兵庫県西宮市
主要用途　専用住宅
構造規模　木造／地上3階
敷地面積　66.48m²
延床面積　87.76m²
竣工年月　1999.01

088 武蔵小金井の家

所在地　東京都小金井市
主要用途　専用住宅
構造規模　RC造+木造(2×4工法)／地下1階・地上2階
敷地面積　156.16m²
延床面積　124.28m²
竣工年月　1999.01

089 泉北の家

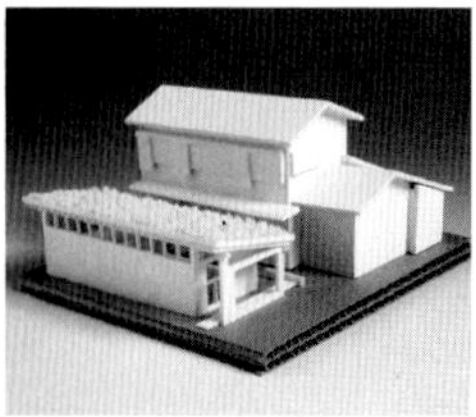

所在地　大阪府堺市
主要用途　専用住宅（増築）
構造規模　木造（一部RC造）／地上1階
敷地面積　272.58m²
延床面積　36.86m²
竣工年月　1999.04

090 土と陶の工房美乃里

所在地　大阪府八尾市
主要用途　アトリエ＋住宅
構造規模　RC造＋木造／地上2階／地上3階
敷地面積　1148.96m²
延床面積　430.38m²
竣工年月　1999.08

091 海椿葉山

所在地　和歌山県西牟婁郡
主要用途　旅館
構造規模　木造＋RC造／地上1階
敷地面積　1532.70m²
延床面積　502.39m²
竣工年月　1999.08

092 日ノ下商店ビル

所在地　大阪市中央区
主要用途　共同住宅＋貸事務所
構造規模　RC造／地上5階
敷地面積　429.20m²
延床面積　1083.62m²
竣工年月　1999.12

093 比叡平の家

所在地	滋賀県大津市
主要用途	専用住宅
構造規模	RC 造＋木造／地上 2 階
敷地面積	394.66m^2
延床面積	170.98m^2
竣工年月	2000.01

094 六番町の家

所在地	兵庫県西宮市
主要用途	専用住宅
構造規模	木造／地上 2 階
敷地面積	224.89m^2
延床面積	206.82m^2
竣工年月	2000.04

095 蓬來・玄のアトリエ

所在地	滋賀県志賀町
主要用途	アトリエ＋住宅
構造規模	RC 造＋木造／地下 1 階・地上 2 階
敷地面積	657.00m^2
延床面積	274.40m^2
竣工年月	2000.08

096 鷲林寺南町の家

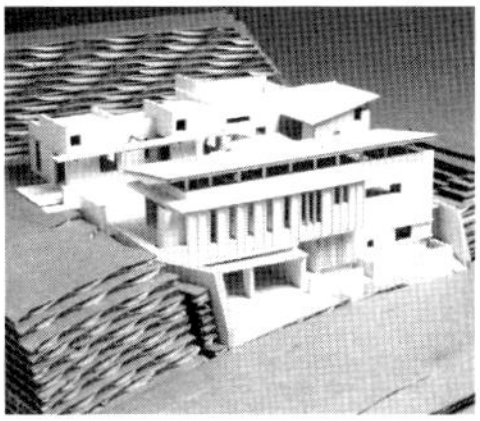

所在地	兵庫県西宮市
主要用途	専用住宅
構造規模	RC 造＋木造／地下 1 階・地上 1 階
敷地面積	868.85m^2
延床面積	399.63m^2
竣工年月	2000.06

097 大渕の家

所在地	奈良県奈良市
主要用途	専用住宅
構造規模	RC壁式構造＋木造／地下 1 階・地上 2 階
敷地面積	312.75m^2
延床面積	284.54m^2
竣工年月	2000.12

098 東豊中の家

所在地	大阪府豊中市
主要用途	専用住宅
構造規模	木造／地上 2 階
敷地面積	185.69m^2
延床面積	114.80m^2
竣工年月	2001.02

099 箱作の家

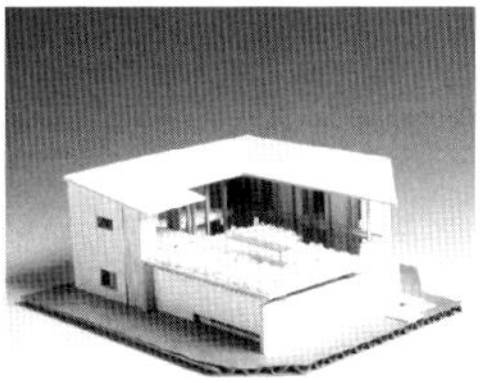

所在地	大阪府阪南市
主要用途	専用住宅
構造規模	RC 造＋木造／地上 2 階
敷地面積	297.30m^2
延床面積	184.75m^2
竣工年月	2001.04

100 菜畑の家

所在地	奈良県生駒市
主要用途	専用住宅
構造規模	木造（枠組壁工法）／地上 2 階
敷地面積	75.92m^2
延床面積	115.20m^2
竣工年月	2001.04

101 101番目の家

所在地	大阪府豊中市
主要用途	専用住宅
構造規模	RC 造＋木造／地下 1 階・地上 2 階
敷地面積	108.90m^2
延床面積	156.21m^2
竣工年月	2002.05

あとがき

すべては無に始まり有に還る。

今日まで数々の素晴らしいクライアントに恵まれ、多くの仲間に支えられてきました。そして依頼された仕事をひとつひとつ丁寧に積み重ねていくことを心掛けて建築に取り組んできました。そのおかげで１００＋１番目の建築が自邸となって実現しました。気がつけば無有建築工房を始めて30年近くが過ぎ、全ての仕事に全力を投入したつもりでしたが、振り返って見るとまだまだ詰めたりない点ばかりが目につき、建築の深さを思い知ります。建築が建ち上がり、自分の手から離れていくとき、私は自分を見つめる旅に出ます。建築への思考はどこから始まり、どこに還ろうとしているのかを探しに出るのです。そして自邸を折り返し地点に、今後もさらに新たな建築の可能性を求めて努力を重ねていきたいと思っています。

最後になりましたが本書がこのように出版できましたのは、出版を勧めて下さり、辛抱強くお付き合い戴いた学芸出版社の知念靖広さん、中木保代さん、構成にご協力戴いた柳沢究さん、そして写真を提供して戴いたカメラマンの絹巻豊さん、多比良誠さんのおかげです。さらに膨大な資料をまとめて下さった事務所の木林えりかさん、共に設計活動に携わってきた事務所のスタッフおよびOB・OGの皆様、そして30年に渡り、終始私を支えてくれた家族に、深く感謝の言葉をお伝えしたいと思います。

本当にありがとうございました。

竹原義二

■写真

多比良敏雄：14頁、15頁、87頁左、152頁、153頁、179頁、181頁

絹巻　豊　：右記以外の住宅作品、模型、20頁、21頁

竹原義二　：右記以外

■著者
竹原義二（たけはら　よしじ）／無有建築工房
建築家。1948年徳島県生まれ。1971年大阪工業大学短期大学部建築学科卒業後、大阪市立大学富樫研究室を経て、石井修／美建・設計事務所勤務。1978年無有建築工房設立。2000～13年大阪市立大学大学院生活科学研究科教授、2015～19年摂南大学理工学部建築学科教授。2020年より神戸芸術工科大学環境デザイン学科客員教授。

著書に『竹原義二の住宅建築』（TOTO出版）『いきている長屋』（編著、大阪公立大学共同出版会）『住宅建築家　三人三様の流儀』（共著、エクスナレッジ）

［受賞歴］

第9回村野藤吾賞（1996年）「鴻ノ巣の家」

第4回関西建築家大賞（1997年）「宝山町の家・山坂の家Ⅱ・広陵町の家」

日本建築学会教育賞（2010年）「豊崎長屋」

都市住宅学会・業績賞（2010年）「大阪長屋の再生」

第4回JIA中国建築大賞 大賞（2012年）「さざなみの森」

第33回福島県建築文化賞（2017年）「はじまりの美術館」

日本建築学会著作賞（2018年）「いきている長屋」

日本建築学会作品選奨：1999年「東広島の家」、2000年「土と陶の工房 美乃里」など多数受賞

■写真
絹巻　豊（きぬまき　ゆたか）
絹巻豊写真事務所
1945年京都市生まれ。1968年東京綜合写真専門学校卒業。
［連絡先］大阪府河内長野市千代田台町5－4　TEL：0721－53－1981

■構成
柳沢　究（やなぎさわ　きわむ）
京都大学大学院工学研究科准教授
1975年神奈川県生まれ。2001年京都大学大学院修了（布野修司研究室）。神戸芸術工科大学助手、名城大学准教授を経て、2017年より現職。
著書に『生きている文化遺産と観光』（共著、学芸出版社）『初めての建築製図』（共著、学芸出版社）『住経験インタビューのすすめ』（共著、西山夘三記念すまいまちづくり文庫）など。

無《む》　有《う》

2007年　3月10日　第1版第1刷発行
2021年　9月30日　第1版第5刷発行

著　者………竹原義二
写　真………絹巻　豊
構　成………柳沢　究
発行者………前田裕資
発行所………株式会社 学芸出版社
京都市下京区木津屋橋通西洞院東入
電話075－343－0811　〒600－8216
http: //www. gakugei-pub. jp/
E-mail　info @ gakugei-pub. jp
装　幀………竹原義二、KOTO DESIGN Inc.
印　刷………オスカーヤマト印刷
製　本………山崎紙工

Printed in Japan　　ISBN978－4－7615－2400－5